兴义民族师范学院博士基金项目
"中国西南地区益贫式增长研究——基于金融的视角"资助出版

# 西南地区益贫式
# 增长研究

钟君　著

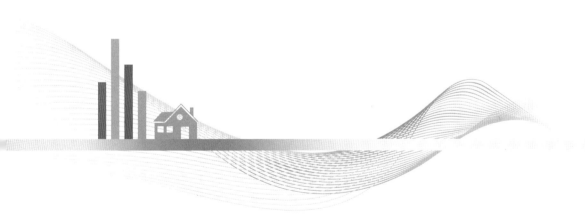

WUHAN UNIVERSITY PRESS
武汉大学出版社

**图书在版编目(CIP)数据**

西南地区益贫式增长研究/钟君著.—武汉:武汉大学出版社,2022.12
ISBN 978-7-307-23451-2

Ⅰ.西…　Ⅱ.钟…　Ⅲ.区域经济发展—研究—西南地区
Ⅳ.F127.7

中国版本图书馆 CIP 数据核字(2022)第 217510 号

责任编辑:沈继侠　　　责任校对:李孟潇　　　版式设计:马　佳

出版发行:**武汉大学出版社**　　(430072　武昌　珞珈山)
　　　　(电子邮箱:cbs22@ whu.edu.cn　网址:www.wdp.com.cn)
印刷:武汉邮科印务有限公司
开本:720×1000　1/16　印张:16.75　字数:272 千字　　插页:1
版次:2022 年 12 月第 1 版　　2022 年 12 月第 1 次印刷
ISBN 978-7-307-23451-2　　定价:68.00 元

# 前　言

我国西南地区由于农业资源稀缺，生态环境脆弱，经济发展相对滞后，同时，西南地区也是我国少数民族集聚地，由于受历史、文化和制度等多种因素制约，人力资本素质偏低，而且贫困人口比例大，曾经是 2020 年实现全面小康社会，脱贫攻坚的重点地区之一，现在仍然是巩固拓展脱贫攻坚成果同乡村振兴有效衔接的重难点区域。党的十九大报告中提出，我国社会主要矛盾已经转化为人民日益增长的美好生活需要和不平衡不充分的发展之间的矛盾。西南地区发展不平衡不充分，体现在区域内城乡发展的不平衡，与东部地区的发展差距。巩固拓展脱贫攻坚成果，缩小发展差距，西南地区当前和将来都面临着跨越式发展，后发赶超的路径的选择，既要"赶"更要"转"。所谓"赶"就是要有以经济增长的速度为保证带动社会、政治、文化、医疗、教育等事业的发展进而缩小区域之间的差距，它是扶贫固贫攻坚和跨越式发展的重要环节。所谓"转"，也就是经济发展方式要转变，落实高质量发展战略，从过去主要依赖资源要素驱动的发展模式向创新驱动、绿色发展的模式转变，让经济增长的结果为更多人"共享"。发展方式的转变决定了贫困人口融入经济发展的程度，过程"参与"结果"共享"，决定了发展结果是"益贫"还是"益富"。"益贫式增长（Pro-Poor Growth）"理论的核心恰是强调经济增长过程中贫困人口的参与，并且最终分享经济增长成果。从发展经济理论和发达国家实践经验来看，经济增长虽然能从总体上增加贫困人口的收入水平，但如果收入分配差距过大又会抵消经济增长的减贫效应，所以"经济增长—收入分配—减贫"形成了相互制衡的三角关系。

本书以"益贫式增长"理论为基础，巩固拓展脱贫攻坚成果与乡村振兴有效衔接，区域协同发展，实现共同富裕目标为背景，结合规范分析与实证分析方法，梳理益贫式增长的理论脉络和评判指标体系，采用了贵州、广西、四川、重

1

庆的相关数据和调研资料，重点研究西南地区的贫困及反贫困，评价西南地区"益贫式增长"的情况，基于脱贫攻坚实践经验背景提出未来"益贫式增长"的战略路径选择。

本书较以往的研究看，得出如下主要结论建议：

第一，依据社会资本理论，研究发现西南地区少数民族村寨的贫困，是因为缺乏有效的社会参与网络。在以亲缘、民族信仰为媒介连接的横向社会资本，存在低(短)连接高整合；以国家行政科层级结构治理和村民权威治理为媒介链接的纵向(垂直)社会资本，则存在高(长)连接低整合；而处于两者之间的农村经济组织处在初级发育阶段。

第二，测度西南地区贵州、广西、四川、重庆四个省(区、市)贫困 FGT 指数状况，发现从 2000 年以来四个省(区、市)的三个贫困指数：贫困广度(贫困发生率)、贫困深度(贫困距离指数)、贫困强度(平方距离指数)都呈现降低的趋势，尤其是农村的绝对贫困率下降的速度最快，且表示收入不平等的基尼系数变化不大。但农村居民的相对贫困有上升趋势，与城镇居民的相对贫困在慢慢地趋近，同时在越接近 2020 年全面脱贫截止时期，农村居民绝对贫困减贫的速度越来越慢。

第三，测度贫困率变化影响因素。保持贫困线不变，分别分解了农村绝对贫困变动的经济增长和收入分配的贡献(减贫效应和减贫弹性)，发现经济增长的减贫效应越来越小，而收入分配对贫困效应越来越大，经济增长减贫弹性年均值小于1，收入分配减贫弹性年均值大于1，这也说明了为什么减贫难度越来越大。通过农村(城镇)居民不同收入组收入增长速度与农村(城镇)居民人均收入增长率比较，发现在 2000 年至 2014 年多数年份低收入人群人均收入增长率低于全体农村(城镇)居民的人均收入增长率，因此总体上可以判断这段时期经济增长是非益贫的。

第四，在产业发展益贫重心上，通过三次产业比重结构与减贫关系计量经济模型实证研究发现，贵州第三产业比重与贫困率变化存在负相关，广西第一产业比重与贫困率变化存在负相关，四川、重庆第一、第三产业与贫困率变化存在负相关，但第一产业的偏弹性要大于第三产业。四个省(区、市)第二产业与贫困率都存在正相关，表明增加第二产业比重反而会增加贫困率，不利于减贫。

第五，在有效减贫路径对策上，除了要继续加大对贫困地区的公共财政支出，夯实贫困地区发展基础以外，更重要的是要发展第一产业、第三产业，实施有效的减贫战略，因为第一产业、第三产业是离贫困人群"最近"的产业，贫困人口容易参与。但如果仅仅发展传统种养殖业，西南地区的农业资源不具有优势，因此，西南地区要走特色农业产业道路，增强市场竞争力。如何将"原子"状的贫困农户连接起来，实现产业发展的"益贫"，关键是要利用少数民族村寨高度整合的熟人社会网络，嵌入具有"好人+能人"的产业组织带头人，形成带动贫困人群致富的农业产业组织。

第六，与三次产业密切相关的贫困地区新型工业化、城镇化和农业现代化协调发展方面，通过对贵州省的实证研究分析发现，贵州各地区除了省会贵阳市的"三化"协调发展达到优良外，其余各地区大多处在勉强协调的程度，综合看"三化"之间的协调发展程度较低。"三化"协调发展应将新型城镇化作为"三化"协调发展切入点，引领"三化"协调发展；加强信息化建设，以"大数据"引领产业升级；要加强特色农产品深加工，实现农业与工业协调发展升级。

第七，在发展乡村旅游助推脱贫方面，以国家扶贫攻坚重点区域贵州黔西南州为例，研究发现乡村旅游吸纳了大量的农村剩余劳动力就业，使得农业人均产值增加，目前看乡村旅游转移农村剩余劳动力还有发展空间，但乡村旅游就业人员对全州旅游收入增长贡献不明显，乡村旅游人员从旅游收入中的利润分成比例较低，原因是乡村旅游发展中农民（贫困户）利益被边缘化。乡村旅游发展益贫关键要体现其"乡村性"，无论是过程的参与，还是结果的分享都要突出农民或贫困户的中心地位。

# 目　　录

# 第1章 绪 论

## 1.1 研究背景：从涓滴式增长到包容性增长

经济增长与收入分配一直以来都是经济学研究和关注的核心问题之一。1945年以后，大多数发展经济学家认为工业化主导的经济发展是有效减贫和增加贫困人口收入的有效手段。但这里暗含了一个假设：经济发展内部群体间收入分配关系不变，所有人都能按比例获得经济增长的益处，即"滴漏式增长"（Trickle Down Development）：经济增长富人先受益，穷人从富人的"漏出"中获益。该过程是自然而然的发生，随着经济发展贫困发生率将逐渐减少。

20世纪70年代，华盛顿共识认可新古典理论在发展经济学中的主导地位，认为发展中国家的贫困源于当局政府的错误干预经济以及与政府的腐败低效有关，穷人福利的改善取决于经济增长的涓滴效应，一段时期滴漏式增长理论被普遍接受。世界银行（Dollar、Kraay，2000）认为，贫困人口收入会随总体经济的增长而增长；通过80个国家40年的样本数据显示，穷人收入与人均GDP增长之间的这种关系是广泛存在的，无论增长的本质如何，增长本身对穷人是有益的。该理论与索罗（1956）的经济增长模型及刘易斯的二元经济结构理论在某种程度上是契合的。索罗（1956）认为，在外生储蓄率不变的情况下，随着资本边际效率的递减，经济增长会处于"稳态"状态，地区间的经济增长出现条件收敛，人均收入越低的地区经济增速越快。刘易斯（1954）认为，通过改变产业结构和转移劳动力，国内不平等将会自发减少。但是，Fields（2001）通过调查发现，"一国经济增长本身不能决定不平等过程，决定性的因素是经济增长的类型，该经济增长类型由经济增长所发生和政治决策被采取的环境所决定"。在实践方面，1970年巴

1

西人口普查表明，虽然该国经济获得了 40 年的快速增长，但收入不平等仍在不断恶化；南亚尽管有了"绿色革命"，而大规模饥荒仍然存在。当收入分配足以抵消掉经济增长的有益影响时，高速的经济增长也不能消除贫困，华盛顿共识与新古典主义政策框架下的滴漏经济学(Trickle Down Economics)在发展中国家越来越受到了质疑。联合国《2005 年世界社会状况报告》显示，20 世纪 80 年代以来很多国家在经历前所未有的经济发展的同时，贫富差距也在拉大，说明世界经济的发展是以牺牲穷人的利益为代价。2000 年联合国首脑会议上由 189 个国家签署的《联合国千年宣言》确立了联合国千年发展目标(Millennium Development Goals,MDG)，致力于消除贫穷、饥饿、疾病、文盲、环境恶化和对妇女的歧视。至此人们对经济增长方式的关注点，由新古典的完美市场、有效竞争转移到了经济制度的设计以及不完全竞争市场的社会影响。国际社会对发展核心——社会关系的和谐、财产、收入分配的公平达成了某种程度的共识，认同政府的合理干预能有效弥补市场的失灵。

2001 年世界银行提出"基础广泛的增长"，强调基于市场导向，充分调动和利用劳动力的积极性，使其发挥自身的最大效能，实现劳动密集型的增长模式。其重点是扩大穷人的就业机会减贫，促进劳动力的需求；二是提供基本的社会服务，提高劳动者的谋生机会。1990 年世界发展报告(World Bank，1990)提出普遍增长(Broad-based Growth)，随后世界银行、亚洲发展银行和一些国家发展援助组织、非政府组织都频繁地提出益贫式增长。"益贫式增长"理论（Pro-poor Growth）①开始受到人们的关注。益贫式战略框架重点关注穷人的基本需求和贫穷国家收入、财富和权力分配的改善，主张增长的成果不是被少数人专享，而是被所有人共享。经济增长本身并不是目的，而是将兴旺和繁荣传播给每个公民的有力工具。促进经济增长的政策应与益贫政策相互补充，益贫政策应确保更多的人参与到经济过程中来，应创建适当的再分配机制确保那些无法参与市场过程的人从经济增长中受益。益贫式增长对基础广泛的增长进行了发展，作用机制除了市场外，更强调与非市场的结合，旨在实现减贫和改善贫富分配的不平等，并使穷人得益比例高于非穷人，有利于穷人的增长模式。其减贫战略，一是使穷人增进

---

① 有的文献中也称为"亲贫式"增长，或"有利于贫困的增长"。

和集聚多种形式的资本，并提高回报率，以扩展穷人的经济机会；二是促进赋权，以政治民主、社会平等增加穷人的经济机会；三是加强社会保障以使穷人更好地利用经济机会，并使得经济机会更为稳固。

在2004年亚洲开发银行举行的"杰出学者演说"会上，林毅夫提出亚洲发展中国家要遵循"自身优势，利用后发优势，采取包容性增长，从而缩小同发达国家之间的差距"。2005年亚洲开发银行开展了"以包容性增长促进社会和谐"的研究课题。2010年时任国家主席的胡锦涛出席第五届亚太经合组织人力资源开发部长级会议，发表了题为《深化交流合作实现包容性增长》的主旨演讲，他指出，包容性增长的根本目的是让经济全球化和经济发展成果惠及所有国家和地区，惠及所有人群。在可持续发展中实现经济社会协调发展，通过坚持社会公平正义，着力促进人人平等获得发展机会，建立以权利公平、机会公平、规则公平、分配公平为主要内容的社会公平保障体系。不断消除人民参与经济发展，分享经济发展成果方面的障碍。包容性增长（Inclusive Growth）在益贫式增长的基础上强调市场与非市场机制的结合，旨在消除权利贫困和社会排斥，倡导和保障机会平等的高速、有效和可持续的增长模式。重点在于扩展发展机会，以使民众的福利得以持续改善和增加，实质性自由得以扩展。其减贫战略，一是要培育和提升人力资本，以使民众获得人力资本增值的公平机会；二是增强制度设计和政策制定的公平性，以使民众获得参与市场公平竞争的环境；三是建立公平的防护性保障体系，以使民众获得社会保障公平。包容性增长的理论内涵比益贫式增长广泛，对贫困认识，益贫式增长强调经济收入增长主导益贫，而包容性增长除了收入益贫外，还强调了权利益贫。如果从"益贫"重心的角度看，包容性增长本质上还是益贫式增长（Besley et al.，2007），包容性增长的核心还是收入的增长。

虽然包容性增长当下被较多提及，但本书还是以"西南地区益贫式增长"为题。一是从研究范围来说更具有重点性，因为到2020年全面实现小康社会，西部地区是重点，西部地区脱贫的关键还是在于穷人的经济增长。包容性增长视角是全球或局部地区（至少是全国）性的协调、可持续性的增长，其"增长"的意义更具有"发展"的韵味。二是包容性增长理论至今还未形成完整的理论体系（尤其是评价指标体系），现有的研究更多的还是在理论内涵上进行探讨。

与益贫式增长相关的概念还有，无工作增长（Jobless Growth）：经济增长却不能使就业增长。无声增长（Voiceless Growth）：有经济增长但缺乏民主和自由。无情的增长（Ruthless Growth）：虽然经济增长快，但收入分配不平等却更加严重了。无根增长（Rootless Growth）：即经济增长伴随民族文化多样性的消失，强制少数民族接受现代文明。无未来的增长（Futureless Growth），即增长伴随着自然资源耗竭和生态环境恶化（张克中、郭熙保，2009）。

## 1.2　研究意义

改革开放以来，中国社会主义市场经济体制建立，经济快速增长。然而，快速的经济增长也带来了贫富差距过大、东中西部经济发展失衡等一系列问题。党的十八大以来，党和政府对我国经济发展方式进行了深刻的反思，提出了"经济新常态"理论；十八届五中全会进一步提出"创新、协调、绿色、开放、共享"的五大发展理念，转变经济增长的驱动方式是贯穿五大发展理念的关键性环节。"益贫式增长"与五大发展理念在本质内涵上相融。西南地区与发达的东部地区相比，落后和贫困是两大突出问题，所以既要"赶"更要"转"。所谓"赶"，就是要有经济增长的速度支撑。"赶"一是要赶上东部的发展水平；二是通过增速的"赶"来实现贫困人口的尽快脱贫。所谓"转"，就是要转换过去靠矿产资源拉动，以牺牲环境和资源为代价的经济增长模式，实现依靠绿色产业、创新驱动的发展模式。最终目的是要让广大人民群众，尤其是广大的贫困人群共享改革发展的成果。

中国西南地区，尤其是西南少数民族地区，因其地理条件复杂，经济基础薄弱，一直以来都是国家扶贫开发的重点和难点。从 1986 年国务院成立扶贫办以来，随着西部大开发战略的实施，扶贫问题就被提到国家重要的政治层面。根据国家统计局发布的《2014 年国民经济和社会发展统计公报》显示，经历 30 多年扶贫工作的努力，贫困人口逐年减少，扶贫工作取得了巨大的成绩，少数民族地区的贫困问题也得到了缓解。但从横向比较看，西南少数民族地区与东部沿海地区经济差距还很大，成为继实现 2020 年中国全面小康社会后，进一步推进区域协调发展，共同富裕的"硬骨头"。西南贫困地区是国家特困连片地区覆盖面最广，贫困深度、强度最为严重的地区。根据 2011 年国务院扶贫办印发的《中国农村扶

贫开发纲要(2011—2020)》显示全国有 14 个集中连片特困地区,西南地区占据了
5 个。精准扶贫的重心也主要是在西南地区。因此,西南地区,尤其是西南少数
民族地区经济增长与减贫效果的关系,以及如何实现经济发展惠及于贫困人口,
实现经济增长的"益贫"效果,是政府以及社会各界关注的一个现实问题。因此,
对过往经济增长方式的"益贫"评价,吸取成功经验,为实现区域协调发展,巩
固拓展脱贫攻坚成果,探索未来益贫增长的路径,就显得极为有意义和有价值。

## 1.3  主要研究内容

本书研究的重心主要围绕西南地区贫困与"益贫式增长"展开。

第一章:绪论。介绍研究背景、研究意义,分析益贫式增长的理论来源和背
景,以及研究的价值。

第二章:益贫式增长的思想来源。重点分析益贫式增长关注的核心问题:经
济增长和收入分配。其主要内容是西方古典与新古典、后凯恩斯主义、马克思主
义等关于收入分配和经济增长的思想。其基本线索突出收入分配的两条路径:功
能性收入分配与规模性收入分配。

第三章:贫困理论和西南地区的贫困。一是贫困理论,包括贫困的认识、贫
困的类型;二是西南地区的贫困现状,以及导致贫困的一般性分析;三是基于
"益贫增长"的核心思想"贫困人口的经济活动参与度",结合社会资本理论,分
析西南少数民族地区贫困人群参与经济活动的社会关系网络。

第四章:西南地区的贫困测度。一是贫困线的确定;二是测度的方法理论综
述探讨;三是借鉴其有效的方法对西南地区(主要是黔、川、桂、渝)四省(区、
市)2000 年以来贫困收入测度的分析,来比较三种贫困指数的变化,并且分析西
南地区的多维贫困现状。

第五章:西南地区的益贫增长评价。一是益贫增长的内涵、判断方法;二是
西南地区的益贫增长判断:用低收入组的人均收入与社会平均收入增率进行比较
分析,评价四省(区、市)在 2000 年以来各年的益贫情况;三是评价在减贫过程
中,经济增长、收入分配的贡献,减贫弹性指数,判断经济增长对降低贫困率的
影响。

第六章：西南地区益贫式增长的路径——基于特色农业产业的视角。一是分析在开放环境以及西南少数民族地区特有的资源环境下，选择发展特色农业产业的优势和可行性。主要通过三次产业结构与贫困关系的计量模型，分析三次产业结构变化与贫困率变化的关系，评价各省减贫战略上产业选择的重心。二是依据现有文献和民族村寨社会关系，分析西南少数民族地区发展特色农业的产业组织模式与风险防范。三是分析了西南地区传统农业向特色农业转型过程中存在的路径依赖问题。

第七章：贫困地区"三化"协调发展路径研究。以国家精准扶贫的重点区域——贵州省为例，通过相关指标的测算和计量经济模型回归，详细分析了贵州在新型城镇化、工业化和农业现代化协调发展的现状以及协调发展的路径建议。

第八章：贫困地区乡村旅游对农业发展的带动效应研究。乡村旅游发展助推脱贫攻坚方面，以滇黔桂石漠化连片特困地区核心——贵州黔西南为例，抓住乡村旅游拉动农村剩余劳动力转移，带动农业特色产品消费的关键点，分析乡村旅游对农业发展的带动效果。

第九章：政策建议与研究展望。从全书研究得到的相关结论，在未来重点减贫对象和减贫方式，益贫产业是发展的重心，贫困地区新型城镇化、工业化和农业现代化协调发展等方面给出综合建议。

本书的研究框架结构和技术路线如图 1-1 所示。

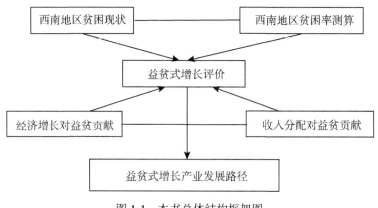

图 1-1　本书总体结构框架图

## 1.4 研究方法

一是历史文献综述法。通过对经典作家关于贫困问题，经济增长与收入分配的思想归纳，对益贫式增长理论进行文献综述梳理且进行评述，提炼其核心思想和方法，借鉴其方法为本书研究提供指导。

二是规范分析与实证分析相结合。规范分析回答的是"应该是什么"，牵涉到价值判断；实证分析回答的"是什么"，是对客观事实的回答。本书涉及的如：经济增长的本质目的，也即是为了谁增长？贫困是什么？什么样的生活状态是贫困等类似的问题，牵涉价值判断，采用了规范分析。而西南地区实际的贫困状况如何，则是一个客观事实的问题，采用了实证分析。

三是定性分析与定量分析结合。定性分析是对研究对象进行"质"的阐述。具体是通过归纳演绎、抽象概括等方法，对各种材料进行思维加工，从而达到认识事物本质、揭示其内在规律的目的，比如对西南地区贫困社会现象原因性质的分析。定量分析是对认识的进一步精确化，为掌握规律，把握本质，厘清变量关系以此能准确预测事物发展趋势变化，在书中如对贫困率的测算、产业结构与贫困率的关系、经济增长对减贫贡献等都采用了定量分析。

## 1.5 研究的创新点

本书在综述现有研究文献的基础上，可能的研究创新点有以下几个方面：

第一点：本书以益贫式增长为核心，运用了目前国际上比较前沿的实证性研究方法，依据比较翔实的统计数据，对西南四省(区、市)的贫困率，益贫式增长的实际效果，经济增长与收入分配改善对益贫增长的贡献率，三次产业与益贫增长的相关性进行了较为系统和深入的分析，克服了该领域研究定性分析多、定量分析薄弱的缺陷，在一定程度上弥补了该领域研究的一个空白。

第二点：本书融合了经济学与社会学的理论和研究方法，对西南地区的贫困原因，包括货币资本、人力资本、生产资源、社会参与关系网络等进行了综合分析，拓展了贫困致因的研究视野；对西南四省(区、市)农村贫困率与城镇贫困率采用多条贫困线进行测度综合比较考查，对益贫增长采用了益贫效应、益贫弹性、不同收入组收入增速相互研究印证，使研究更加系统、全面。

第三点：本书对益贫式增长路径的探究，通过对产业结构与减贫之间的实证研究，以及益贫增长核心思想"参与"和"分享"，结合西南地区的资源状况，提出发展特色农业产业是有效的益贫增长路径，原因是它能将贫困户的资源和国家的扶贫政策融合到产业发展的平台上来，贫困户能参与和分享到产业发展的成果。最后还对特色农业产业规模发展方向、产业组织、产业风险防范进行阐述建议，使提出的特色农业产业发展益贫增长路径更具有可实践性。

第四点：本书以益贫式增长的典型代表——贵州为例，通过固定效应模型研究新型城镇化、工业化和农业现代化协调发展的相互关系；通过 Cobb-Douglas 生产函数抓住乡村旅游扶贫的关键点——转移农村剩余劳动力和农特产品的消费，得出贫困地区的"三化"协调发展的切入点在于城镇化，乡村旅游扶贫的关键要体现"乡村性"。

# 第2章 经济增长、收入分配与
# 贫困理论文献述评

经济增长、收入分配以及经济发展的社会福利问题在经济思想史上具有重要的地位，一直都是经济研究的核心问题之一。经济增长过程中收入分配的格局最终将决定整个社会的福利状况，因此，收入分配与社会福利息息相关，贫困问题的背后是区域经济发展的差异和经济收入的分配不均。从西方经济思想史来看，收入分配有两条线索：一条是功能性收入分配（Functional Distribution of Income），重点研究国民收入中各要素对经济增长的贡献，以及要素所有者凭借要素贡献所获得的收入；另一条是规模性收入分配（Size Distribution of Income），是国民收入在单个家庭之间的分配，是从收入所得者规模与所得收入规模关系的角度，考查不同收入者的收入差异。

## 2.1 功能性收入分配与经济增长

亚当·斯密是古典经济学集大成者，他的经济增长收入分配理论前提是"人的本性利己"。收入分配的思想主要体现在他的工资理论、利润地租，工资与利润的均与不均之中。关于工资，他认为是劳资双方利益矛盾对立的产物，在劳资双方斗争过程中，雇主在政治和经济上都强于雇工，雇主总是处于有利的地位。他在《国民财富的性质和原因的研究》中写道："劳动者的普通工资到处都取决于劳资双方订立的契约，这样的利害关系绝不一致，劳动者盼望多得，雇主盼望少给。"①他的劳

---

① 亚当·斯密. 国民财富的性质和原因的研究(上卷)(中译本)[M]. 北京：商务印书馆，1972：60，62，356-357.

动价值论、工资基金(生存工资)理论,成了李嘉图和马克思收入分配理论的基础。

斯密认为,利润和地租,两者都会受到财富增减的影响。地租不是土地所有者用来改良土地资本的利润,而是一种垄断价格,高低取决于农产品的价格超过应补偿的农业资本和提供普通利润两者之和的程度,而农产品的价格取决于需求。他认为"不同的劳动和资本用途的利害在同一地方,必然完全相等或不断趋于相等",因为个人的利害关系必然会促使他寻求有利的用途,避开不利的用途,在利己本性和自然秩序观念下,收入分配会自然趋于均等。这在某种条件下是合理的,如脏、难、低贱的工作,工资应该高,反之应该低,这里的前提就是要人力资源充分流动。在这种理论框架下,资本的积累主要来自节俭,而节俭的动力则来自改良自身的愿望,因此他认为政府不应该为资本增加(积累)担心,人民为了自己的利益会自动地积累"自利即公益"。

## 2.1.1    李嘉图的收入分配与经济增长思想

李嘉图是第一位系统研究收入分配与经济增长的古典经济学家。他认为在地租、工资、利润之间进行分配遵循"边际"原则和"剩余"原则。边际原则说明了地租和地租份额的变化;剩余原则说明了商品价值在劳动工资与利润之间的分配。他认为工资等于维持工人生存的生活资料价值,利润是产品价值减去工资后的余额,经济增长取决于资本的积累,而资本的唯一来源是利润,利润又由工资的高低决定,工资又由工人必要的生活资料价值决定。

经济增长主要取决于收入分配中的利润份额。他认为经济增长是土地、资本、人口和技术的函数,经济的增速与它们的变动密切相关。土地数量有限,随着农业生产向粗放型的耕地推进,同一劳动量投入的收获越来越少,土地边际生产力呈递减趋势。虽然农业技术进步可以阻挡这种趋势,但不能完全消除这一趋势,这是制约经济增长的重要因素。该趋势通过收入分配的中间环节在不断地调整。这里他假定社会上人口和资本具有同质性,人口增长是劳动市场工资与自然工资(生存工资)之间差额的函数。如李嘉图说的"人口是通过使他们就业的基金来调节他本身的,所以总随着资本的增减而增减"。① 他也假定工人的"就业基金"主要用于维持基本生存,地租被地主完全用于奢侈性消费,那利润就成了资本积累的唯一来源。利润率的下降会导致资本的积累减少,利润低到一定程度,资本的积累和人口的增长都将停止,整个社会的经济增长停止,并进入一个静止状态,因此,经济增长速度就取决于利润份额的波动。

按照李嘉图对经济增长的因素界定,经济增长来自资本的积累和利润率的高低。如果经济持续增长,资本积累就必须持续下去,正如他所说,如果资本的增加是连续不断的,劳动的需求就会连续不断地刺激人口增长,这一过程又将影响到社会总产品在地租、利润、工资之间的分配。首先是经济增长对地租变化的影响,地租的产生是该问题的关键。他认为"地租总是由于使用两份等量资本和劳动而获得的成品之间的差额"②,这暗含了两个疑问,一是为什么等量劳动和等量资本会获得不等量的产品? 二是为什么要不断追加资本和劳动? 第一个疑问是土地边际报酬递减规律作用;第二个疑问是因为随着资本增加,对劳动需求的增加引起了对粮食需求的增加,所以农业要向集约和粗放的耕地推进,在同一块土地和肥沃程度不同的土地上耕种,连续追加同质的两份资本和劳动,所获得的农产品必然不相同,这个差额就构成了地租。正如他说:"在社会发展过程中,当次等肥力的土地投入耕种时,头等的土地马上就开始有了地租,而地租额取决于这两份土地在质量上的差别。""如果优良土地粮食产量,远远多于增长的人口对粮食需要的量,或者是在旧有土地上可以限制地使用资本且无报酬递减现象,那么地租便不会涨。"③

李嘉图将产品被分成两个部分:劳动者的工资和资本家的利润。他认为,"作为工资而付出的比例,对于利润问题极为重要,因为利润的高低恰好和工资的高低成反比,工资不跌落,利润就不会提高"④,土地的边际报酬递减也是通

①　彼罗·斯拉法.李嘉图著作和通信集(第一卷)[M].北京:商务印书馆,1984:64.

②　彼罗·斯拉法.李嘉图著作和通信集(第一卷)[M].北京:商务印书馆,1984:59.

③　彼罗·斯拉法.李嘉图著作和通信集(第一卷)[M].北京:商务印书馆,1984:59.

④　彼罗·斯拉法.李嘉图著作和通信集(第一卷)[M].北京:商务印书馆,1984:21,
111.

过工资的中介而影响经济增长。工资可以分为自然工资和市场工资，自然工资是维持自身和家庭所需的食物必需品和享用品的价值，市场工资与自然工资可能一致，也可能不一致。当前者大于后者时，会刺激人口的增长，之所以发生是由于资本投资的增加。在李嘉图的理论中，自然工资可以分为实物的工资和货币工资，实物自然工资大致是不变的，而货币工资会随工资品的价格上涨而上涨。"食物和必需品涨价，劳动的自然价格就会上涨，这些东西跌价，劳动的自然价格也会跌落。"①

斯坦利·L. 布鲁（Stanley L. Brue）等用现代表述方法，② 阐述了李嘉图的分配理论，如图 2-1 所示。

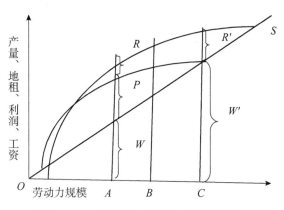

图 2-1 李嘉图收入分配理论的现代表述

横轴表示劳动规模，纵轴表示产品的产量、地租、利润、工资，假设初始劳动力规模为 A 时，工资、利润、地租分别为 W、P、R，从图 2.1 可以看出，因为农业部门的边际收益递减意味着总产量以递减的速度增加，所以"总产量减去地租"曲线（下端曲线）比"总产量"曲线（最上端曲线）以更快的速度变平，使得两条曲线的垂直距离越来越大，OS 表示总工资曲线，它的斜率不变反映的是随着劳动力增加，真实工资不变（生存工资不变）。在经济增长过程中当劳动规模为

① 彼罗·斯拉法. 李嘉图著作和通信集（第一卷）[M]. 北京：商务印书馆，1984：77.
② 斯坦利·L. 布鲁，[美]兰迪·R. 格美特. 经济思想史[M]. 邱晓燕等，译. 北京：北京大学出版社，2008：38.

由 $A$ 到 $B$ 的时候，劳动力的工资获得了上升，地租增加，但利润在减少，但若资本继续增加，经济增长继续，劳动需求规模到达 $C$，资本家的利润为零，经济达到了稳定状态，不会再有资本积累。在这一过程中，真实工资维持劳动者的生活水平，资本家利润在消失，地主是唯一的受益者。

## 2.1.2 约翰·穆勒的收入分配与经济增长思想

约翰·穆勒对李嘉图思想进行了进一步的挖掘和综合，他认为经济增长来自资本增长、人口增加和生产改良(技术进步)，三者之间的不同组合会产生不同的效果。

(1)人口增长，资本和技术不变。在该条件下又产生两种可能，一是对粮食的需求和生产不变，此时人口增加，劳动力的供给增加，在资本投资不变的情况下，必然导致劳动力的供给过剩，工资下降，利润上升，资本家的状况得到改善，地主状况不变，劳动工人状况恶化。二是对粮食的需求增加，农业生产扩大，结果是土地地租上涨，实际工资下降，主要是由于人口的增加，资本和技术不变，致使人口供给过多，工资下降。人口增加必然导致对粮食需求的增加，使农业向粗放或集约的边际推进，必然导致地租的上升。穆勒认为增加的人口会使生产粮食的费用增加，以至于工资虽然在数量上有所减少，但可能仍代表同以前一样多的劳动成本。根据他的这种推理可以看出劳动者的状况在恶化，资本家的利润也未得到提高，地主获得了好处。

(2)资本增长，人口和技术不变。这样的结果会导致对劳动的需求增加，人口和技术不变，工资上涨，利润减少。而当劳动者工资增加后，会增加对粮食的需求，由于生产技术不变，农产品的价格必然上升，也即是工资的上涨被地主给瓜分了，在这种情况下资本家利润下跌的一部分分给了地主，一部分劣等的土地或生产率较低的生产过程不断增加的粮食生产的成本吞噬。

(3)人口和资本以相同的速度增加，技术不变。这时农产品的价格和工资同时上升，劳动者的实际工资不变，这时农产品价格和货币工资同时上升，劳动者实际工资不变。资本和人口增长的趋势会在牺牲利润的情况下使地租上升，尽管地主并没有获得所损失的全部利润，其中一部分被增加的生产费用吸收了，也就被雇佣或养活更多劳动者以获得一定数量的产品。

(4)人口与资本不变,技术进步。结果导致机器的生产效率提高,生产费用下降,这样使工资品的价格下降,工人的实际工资上升,由于货币工资相对不变,利润将不会发生变化,地租会因技术进步、农产品的价格下降而减少。

(5)资本、人口和生产技术皆处于上升阶段。这相当于上面四种情况的综合,一方面是人口和资本增加对分配的影响,另一方面是生产的改进,特别是农业生产的改进对分配的影响。

穆勒对收入分配与经济增长影响的研究,实际上是斯密的生产理论、李嘉图的分配理论、马尔萨斯的人口论的综合,但他更加强调经济增长利益分配和人类福利的改善。正如他说"如果人们大众或任何其他东西的增长得不到丝毫好处的话,则这种增长也就是没有什么重要意义的……只有落后的国家增加生产仍是一项重要的目标,在最先进的国家,经济上所需要的是更好地分配财产"。"当我们对任何行为予以赞成或不赞成时……就看该行为增进或违反当事者的幸福为准"①,他认为功利主义以幸福标准判定行为的正当,并非指行为者自己的幸福,而是指一切相关者的幸福,要求人们在自己的幸福与他人的幸福之间做到严格的公平,他的思想更接近益贫式增长的理念。

## 2.1.3 马歇尔的收入分配与经济增长思想

马歇尔对要素的贡献与分配进一步细化,各种生产要素收入来自他们对生产贡献的价值。体现一一对应,劳动—工资、资本—利息、土地—地租、管理—利润,而要素具体多少由供需决定,对生产要素的需求取决于边际使用及其边际效率。由于"替代原则",某一种生产要素价值或边际效率会趋于相等。生产要素的供给,"首先取决于它的现有存量,其次在于所有者具体的运用上去,机敏的企业家会不断地寻求最有利的机会,并力图用到边际上,不论是在哪一场合,要素收入等于该要素边际纯产品价值的趋势"。② 同时代的英国经济学家威克斯蒂用数学式将其思想表达出来。如果被分配的某种产品($P$)是生产要素的($A$,$B$,

---

① 约翰·穆勒. 政治经济学原理(下卷)[M]. 胡企林,朱泱,译. 北京:商务印书馆,1991:324.

② 马歇尔. 经济学原理(下册)[M]. 北京:商务印书馆,1983:189,199,207.

$C$，$D$，…)的函数，则有：$P = f(A，B，C，D，…)$ 每一种生产要素的微小增加（ $\partial A$ ）对产品的影响增加（ $\partial P$ ）(假设其他要素不变，技术不变)，每一种生产要素的价格都取决于最后的一份增量对产品的贡献的增量，如是 $A$ 要素，即 $\dfrac{\partial P}{\partial A}$，那 $A$ 要素对总产品的贡献额就为 $\dfrac{\partial P}{\partial A} \cdot A$ (假设 $A$ 要素在总产品中贡献了 $A$ 份)，那总产品就可以写为：

$$P = f(A，B，C，D，…) = \frac{\partial P}{\partial A} \cdot A + \frac{\partial P}{\partial B} \cdot B + \frac{\partial P}{\partial C} \cdot C + \frac{\partial P}{\partial D} \cdot D + \cdots \quad (2\text{-}1)$$

也即是说每一种生产要素的报酬等于该要素的边际产品乘以它的贡献份额，社会总产品等于各要素报酬之和，这也被称为尤勒定理。[①]

## 2.1.4 新古典宏观收入分配与经济增长理论

新古典宏观收入分配理论的主要任务就是要研究动态变化过程中，人口增长、资本增加、生产方法的改良、生产组织的变化和人类欲望的变化。在社会生产的动态过程中，工资标准和工资总量都会不断上升，利润以递减的速度在增加，利润主要来源于企业家的创新、生产技术的革新。由于自由竞争，资本和劳动不断流向高利润的部门，最终全社会的利润消失。在 20 世纪 30 年代，以边际生产力理论为基础创建的生产函数和替代弹性，研究职能分配理论中相对份额决定与变化，例如柯布—道格拉斯生产函数：$Q = AK^\alpha L^\beta (\alpha + \beta = 1)$，也可以表示为 $Q = AK^\alpha L^{1-\alpha}$，其中 $\alpha$ 表示每增加单位 $Q$，资本贡献了 $\alpha$ 份，劳动贡献了 $1-\alpha$ 份，即产出资本弹性和产出劳动弹性。

$$\alpha = \frac{\partial Q/Q}{\partial K/K} = \frac{\partial Q}{\partial K} \cdot \frac{K}{Q}，\ \beta = 1 - \alpha = \frac{\partial Q/Q}{\partial L/L} = \frac{\partial Q}{\partial L} \cdot \frac{L}{Q} \quad (2\text{-}2)$$

结合李嘉图的边际产品的概念，$\dfrac{\partial Q}{\partial K} = k$ 表示资本的边际产品，$\dfrac{\partial Q}{\partial L} = l$ 表示劳动的边际产品，$\dfrac{K}{Q}$ 表示资本的贡献份额，$\dfrac{L}{Q}$ 表示劳动的贡献份额，所以新古典综合

---

① 威克斯蒂德. 分配规律的协调[M]//晏智杰. 经济学中的边际主义. 北京：北京大学出版社，1987：209.

的核心思想还是来源于李嘉图的理论。

在新古典学派看来，在经济增长过程中，当生产要素价格发生变化时，生产者会用低价的要素去替换高价格的要素。如果实际工资相对实际利率，资本与劳动的比例上升，这就看劳动与资本的替代弹性。如果替代弹性等于 1，劳动和资本份额保持不变；如果替代弹性小于 1，增加劳动份额，减少资本份额；如果替弹性大于 1，劳动份额减少，增加资本的份额，反之同理。希克斯根据技术进步对劳动和资本收入份额的影响，认为中性的技术进步，即技术进步对劳动和资本的份额没有影响；节约劳动的技术进步会降低劳动的边际贡献份额，增加资本的收入边际贡献份额；反之，节约资本的技术进步，会降低资本的边际份额增加劳动的边际贡献。所以影响收入份额主要取决于，替代弹性、技术进步的性质、劳动与资本的产出比例、商品需求和要素供给的条件、市场竞争程度。

## 2.1.5　后凯恩斯主义收入分配与经济增长理论

后凯恩斯主义的经济增长与收入分配理论是罗宾逊和卡尔多以凯恩斯—哈罗德·卡莱茨基的思想创建的。其理论特点包括：(1)把投资看作利润和收入分配的决定因素。(2)投资不依赖储蓄，而储蓄可以适应投资。(3)企业家的储蓄倾向大于工人的储蓄倾向。该理论的基本逻辑是：储蓄＝工资储蓄+利润储蓄，工资和利润的储蓄倾向不同，所以分配就直接影响储蓄进而影响投资。在利润和投资的关系上，后凯恩斯主义与李嘉图不一样。李嘉图的利润是总产品价值减去工资后的余额，影响收入分配的核心是工资；而后凯恩斯主义强调的工资是总收入减去利润，影响收入分配的核心是利润。卡尔多的模型反映了这一思想。其中定义，$Y$：总收入，$W$：工资，$P$：利润，$I$：社会投资，$S$：社会储蓄，$S_p$：利润储蓄，$S_W$：工资储蓄，$s_p$：利润边际储蓄倾向，$s_w$：工资边际储蓄倾向。根据国民收支均衡条件：

$$Y = W + P$$

$$I = S$$

$$I = S = S_W + S_P$$

$$I = S = s_w W + s_p P$$

$$I = S = s_w(Y - P) + s_p(P \text{ 等式两边同时除以 } Y)$$

$$\frac{I}{Y} = \frac{P}{Y}(s_p - s_w) + s_w \tag{2-3}$$

$$\frac{P}{Y} = \frac{1}{s_p - s_w} \cdot \frac{I}{Y} - \frac{s_w}{s_p - s_w}$$

上面最后一个等式(2-3)就是卡尔多的经济增长与收入分配的基本公式，通过最后一个等式可以看出利润份额 $\left(\frac{P}{Y}\right)$ 决定的因素：投资率 $\left(\frac{I}{Y}\right)$、工人储蓄倾向 $(s_w)$ 和企业家储蓄倾向 $(s_p)$，$\left(\frac{1}{s_p - s_w}\right)$ 也被称为分配的敏感系数，表示利润率 $\left(\frac{P}{Y}\right)$ 对投资率 $\left(\frac{I}{Y}\right)$ 变化的敏感程度。如果利润和工资的边际储蓄倾向的差额 $(s_p - s_w)$ 缩小，那敏感系数 $\left(\frac{1}{s_p - s_w}\right)$ 变大，$\left(\frac{I}{Y}\right)$ 的较小变化将引起收入分配的较大变化，反之则相反。在卡尔多的模型里，投资决定于利润和工资的分配是通过总需求与总供给实现的，因为根据凯恩斯的假定，$\left(\frac{I}{Y}\right)$ 是一个外生变量，不受边际储蓄倾向的影响。具体是投资($I$)的增加导致社会总需求增加($AD>AS$)，进而整个社会的物价上升，利润增长($P$)。物价上涨对工人和资本家的消费产生不同的影响，资本家的消费倾向低，物价上涨对其消费影响不大，反而增加企业家的储蓄，使得社会的投资增加，社会总供给($AD$)增加；而对于工人来说边际消费倾向高，物价上涨相当实际工资下降，进而消费水平下降最后影响整个社会的总需求($AS$)不足。由外生变量投资增长引起的工人和企业家两个集团的不同变化，最终实现整个社会的总供给($AD$)和总需求($AS$)相等。[①] 具体的变化逻辑关系如下：

投资($I$)↑ → 总需求上涨($AD > AS$) → 物价($R$)↑ → 利润($P$)↑

企业家：利润($P$)↑ → 储蓄($S$)↑ → 社会总供给($AS$)↑

工人：利润($P$)↑ → （工资）$W$↓ → 消费($C$)↓ → 社会总需求($AD$)↓

---

① 卡多尔. 论价值与分配[M]. //陈广汉. 增长与分配. 武汉：武汉大学出版社，1995：48-54.

当外生投资增加引起的工人和企业家两个集团收入的变化进而引起社会总供给和总需求的不同变化时，最后总供给和总需求又达到一个均衡状态($AS=AD$，$S=I$)。

关于利润量($P$)的决定。假设工人的储蓄倾向为零($s_w=0$)，那么整个社会的投资就完全来自企业家的储蓄投资，根据式(2-3)由边际储蓄倾向与消费倾向之和为 1，就有：

$$P = I \cdot \frac{1}{s_p} \quad 因为 \quad s_p + s_c = 1，所以 P = \frac{1}{1 - s_p} \cdot I$$

通过上式就可以看出，企业家所获得的利润量与企业家的投资量成正向关系；与企业家的储蓄倾向成反比例关系，与消费倾向成正向关系，即企业家消费得越多他得到的利润越多。卡莱茨基有句名言："资本家得到了他们所花费的东西，工人花费了他们所得到的东西。"

关于利润率$\left(\frac{P}{K}\right)$的决定。由 $P = I \cdot \frac{1}{s_p}$ 等式两边同时除以资本存量($K$)得到 $\frac{P}{K} = \frac{(I/K)}{s_p}$，其中$\left(\frac{P}{K}\right)$表示资本的利润率，$\left(\frac{I}{K}\right)$表示资本的投资率，即说利润率等于投资率与边际储蓄倾向之比。按照罗宾逊的观点，经济增长率($g$)应该要等于社会投资率$\left(\frac{I}{K}\right)$，经济才处于一个稳定的增长路线上。则有 $\frac{P}{K} = \frac{g}{s_p}$，可见利润率决定于企业家的储蓄倾向和积累。假如一年的利润($P$)和投资($I$)相等，则 $\frac{P}{K} = \frac{I}{K}$，利润率等于投资率，$s_p = 1$ 时表示一年的利润全部转化为储蓄了。

从以上利润份额、利润量、利润率看，后凯恩斯主义认为，收入分配的关键是由投资、收入储蓄倾向决定的。卡尔多也明确指出，他的模型表明收入分配是由凯恩斯投资—储蓄机制决定的。决定投资产出比率的是产出能力的增长率$\left(G = \frac{I}{K}\right)$和资本—产出比例$\left(V = \frac{K}{Y}\right)$，则有 $\frac{I}{Y} = \frac{I}{K} \cdot \frac{K}{Y}$ 即产出能力增长率必须等于投资与现有资本存量价值的比例。为实现充分就业的不断增长，产出能力增长率必须等于"充分就业的最高限度(Full Employment Ceiling)的增长率"，即为劳动力的增长率和技术进步之和，这就是哈罗德的自然增长率。也只有 $\frac{I}{Y} = \frac{S}{Y}$，这种自然增长率才是"有保证"的，有保证和自然增长率之间不是相互独立的，如果利润差额是具有灵活性的，那么通过利润份额$\left(\dfrac{P}{Y}\right)$随之变化的，前者将适应于后者。

## 2.1.6 马克思收入分配与经济增长理论

在马克思看来，"分配的结构完全决定于生产的结构，分配本身就是生产的产物，不仅就对象说是如此，就形式说，参与生产的一定形式决定分配的特定形式"。[①] 这也就是说，在分配产品之前，是生产工具的分配。在生产过程中，生产工具决定生产的结构，最终产品分配显然只是产前分配的结果。如果在考察生产时把包含在其中的这种分配撇开，生产显然是一个空洞的抽象；反过来说，有了这种生产结构所形成的要素的分配，产品的分配自然也就确定了。很显然，马克思认为，生产资料的占有形式决定了收入分配的形式；生产结构从本质上决定了分配结构。在分析方法上，马克思批判性地吸收了斯密、李嘉图的"生存工资"和"剩余"原理，但是放弃了"边际"原理。

马克思认为，"物质的生产条件以资本和地租的形式掌握在非劳动者(资本家、地主)的手中，而工人阶级则只有人的生产条件，即劳动力"。[②] 生产前：$C + V$($C$：不变资本，$V$：可变资本)；生产后：$C + V + M$($M$：剩余价值)。社会总价值在生产后增加了$M$，其中工人创造$V+M$，但只得到的$V$，资本家获得了$M$。由于生产资料私有，生产资料与劳动者的分离是各阶级矛盾的根源。马克思接受了古典学派的"生存工资"的思想，将劳动的产出量分为了两部分："一部分体现为用工资形式付给等价的价值，另一部分则体现为没有任何等价的价值"。$M$成了地主、实业资本家、货币资本家瓜分的来源，并具体表现为地主的地租收入、企业主的收入、资本家的利息收入。正如马克思说的"利息……是与生产过程无关的资本所有权果实，而企业主收入则是处在过程中，在生产过程中发挥作用的资本的果实"。[③]

① 马克思恩格斯选集(第二卷)[M]. 北京：人民出版社，1972：98-99.
② 马克思恩格斯选集(第三卷)[M]. 北京：人民出版社，1972：13.
③ 马克思. 资本论(第三卷)[M]. 北京：人民出版社，1975：420.

　　对于经济增长，资本积累在两个方面同时起作用。它的积累一方面扩大了劳动的要求，另一方面由于"游离"工人的存在，扩大了工人的供给。与此同时，失业工人的压力又迫使就业工人付出更多的劳动，从而在一定程度上使劳动供给不依赖于工人的供给。在马克思看来，由于劳动力市场的激烈竞争，资本家可以维持基本生存的工资获得无限劳动力的供给，资本积累和经济增长所引起的劳动需求总是滞后于它所创造的劳动供给。利润率主要取决于资本有机构成（$C:V$）。降低劳动力的需求，减少支出成本迫使更多的企业提高资本有机构成，因而进一步挤压工人阶级。

　　边际革命后，西方主流经济学用"效用论"去替代劳动价值论，其本质是在贬损工人在经济增长过程中的贡献。马克思的劳动价值贡献主要体现在他的社会关系中，主体与客体的关系，价值是一个关系范畴，而关系的存在是以人为前提。在人类出现以前世界无所谓"价值"的存在。从源头与现实看，唯有人是创造价值的，而从事生产实践者则是劳动者群众。因此，在收入分配过程中劳动者凸显其主体地位。马克思剩余价值学说的创立，说明了劳动价值贡献并不是所谓"神秘"的。从具体形式看，劳动包括活劳动与物化劳动、具体劳动与抽象劳动、体力劳动与脑力劳动。马克思当年区分劳动和劳动力，具体劳动与抽象劳动，活劳动与物化劳动等范畴是为了克服"李嘉图难题"（即李嘉图"价值—分配"理论体系未能解决价值规律下"资本与劳动的非等量交换""资本与利润的非等量交换"），以揭示剩余价值的真实来源。科学把握劳动的本质，并不排斥这些概念中的相互联系，因为他们既是相互区别又是相互联系的。在实践中，任何生产活动都不存在单纯地只消耗体力的劳动或脑力的劳动，农民锄地要区分苗和草，科学家的研究也要付出具体的体力劳动，在生产中如果单纯说只有某种劳动的贡献是很难说清的。[①]

　　功能性收入分配（国民收入初次分配）在今天看来，劳动与工资、地租与利润，各自体现了不同利益主体的利益，它们对经济增长的贡献格局将影响最终的收入分配。首先，如果资本所有者获得比重大，那将加重最终社会收入分配的不均；如果劳动者获得比重大，那将减轻最终社会收入分配的不均。因为现

---

　　① 王晓林．中国科学发展经济学导论［M］．北京：经济科学出版社，2014：87.

实生活中劳动人口的比重是远远超过资本所有者人口的比重。再者，如果政府在收入分配中获得的比重过大，说明了政府对经济的干预程度较深。此外，从经济的宏观运行看，如果劳动者的收入比重过低，从另一个角度说明了全社会消费倾向过低而投资倾向过高。这是因为劳动者的消费倾向低于资本所有者的消费倾向，资本所有者的投资倾向则大于劳动者的投资倾向，这也会加剧收入分配的不均。

在 20 世纪 70 年代以前，西方主流的经济学教学和研究都高度关注功能性收入分配，但在这之后，其研究逐渐减少。这是因为有研究发现英、美国家的国民收入分配中劳动和资本的收入份额相对固定不变（Kaldor，1961；Mankiw，2007），说明它们不容易被其他因素影响和代替。同时，西方主流经济学认为，要素的贡献份额由要素的边际生产力决定，而边际生产力又由市场决定，如此看来，分配问题就不再具有很重要的"政治经济学"意义。但是，2000 年以后，一些研究发现，一向稳定的美国劳动收入份额也在不断下降，1975 年该比重为57%，但 2000 年则变为了 52%（Guscina，2006）。在我国，劳动收入的份额 1998年为 59.3%，到 2007 年变为了 52.9%（周明海等，2010）。李稻葵等（2009）通过包括中国在内的 24 个国家的劳动份额与人均 GDP 关系发现，二者之间存在 U 形关系，即在经济增长的初期，劳动收入份额下降，但在后期则出现上涨。

## 2.2　规模性收入分配与经济增长

与功能性收入分配相对应的是收入分配，克拉克在《财富的分配》一书中，将收入分配区分为功能性分配和规模性分配，给予两种收入分配明确的界定。

### 2.2.1　克拉克的收入分配理论

克拉克从生产领域入手，把收入分配分为个人分配和职能分配。他认为职能分配解决的是工资、利润的决定问题；而个人分配则是个人收入的多少问题。他从过去经济学家关注的群体(资本家、地主、工人)的收入分配进一步微观化到个人。他认为，功能分配说明了收入的来源；而个人分配不需要问具体的收入形式和来源。职能分配决定了个人分配，他说"只有怎样把全部社会收入分为工资、利息、利润这些性质不同的收入，才是直接的完全的属于经济学的范围"①，"如果实际工作等于劳动的全部产物，利息等于资本的产物，利润等于调配的产物，那么财产就在它产生的时候得到了保障"。②

他采用静态和动态的分析方法来评价社会的收入分配。静态分配：社会是否给予每个人他所应得到的部分，从而测定这个社会是否公正。动态分析：考察社会分给每个人所应得的部分，究竟是增长还是减少了，从而测定这个社会是否为了人类造福。他的这种动态（准确地说应该叫比较静态）与静态的方法给后来的经济学分析方法奠定了基础。他的收入分配理论具体分成了三个阶段、两种类型或层次。社会经过一次初次分配、一次再次分配和最后的分配，第一次和第二次分配属于产业间初次分配，"第一次分配决定了各个产业团体的收入，第二次分配决定各小团体的分配，最后的分配是对产业系统中无数个小团体中的工资和利息进行调配"。③ 收入分配是由各产业的物价决定的，这是因为决定产业部门之间收入分配的价格形成是生产要素在各部门之间配置和调整的结果。受利益的驱使，生产要素自然流动，最后的工资和利息均等。

## 2.2.2　福利经济学的收入分配理论

庇古在 1920 年出版的《福利经济学》标志着西方福利经济学的诞生，庇古（A. C. Pigu）也成了旧福利经济学的代表。他把收入分配与社会福利联系在一起，主张"收入均等化，分配越是均等，社会福利就越大"④。其理论是建立在基数效用论基础之上，他认为社会的经济福利就是所有社会成员的福利或效用相同权重的加总。如果通过收入分配增进社会的福利，那么这种分配就显得合理。他强调通过转移收入的方式，如举办公共福利事业、征收累进税和遗产税实现收入从富人手中转移到穷人手中。如果通过收入分配使经济效率增加，收入分配就是公平的，反之收入分配就是不公平的。

---

① 克拉克. 财富的分配[M]. 北京：商务印书馆，2014：4.
② 克拉克. 财富的分配[M]. 北京：商务印书馆，2014：8.
③ 克拉克. 财富的分配[M]. 北京：商务印书馆，2014：13.
④ 黄有光（Yew-Kwang Ng）. 福祉经济学[M]. 张清津，译. 大连：东北财经大学出版社，2005：72.

新福利经济学主张序数效用论，假定收入分配是一定的，试图把收入分配问题从福利经济学中提出，尝试用社会福利函数来评价人们的福利状况。帕累托最优成了一个有效的分析工具，其意义是在没有使任何人境况变坏的前提下，也不可能再使某些人的处境变好，那该状态就是帕累托最优；如果存在改进方法，那说明存在帕累托改进。萨缪尔森(1947)曾经指出，帕累托最优条件仅仅解决了效率问题，根本不涉及分配问题，但是社会福利的目标应该是兼顾公平和效率的。因此，萨缪尔森强调经济效率只是社会福利的必要条件而非充分条件，而合理的收入分配则是实现福利最大化的充分条件。这在某种程度上与益贫式增长的内涵相互契合。阿马蒂亚·森对此则持否定态度，他认为福利经济学"回避了有关收入分配的福利判断问题"(Sen. 1997)。如果按照帕累托原则，任何一种收入分配都是最优的，而任何一种收入再分配都在破坏最优状态，因为将富人的收入转移给穷人，虽然穷人的状态变好了，但是富人却变差了，因此它是违反帕累托最优原则的。收入分配的效果关键在于分配前后状态的评价，具体标准过去大家都采用社会福利函数，在此基础上用个人福利效用最大化的加总即得到了社会福利效用的最大化。关于这点阿马蒂亚·森给予了否定，他认为用效用福利函数评价收入分配的效果存在两个致命的问题。第一，如果社会每个人的福利效用函数都相同，那收入分配的最后效果是导致整个社会的绝对平均主义(Egalitarian)，因为按照边际效用递减原则，转移富人的收入给穷人使整个社会的效用增加，收入分配转移的最后结果是穷人与富人的收入相等，整个社会的效用达到了最大化，社会收入均衡，而这种平均主义会造成整个社会的效率低下。第二，如果社会每个人的收入效用福利函数不同，那又是违反平均主义的。具体可以借助阿马蒂亚·森给出的图形说明(如图 2-2)。

假设横轴 AB 表示总收入，纵轴表示收入效用。有甲、乙两个人，横轴从 $A$ 到 $B$ 表示从 $A$ 到 $B$ 的甲的收入分配，从 $B$ 到 $A$ 表示从 $B$ 到 $A$ 的乙收入分配。如果他们具有相同的效用函数，$aa_1$ 表示甲效用函数图像，$bb_1$ 表示乙效用函数图像，根据效用最大化条件，$C$ 点是分配的最佳点并且是收入均等点，甲的总效用面积 $S_{ACEa}$ 等于乙的总效用面积 $S_{CEbB}$(假设总效用＝收入×单位收入效用)。如果两个人的效用函数不同，比如乙是一个残疾人，他的效用函数为 $cc_1$ 图像，甲的效用函数图像不变，分配方案不变，那么结果甲的收入为 $AC$，乙的为 $BC$，但甲的

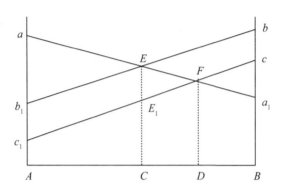

图 2-2 阿马蒂亚·森收入分配效用函数评价

总效用面积 $S_{ACEa}$ 要比乙的总效用面积 $S_{CE_1cB}$ 大，且整个社会有效用损失；只有在分配中，甲的变为 $AD$，乙的为 $BD$ 时，整个社会的效用才可能达到最大。通过这个例子阿马蒂亚·森认为"从根本上讲效用主义远不是主张平均主义的分配"[1]，虽然用效用函数作为收入分配的评价准则达不到理想效果，但是社会福利函数可以不依托个人效用函数，假设社会福利函数为 $W$，个人福利效用函数 $U(y_i)$，则有 $W=\omega[\,U(y_1)\;U(y_2)\cdots U(y_i)\,]$，将个人效用福利函数看成社会福利函数的评价的基础(李实[2]，1999)。阿马蒂亚·森认为社会福利水平状况评价有两大因素，一是社会个体的平均收入水平，二是收入分配的均等程度。评价一个社会的福利水平应该把收入水平和收入分配结合起来。据此他提出评价社会福利指数如：$W=\mu(1-G)$，其中 $\mu$ 是社会平均收入水平，$G$ 是衡量社会收入差距基尼系数，他的这一思想启迪了后来学者对收入分配福利函数的进一步研究，如后来的基于洛伦茨曲线(Generalized Lurenz Curve)计算的基尼系数，以及现有益贫式增长判定指标就是其具体的体现。

## 2.2.3 库兹涅茨倒 U 形假说

库兹涅茨 1955 年发表的《经济增长与收入不均等》一文，通过对英、美发达

---

① Sen, A., K. On Economic Inequality[M]. Expanded Edition with a Substantial Annexe by James E. Foster and Amartya Sen. Oxford University Press, 1997：18.

② 李实. 阿玛蒂亚·森与他的主要经济学贡献[J]. 改革，1999(1)：101-105.

国家经济增长与收入分配的变动分析，得出如下结论："经济增长的早期阶段持久收入结构的不均等会不断扩大，当社会从前工业文明向工业文明转变的时候，不均等的扩大更迅速，随后出现一个稳定的时期，在最后一个阶段不均等缩小。"①这就是著名的倒 U 形假说。其原因库兹涅茨是这样解释的：

在经济增长的早期，推动经济增长的动力主要来自储蓄，而储蓄又主要来自社会中小部分人群，绝大多数人是没有储蓄的。这种高度集中的储蓄，一方面它能推动经济增长，另一方面也会加速收入分配的不均。经济增长到一定阶段时，人们会对收入不平等的源泉进行审视，对社会不断扩大的收入分配向政府施加压力，迫使政府在政治、法律上采取一些政策来限制，缩小社会的收入差距，如累进税、遗产税，或者政府通过应许的通货膨胀限制储蓄的积累。此外，(1)人口的变化也在影响收入分配，在发达国家，富人与穷人之间人口增长率存在差别，富人首先开始控制家庭规模，低收入群体中的一部分人随着收入的增长在一定时间内进入了高收入人群，使得高收入人群人口比重上升。(2)技术的进步也会引起财产收入变化，由于技术进步，新兴工业增长更加迅速，旧行业因技术进步所产生的财产收入在总收入中所占的份额不可避免地出现下降趋势，除非高收入人群转向新兴产业。(3)劳务收入变化，一般高收入人群中有很大一部分是通过他们高劳务收入储蓄转化为财产性收入，但长期来看，高收入人群没有低收入人群的劳务收入上涨得快，这是因为高收入人群提高劳务收入的积极性要比低收入人群弱。这种提高收入的动机，主要是通过由低收入行业向高收入行业转移实现的，通过转行实现劳务收入增长对富人群体来说是有限的。在库兹涅茨看来，这些因素都是经济增长的函数，经济增长越快这种影响就越大。

经济结构从农业向非农业的转变，是与经济增长相伴随的。这种结构变化对经济增长及其收入分配都有重要影响。库兹涅茨假设：农业部门的人均收入低于非农业部门，在增长过程中，农业部门的劳动力人口如果下降，农业部门的收入不均等程度小于或等于非农业部门，由此就可以得出人均收入差别的三个因素，即部门之间的收入差异，部门内部的收入差异，农业与非农业占经济总量的比重。这三个因素之间的组合就会出现六种情况。

---

① 库茨涅茨. 经济增长与收入不平等[J]. 美国经济评论，1955(3)：18.

(1)如果部门之间的收入差别扩大(非农业部门比农业部门收入更不均),收入分配不均会明显上升。这可以解释倒U形初级阶段的现象。(2)如果两个部门的收入分配均等程度相同,那么,整个社会收入分配不均的扩大只能由非农业部门占整个经济的比重高低引起。(3)如果部门之间的收入差别固定不变,非农业部门内部的分配比农业部门更不均等,随着经济增长,收入分配的不均等扩大。(4)假定非农业部门的收入不均等程度大于农业部门,人均收入也高于农业部门,并且这种差别随着农业部门人口在总人口中的比例下降而扩大,那么两极分化会不断扩大。(5)如果两部门间收入差别不变,各部门内部分配的不均等程度相同,当农业部门人口比例下降时,收入分配不均等开始扩大,然后下降,两个部门之间的收入差别大小决定了"库兹涅茨"的转折点。(6)如果部门之间的人均收入差别和部门内部的收入分配保持不变,那么农业部门人口下降到一定程度后,收入最高的20%的人收入份额将下降。

如果用库兹涅茨倒U形理论作为经济发展的指导思想,那也就是说经济发展过程出现收入差距过大,分配收入不公平现象是正常的。任何减轻这种现象的政策都是多余的,甚至还可能是有害的。但是,许多发展中国家伴随经济增长人均收入不均等的状况则日益恶化,人们对倒U形假说也产生了怀疑。事实上,决定一个国家的收入分配因素很多,如国家体制、历史、发展战略等都会影响经济增长和收入分配变化的路径。

## 2.2.4　刘易斯、费景汉、拉尼斯与二元结构

在20世纪50年代,刘易斯发表了《劳动无限供给条件下的经济发展》一文,提出了"二元经济结构模式"。他认为,发展中国家国民经济中包含着两种不同性质的部门。一个是以传统方法进行生产,劳动生产率低和收入仅够维持生存的农业部门;一个是以现代生产方法进行生产,高效率的城市生产部门。农业部门劳动力丰富,劳动力的边际生产力为零,存在大量的剩余劳动力。在这种情况下,城市工业部门只需要付略高于农村生存水平的工资,就能无限获得农业部门的剩余劳动力。刘易斯把发展中国家经济增长视为城市现代化部门不断扩张,传统农业部门不断缩减的过程。具体如图2-3。

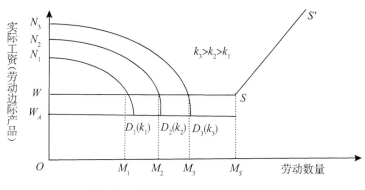

图 2-3 刘易斯农村劳动力转移模型

图 2-3 中 $OW_A$ 为传统农业部门不变的制度工资，$OW$ 为工业部门实际工资，也可以表示为工业部门的实际劳动供给曲线，ND 代表工业部门的劳动需求曲线，在劳动力需求量小于 OMs 以前($Ms$ 点也称之为刘易斯转折点)，都可以按照 OW 的工资获得无限的劳动力，超过 OMs 以后表示农村剩余劳动力已经转移到了城市工业部门，劳动力变为了稀缺资源。刘易斯的理论，完全接受了古典经济学的生存工资的假说，但他认为发展中国家的收入分配是"分享(Share)"，而不是按照古典主义的贡献"分配(Distribution)"的。其次，刘易斯认为"比较确切的解释，储蓄相对于国民收入的增加是因为储蓄者的收入相对于国民的收入的增加，经济发展的事实是收入分配变得有利益储蓄阶级"。[①] 经济增长表现在工业部门对劳动力需求的扩张。曲线 $N_1D_1(k_1)$ 扩张到 $N_3D_3(k_3)$ 是由于企业家通过不变的工资获得更多的剩余利润，使得储蓄增加，获得源源不断的经济增长动力。细致分析刘易斯的经济增长和收入分配会发现，要实现二元经济结构的转换需至少完成一系列的假设前提。(1)工业部门的工资水平不变(至少在刘易斯转折点以前是不变的)，整个社会的劳动力供给弹性是无限的。(2)社会高收入群体和企业家的收入利润要能用于生产性的投资。(3)工业部门中要能够创造无限劳动力需求的岗位(创造就业)。(4)农村社会存在失业，而城市不存在失业。

从 20 世纪 60 年代开始，费景汉(Fei. J. C. H)和拉尼斯(Ranis. G)联名发表了一系列的论著论述二元经济的转变，是对刘易斯的二元结构理论进一步

---

① 阿瑟·刘易斯. 二元经济论[M]. 北京：北京经济学院出版社，1989：16.

的拓展。从收入分配的视角看，其论述的重点是：（1）农业剩余劳动力不存在的条件下，农业部门的生存工资和工业部门工资能够保持不变，从而确保工业部门利润的上升，资本积累。（2）现代工业部门的资本积累与增值如何为农业剩余劳动力创造足够的就业岗位，经济增长利益扩散如何推动二元经济结构的转换？

因为刘易斯认为，"由于工业化过程中粮食需求会不断增加，因此粮食价格下降速度会慢于人均农业生产增长的速度，这会使工业部门实际工资上涨，侵蚀工业利润，影响资本积累和工业部门的经济增长"。而费景汉和拉尼斯则认为，只要农业部门存在剩余劳动力，农业部门的实际收入将不可能上升，由于该收入水平仅能够维持劳动者的生存，因此也不可能下降。这里个人收入水平称为真实的不变制度工资（Constant Instituionl Real Wage，CIW）。它是由一定的历史、道德、习惯等社会环境决定的，并制约和限制工业部门的实际工资水平。只要存在剩余劳动，工业部门工资的任何上升趋势和工农业之间的工资缺口都会通过劳动力的流动而消失。据此，费景汉和拉尼斯把两部门劳动力的转移重点放在了两部门的贸易条件上。通过二者在解释劳动力转移因素中可以看出，"工业部门实际工资"是整个二元经济变化的关键。工业部门工资一方面是根据工人生存工资决定，另一方面由工农之间的贸易条件决定。由于农业部门生产率低下导致工业部门制度性工资在一定时期内不变，而且工业部门生产率高于农业部门，所以，在未达到刘易斯转折点之前，工农业之间的贸易条件也不会变化。

费景汉和拉尼斯对刘易斯模型的研究，区分了农村无限劳动力的类型：剩余劳动力和隐形失业劳动力。剩余劳动力是指劳动的边际产品（Marginal Product of Labor）（MPL）等于零的那一部分劳动力（MPL＝0）；隐形失业劳动力是边际劳动产品低于制度工资，但大于零的那一部分劳动力（CIW＞MPL＞0）。在整个二元经济变化过程中，劳动力的转移完成就要经过三个阶段。

第一阶段是转移农业部门劳动力边际产品为零（MPL＝0）的劳动力。该阶段由于劳动力边际产品为零，当农业劳动力转移出去以后，农业总产量不会下降，同时制度性工资将不变，而会出现总农业剩余（指农产品满足农业部门消耗后的余额）。这种农业剩余可以作为农业劳动力转移的基金（支付给转移劳动者的生存工资）。费景汉和拉尼斯举例如"进城务工人员背着干粮去修公路"。这个阶段可以称之为"消除剩余劳动力"。

第二阶段是在第一阶段的基础上继续转移农业劳动力，这部分的农业劳动力边际产品大于零但小于制度性工资（CIW>MPL>0），转移的劳动力边际产品过了"零点"，进一步转移将影响到总产量下降。虽然农业剩余还在增加，但平均剩余减少了，即农业平均剩余=（农业的总剩余：农业的总产品−农业部门的消耗）/（非农业人口），这个阶段如果完成，可以称为"消除部分隐形失业阶段"。但如果按照第一阶段，新转移的劳动力提供相同的农产品，这时就会出现粮食短缺，在该阶段二元经济转换将停止。

第三阶段是转移劳动力边际产品大于真实制度工资的劳动力，这时真实制度工资将被抛弃，农业部门的工资将按照市场来决定，隐形失业完全消除。

费景汉、拉尼斯把第一阶段和第二阶段的交界点称为"短缺点（Shortage Point）"，第二阶段与第三阶段称之为"商业化点（Commercialziation Point）"。商业化点是二元经济结构变化的目标点和终点，但可能在进入第二阶段后就会发生终止。因为农业产品出现短缺，农产品的价格上涨，工业部门实际工资上涨，工业部门利润减少，储蓄减少，最后农业劳动力的转移就停止了。因此费景汉和拉尼斯认为，在提高农业部门生存率，尤其是在第一阶段完成之后，要保证农业部门的生产率与工业部门之间存在协调关系，除了农业部门劳动生产率提高可以阻止短缺点出现之外，其也可以提高农业部门的劳动边际产品，加速到达商业化点。

费景汉和拉尼斯认为决定工业部门劳动力需求的因素是资本积累和技术创新的类型。资本的积累增量越大对劳动的需求越大，而技术创新与劳动的需求关系有：（1）创新的强度，即技术变化的产出提高效应（The Output Raising Effect）强弱的指数。它等于创新引起的产出增量与创新前总量的比例，其与劳动的吸纳能力成正比例关系。（2）创新的劳动偏向程度（The Degree of Labour-using Bias of the Innovation）。在投入既定时，如果劳动边际物质产品提高的比例等于创新强度，称为中性技术创新；小于称为节约劳动力的技术创新；大于称为偏向使用劳动力的技术创新。另外，它还与劳动边际产品的劳动弹性相关，即劳动边际物质产品变动对劳动变动的反应程度，它表明了劳动报酬递减规律的强度。其值越大，报酬递减规律越强；劳动边际产品曲线或劳动需求曲线就越陡，对劳动的需求则越小。

　　从他们的理论里可以看出，推进二元经济增长和结构转化的是农村丰富的剩余劳动力和城市工业部门储蓄的增长。但是，工业部门储蓄增长不是由于企业家储蓄倾向的提高，而是由于以城市工业部门为代表的资本家收入份额的上升。农业部门与城市部门工资收入的差距，或者是农业劳动工人对两部门"预期收入"的差距（托达罗，1985），是吸引农业剩余劳动力转移的动力。这意味着两部门收入分配的不均衡是推动所谓二元经济增长和转化的前提，同时也是经济增长的必然结果。刘易斯、费景汉及拉尼斯的二元经济转换理论与库兹涅茨的倒 U 形假说在理论上非常契合，且二元经济模式的分配更为极端。它认为不均等的收入分配为经济增长作出了贡献，因此是必需的；如果以均等分配为目标，那经济增长会过早地窒息。收入分配不均是致使经济增长的结果，会使每个社会成员分享到经济增长的实惠。刘易斯的二元经济与新古典一样还是把资本的积累作为收入分配的核心，通过对工资的挤压获得资本的更多积累，更高的积累使得经济增长成为可能，这也是李嘉图经济增长的思路。还有，二元经济理论认为，通过经济增长涓滴和扩散会惠及每一个人，这与新古典理论认为高利润会随着资本和劳动力的自由流动在社会中消失的想法一致。

　　除了以上规模性收入分配与经济增长关系的理论逻辑论述以外，关于规模收入分配差异的量化指标还有泰尔指数、基尼系数、变异系数、广义熵指数、帕特金森指数等。自 20 世纪 90 年代以来，关于个体收入差异与经济增长关系的实证研究层出不穷。一是认为由于信贷市场的约束，个体收入的差异造成低收入人群物质和人力资本投资不足（Galor、Zeira，1993；Fishman、Simhon，2002）。二是认为，民主的社会，通过投票形式增税促进再分配，对经济增长有负面作用（Perotti，1993；Persson、Tabellini，1994；Alesina、Rodrik，1994；Benabou，1996；Benhabib、Rustichini，1996）。三是认为，低收入家庭生育率高，教育投入不足，收入差距扩大，会增加低收入人群比例，不利于提升全社会的教育水平和经济增长（Perotti，1996；Dela Croix、Doepke，2004）。四是认为，大多的实证研究发现收入差距过大不利于经济增长。其原因在于收入差距过大，低收入人群消费能力弱，高收入人群消费倾向低致使整个社会的消费动力不足。国内陆铭（2005）用各省数据研究收入差距与经济增长、教育、投资的关系发现，无论是长期还是短期，收入差异对经济增长影响都是负面的。

功能性、规模性收入分配与经济增长的关系在不同时期，研究的侧重点各有不同。但现在无论是政府官员还是学者对两者之间的融通越来越重视。事实上，虽然规模性收入分配指标如基尼系数、泰尔指数等能很好地量化社会收入平等程度，却不能说明什么样的收入分配是公平合理的。而功能性收入分配理论虽然能说明国民收入的初次分配，但不能解释国民收入再分配。如政府实施的基本工资就业政策和税收转移支付政策代表了两种收入分配的宏观政策，通过二者的联系就能估算出有利于提高劳动收入份额的宏观政策，对于改善微观个人收入分配作用的大小也有意义(周明海、姚先国、肖文，2012)。这也正是贫困和益贫式增长理论所强调的。周明海、姚先国(2011)研究 1978—2006 年基尼系数与劳动收入份额的关系时发现，两者之间的相关程度达到了-0.83。

## 2.3  中国收入分配与贫困关系思想

中国古代经济思想，法家急功近利；道家清静无为，超凡脱俗；墨家和平兼爱，清苦节俭。而在对国人影响深远的儒家伦理思想里，它不承认人们之间的经济关系是一种利益关系，它把这种关系归结为一种道德伦理关系，强调通过道德的教化让人们自觉履行道德义务，通过沟通情感来达到协调各方的利益关系，这种思想在今天的农村地区，调节收入分配时还在频繁使用。比如在分配国家的贫困补贴时老弱病残优先考虑，因为对老弱病残赡养抚育是社会的道德义务，任何人也不会感到不公平。孔子说过"君子谋道不谋食，富与贵是人之所欲"，"贫与贱是人之所恶也，不义而富贵与我如浮云"。他认为贫富悬殊是社会动乱的根本，如其所言"丘也闻有国有家者，不患寡而患不均，不患贫而患不安，善均无贫，和无寡安无倾"(见《论语·季氏》)。荀子认为没有必要也不可能实现"均"贫富，"故人生不能无群，群而无分则争，争则乱"(见《荀子·王制》)，"兼足天下之道在明分……势位齐而欲恶同，物不能赡，则必争"。这里的"分"即是身份、区分，泛指人们的不同地位和职业以及财富占有的标准。儒家思想认为只有使人们遵照一定的等级制度和社会秩序生活，使天子"以天下为禄，而不以为多"臣民们虽然收入微薄"而不以为寡"，于是社会相安无事，他们的思想实质是在维护封建统治阶级的利益，为统治阶级的不劳而获，不劳而食辩护。但是"不患寡而患不均"的思想在今天看来还是有很强的现实意义。

《管子》的分配观强调"贫富有度"，他先对社会阶级进行分类，除了统治阶级外，下层阶级有"贫者""文明""木工""女工"和鳏寡孤独，他们过着"衣皮而冠角，食野草，饮野水"的牛马般生活。中层有"强者""富者""积者"和"贵戚臣属"，他们"迁封食邑，富商畜贾，积余藏羡，积属之家，此吾国是豪也"，其次《管子》认为"富贵无度则失"，因为"夫民富则不可以禄使也，贫则不可以罚威也，法令又不行，万民之不治"，"贫富之不齐也"。他认为消除贫富不均，人君要做到"散积聚，均羡不足，分并则利"，特别要防止富豪的兼并，对此要使农民避免受到高利贷的剥削，对其发放贷款"无本者予之新"，"以丰补歉使民饥者得食"，在封建剥削社会里，贫富差距是常有的事，但过度的贫富差距不利于政权的稳定，这也是统治阶级非常重视的一个问题，《管子》的思想包括其给出的措施及建议比较全面接近现代经济学的观点。

龚自珍的财富平均说表现在其《平均篇》中，他认为治国最高的道理在于"有天下者，莫高于平之尚也"，贫富分配不均的后果是"贫者日愈倾，富者日愈壅，或以羡慕，或以愤怒，或以骄汰，或以吝啬……其始不过贫富不相齐之为之尔，小不相齐，渐至大不相齐；大不相齐，即至丧天下"。

但在秦朝以来，关于收入分配思想还体现在社会底层农民起义的领导者思想，比如唐宋起义军的"均平""等贵贱"，明末李自成提出的"均田免粮""平买平卖"，他们把造成封建社会贫富不均的原因指向了封建制度。也因为在明末，中国江南地区出现了手工业的城镇，经济社会的繁荣激起了土豪疯狂地兼并土地，贪污腐败，赋税增多，官吏贪赃枉法，卖官鬻爵，民不聊生，阶级之间的矛盾被不断地激化，因此"均田免粮""平买平卖"的主张引起了贫苦百姓的共鸣，一呼百应。洪秀全在他的理想社会里也谈到"使天下共享天父，上主皇上帝大福"。"有田同耕，有饭同食，有衣同穿，有钱同使，无人处不均，无人不饱暖也。"在《天朝田亩制度》中"凡天下田，天下人同耕，此处不足则迁彼处，彼处不足，则迁此处，凡天下田，丰荒相同，此处荒，则移彼丰处以赈此荒处，彼处荒，则移此丰处以赈彼荒处"。这实际上是典型的土地公有制，土地的分配也是"凡分田，照人口，不论男女，算其家人口多寡，人多则多分，人寡则寡分"，他颁布的

《天朝田亩制度》与他的理想国是对封建社会统治阶级对财富分配的极度不满，他代表了广大底层人民的心声，但是由于受到农民意识的局限性影响，当他真正成为"皇帝"，成为统治者后，其行为也变得跟封建主一样。

在整个儒家思想里都强调"人"是整个人类社会的根本，在《礼记·礼运》中谈到"人者，其天地之德，阴阳之交，神之会，五行之秀气也"，"人者，天地之心也，五行之端也"。荀子认为"人"在万物之中"最为天下贵也"。董仲舒也认为"人受命于天，固超然异于群生"。这可以认为是儒家的"人本法则"与今天强调的"以人为本"的发展观不谋而合。但与西方的人本主义有本质的区别，西方的人本主义是抽掉了人的社会性，只看着纯生物界的人，在中国儒家思想里"人"则强调其社会性和调节其关系的社会。西方强调个人本位，个人权利和自我价值，而儒家中的"人"是国家、家族等社会群体中的人，注重人的道德价值，它是经济生活和经济发展的根本目的，而在亚当·斯密、李嘉图以及当下流行的西方经济理论，都将人视为财富价值增长的手段，西斯蒙第曾经批评过英国古典经济学"为了物而忘记了人，为了手段而牺牲了目的"，儒家思想里的"人"与马克思经济理论里的"人"有一共同点，都是不同的阶级(资产阶级与无产阶级；统治阶级与被统治阶级)的人，而不是"独立人"，强调"集体(阶级)理性"，而非个体理性。

中国现代的发展是"以人为本"的经济发展观念，以人为本是科学发展观的实质与核心，其要义主要体现在：一是人民群众是经济发展的主体，强调经济发展的主体性和自觉性；二是人民群众是经济发展的动力源泉，强调了人的基础性、重要性和优先性；三是满足人民群众不断增长的物质、文化需要的根本目的。总结起来就是人民群众是经济发展的主体和终极目标，经济发展归根到底要依靠人民群众，为了人民群众。正如胡鞍钢教授说的"共同发展，共同分享，共同富裕"。中华人民共和国成立至今始终都在坚持"按劳分配"为主体的分配原则，其根本就是在尊重劳动人民的主体性和重要性，但是在计划经济体制下表面看似落实了以劳动价值为基础的分配制度，社会成员按劳索取，平均分配"大锅饭""铁饭碗"，但背后却掩盖了极度的不公平，干好干坏一个样，扼杀了劳动者的积极性，这样的分配体制对劳动者无法形成有效的激励，不利于经济的创新发展。在这一背景下邓小平提出"让一部分人先富起来，先富带动后富，最终实现共同富裕""效率优先、兼顾公平"。中共十四大确定经济体制改革的目标是要建立社会主义市场经济。按劳分配为主体，其他分配方式为补充的分配制度成了我国的基本经济制度之一，中共十五大提出以按劳分配为主体，多种分配方式并存。中国共产党尊重人民的创造性，同时帮助贫困人民发展的初心始终都未变。在中共十九大报告中也再一次重申"人民"的重要性，报告全文提到"人民"两字203 次，主要体现在以下几个方面：

新时代的目标任务中蕴含中"人民性"。习近平新时代中国特色社会主义思想对"最后一步"做了战略性调整部署，分解为"三步走"的战略：到 2020 年实现第一个百年目标，全面建成小康社会；从 2020 年到 2035 年间用十五年时间基本实现现代化，比十三大的"三步走"战略预期提前了十五年；在剩下的十五年进一步将中国建设成为富强民主文明和谐美丽的社会主义现代化强国。新时代将目标分远期中期近期，奋斗接力层层推进，人民生活水平、幸福感和民族自豪感逐步提升。

新时代社会主要矛盾的提出是着眼于人民的需要。新时代社会主要矛盾已转变成了"人民日益增长的美好生活需要和不平衡不充分的发展之间的矛盾"。与过去的"人民日益增长的物质文化需要同落后的社会生产之间的矛盾"相比，矛盾内涵由过去的"落后生产力"到现在的"不平衡不充分"，由"物质文化需要"到现在的"美好生活需要"，体现了新时代下，人民生活的现状不再是由生产力不足引起的物质文化供给不足，而主要是现阶段物质资源的分配不均，导致的区域间发展的不平衡不充分。人民的需要不仅仅是物质文化的简单需求，还有安全感、尊严感、幸福感等精神层面的需要，美好生活需要的内容更加丰富、层次更高，实现从"吃饱穿暖"到"吃出健康穿出品位"的转变。习近平新时代中国特色社会主义的目标是实现中华民族的伟大复兴，但我们的落脚点还得从解决人民生活的根本需求开始，既要"抬头看山"又要"低头望路"。

新时代强调党的全面领导就是在坚持人民性。十九大首次提出了"坚持和加强党的全面领导"。坚持党的全面领导就是在坚持人民性。共产党的初心就是要为人民谋福利。十九大报告概括共产党的初心是"为中国人民谋幸福，为中华民族谋复兴"。这是全党奋进的根本动力。"治国有常，民利为本。"为人民谋福利，改善民生人民当家作主，这是习近平治国理政思想的核心和灵魂，永远镌刻在党的旗帜上。"十四个坚持"是习近平新时代中国特色社会主义思想的"内核"，警示社会主义现代化进程中的全体党员"勿忘初心"，不能为了前行而忘记了为什么出发。

新时代实现社会主义现代化关键是要实现"贫困人口"的发展。习近平曾指出"消除贫困、改善民生、实现共同富裕，是社会主义的本质要求"。十八大以来，以习近平同志为核心的党中央提出了精准扶贫战略。打赢深度脱贫攻坚战，强调消除贫困，改善民生，发展成果人民共享。截至党的十九大，全国有6000多万的贫困人口，主要分布在西部地区，老、少、边、穷是这些地区的特征，以西南喀斯特岩溶地区和西北的陕甘宁黄土高原最为严重。保障这部分贫困人口的发展才能实现共同富裕的目标，才能打通全面建成小康社会的"最后一公里"。贫困人口"掉队"，中国特色社会主义也即偏离了共同富裕的原则目标，中国特色社会主义理论也将失去实践的支撑。

## 2.4 国内外益贫式增长研究进展

益贫式增长基于引起贫困变化的两大因素，即经济增长和收入分配而展开。国内外的研究偏重于实证研究。现有文献主要集中在益贫式增长测定和判断上，而研究的基础是贫困的认识和贫困的测度。关于贫困率测度指标，一是由James E. Foster、J. Greer 和 Thorbeck（1984）提出的收入（支出）贫困指标 FGT 指数（Foster-Greer-Thorbecke）（如图 2-4 所示）。这是目前较为成熟的贫困率测度方法，它克服了传统贫困率测度方法的缺陷，满足了阿马蒂亚·森（Sen）提出的贫困测度公理；二是多维贫困的测度指标，是由 Alkire 和 Foster（2007，2011）提出的多维贫困指数，贫困理论在本书的后面章节中有更详细的论述。

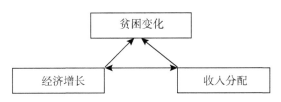

图 2-4　PGI（Poverty-Growth-Ienquality）三角关系

## 2.4.1　益贫式增长定义和判定方法

Chenery、Ahluwalia（1974）建立的增长再分配模型（Redistribution with Growth），强调增长利益的再分配，一般被认为是益贫式增长的理论起源；而后1990 年世界发展报告（World Bank，1990）提出普遍增长（Broad-based Growth），强调社会利益均等化；之后联合国（United Nations，2000）与经济合作与发展组织（OECD，2001）提出了广义的益贫式增长概念，但该提法对什么是益贫式增长没有具体展开。2004 年，经济合作与发展组织（OECD）提出，只要穷人的收入大于零的增长即为益贫增长；Kakwani、Son（2007）进一步指出，益贫式增长不仅要减少贫困，还要让经济增长利益更多地流向穷人。White、Anderson（2000）提出绝对益贫式增长，即通过增长穷人获得的绝对利益要大于或等于非穷人。McCulloch、Baulch（1999），Kakwani、Pernia（2000），Ravallion、Chen（2003），Son（2004）、Klasen（2005），Kakwani、Son（2007）提出，只要经济增长给穷人获得的收入增长比例大于非穷人就是益贫的（相对益贫）。

关于益贫式测量的方法，主要是在 Datt 和 Ravallion（1992）建立 D-R 和 Shapley 贫困因素分解的方法基础上。一是由 Kakwani、Pernia（2000）提出的益贫式增长指数（Pro-Poor Growth Index，PPGI）。它是在贫困变化分解为经济增长效应和收入分配效应的基础上，进一步得出经济增长减贫弹性和收入分配减贫弹性，即经济增长 1 个百分点对贫困减少的贡献，收入分配平等改善 1 个百分点对贫困减少的贡献，反映贫困对经济增长和收入分配变化的敏感性。用经济增长引起的贫困率变化与总贫困变化率的比值就是益贫式增长指数。二是 Ravallion、Chen（2003）提出的益贫式增长率（Pro-Poor Growth Rate，PPGR），主要是借鉴收入分布函数定义增长发生曲线（Growth Incidence Curve，GIC），评价不同收入组增长率，从而判断经济增长是否益贫。Ravallion 和 Chen（2003）根据中国 1990—1999 年不同人群收入数据模拟所得的增长发生曲线，发现曲线对于所有分位严格递增，最穷的百分点的人均收入的年度增长大约 3%，最富的增长大约 10%，益贫式增长率是 3.9%，而全部分布的平均增长率是 5.5%，这暗示不平等上升，增长不是益贫的。三是减贫等值增长率（Poverty Equivalent Growth Rate，PEGR），它是在 Kakwani、Son、Kakwani、Pernia 的益贫式增长指数，以及 Ravallion、

Chen（2003）的益贫式增长率的基础上发展起来的，减贫等值增长率=益贫增长指数×全体居民人均收入增长率。周华（2008）对益贫式增长判断方法进行了系统研究，认为益贫式增长指数判断方法可能会出现次优选择，益贫增长率不满足森（Sen）的贫困测度单调性标准，减贫等值增长率满足单调性公理（即随着穷人群体收入的增加，贫困率降低，反之则相反），关于这一点本书将在第五章作详细的讨论。

国内学者主要采用"益贫式增长"的基本分析方法，研究中国经济增长的"益贫性"问题。此类研究多是基于中国宏观经济数据，得出结论然后给出相关政策建议。纪宏、阮敬（2007）基于增长率派生出的增长曲线测度法，对中国农村1980年、1985年、1990年、1995年、2000年、2005年的经济增长益贫性进行实证分析发现，只有1990年经济增长是非益贫的，表明这期间经济增长对减贫的贡献是很明显的。周晓华（2008、2009、2010）、卢现祥（2009、2010）主要针对"有利于穷人的经济增长"进行规范性分析。阮敬、纪宏（2008）对益贫式增长公理性标准及其测度指标进行了论述。胡永和（2009）阐述了如何实现益贫式增长，以及益贫式增长对于中国城镇反贫困意义。张克中、彭涛（2009），张克中、冯俊诚（2010）运用增长发生曲线和贫困改变分解法，研究中国通货膨胀对穷人收入增长的影响，发现食物类物价上涨对贫困家庭不利，通货膨胀会抵消经济增长对支持穷人的影响。阮敬、詹婧（2010）考虑到现有亲贫困因素分解分析中的静态分析和动态分析两大类方法尚具缺陷，提出相应的Shapley分解规则。周华、李品芳、崔秋勇（2011）建立了多维度益贫式增长的度量方法。刘畅（2009、2011）探究和分析了实现益贫式增长的经济政策与制度安排，并给出相应的政策引导。

## 2.4.2 经济增长、收入分配对减贫的贡献

林伯强（2003）系统地分析了洛伦曲线函数与贫困指数、基尼系数的关系，通过农村收入分组数据测算农村穷人受益指数，发现在1985—1990年，1990—1995年，1995—2001年贫困人口的受益指数大于0小于1。胡鞍钢（2006）分析了1978—2004年由于增长质量下降和收入分配不公平导致了贫困人口经济增长的受益比重下降。杨国涛、王广金（2005）通过中国农村1995—2003年中国农村的

贫困测度和模拟发现，贫困指标对贫困线具有较高的敏感性。万广华、张茵（2006）利用家庭调查数据，采用 Shaley 分解 20 世纪 90 年代我国贫困变动中收入增长和收入分配的贡献，结果表明：20 世纪 90 年代前半期农村减贫主要归因于收入的增长和不平等的下降；在 20 世纪 90 年代后半期，农村和城市都经历了不平等的快速上升和收入的缓慢增长。杜凤莲（2009）利用 CHNS 数据研究得出，1991—1997 年经济增长是非益贫的，1997—2004 年则刚好相反。2000—2004 年经济增长对绝对贫困不利，而收入分配对绝对贫困有利。

蒋凯峰（2009）在经济增长与贫困减少的两维关系分析中，发现 1980—2006 年农村人均收入在增加，但收入不平等也在不断恶化，且经济增长的减贫积极贡献抵消不了收入不平等的消极影响。万广华、张藕香（2008）建立了贫困与资源禀赋总量及其分配间的数量关系，将贫困变化分解为资源要素水平和要素资源分配不公平的贡献。他们通过对 1985—2002 年中国农村数据的分析，得出造成贫困的主要原因是要素资源的稀缺和要素分配不均。杨栋会（2009）研究西南少数民族地区的贫困问题后发现，这些地区收入的不平等最主要是由土地、生产资本等的差异造成的。单德朋（2010）运用 2000—2010 年西部 8 个民族省份的数据，测度西部民族地区的贫困与贫困变动因素的贡献，发现西部民族地区的贫困正在步入减贫攻坚阶段，经济增长对减贫的贡献效应在逐渐地减弱，收入分配对减贫的消极影响正在逐渐增加。祝伟（2010）运用甘肃 2001—2007 年数据，研究农村收入增加对贫困率的降低贡献了 8 个百分点，而收入分配改善（基尼系数的降低）对减贫贡献了 2.1 个百分点。玛依拉·米吉提、阿依吐逊·玉素甫（2010）对 2003—2007 年新疆 1550 个农户调查数据发现，只有 2003—2004 年农村经济是益贫式增长，其余年份为非益贫的增长，这主要是由于收入分配的恶化，在此期间基尼系数年均 39.5%。罗楚亮（2012）通过农村住户调查数据，采用 Datt-Ravallion 分解和 Shapley 分解，发现在 2002—2007 年中国经济增长不具有穷人受益性。国内对经济增长、收入分配与农村贫困的实证研究主要集中在 2000 年以前，大多数的研究都认为，贫困率降低主要得益于经济增长的贡献。2000 年以后，一些研究者发现，经济增长的减贫贡献效应越来越低，收入分配的减贫贡献越来越大。

### 2.4.3 益贫式增长的政策研究

益贫增长的经济政策，是政府和贫困人群最为关心的。过往的研究除了强调增加政府对科教文卫公共支出外，更加强调如下一些重要的政策。

一是稳定的宏观经济政策。Dallar、Kraay（2002），Klasen，Lundberg、Squire（2003），Lopez（2004）以通货膨胀来衡量经济的稳定性，发现较低的通胀水平有利于益贫式增长，而且低通货膨胀与基尼系数正相关。Christiaensen 等（2003）将货币、财政以及汇率政策结合在一起，创建了一个宏观政策指数，以非洲为研究对象，发现在经历政策指数改进的同时，贫困发生率也在减少。

二是开放的贸易政策。Dollar、Kraay（2002），Dollar、Kraay（2004）研究发现，开放的贸易政策与经济增长、贫困率的减少正相关。Winters 等（2002）研究巴西、海地、墨西哥、秘鲁和赞比亚时也得出相同的结论。但是，Lundberg 和 Squire（2003）通过研究综合汇率政策、关税，以及非关税壁垒代表的贸易开放度，结果发现开放的贸易政策在促进经济增长的同时，收入分配的不平等也在加剧。Lopez（2004）对内陆国家和石油输出国的研究也得出相似的结论。

三是小额信贷。Hulme、Mosley（1996）通过对有小额信贷家庭与没有小额信贷家庭收入的比较，发现小额信贷能增加穷人的收入。这种影响在印度尼西亚是增加收入 10%～12%，在孟加拉国和印度大约是增加收入 30%。World Bank（2000）贫困发展报告中也指出，最贫困的人并没有得到小额信贷惠及，因为在信贷计划中他们常被别人拒绝，小额信贷助贫的功能还是非常有限的。

四是环境政策和产业政策。因为贫困人口多数是居住在农村，对环境资源的依赖性较大。Cavendish（1999）通过津巴布韦的 29 个村庄，197 个家庭的调查发现，他们用的"环境资源"价值相当于穷人平均总收入的 35%，因此环境政策对益贫式增长是有显著影响（Bucknall、Kraus、Pillai，2000）。Klasen（2007）通过不同国家的比较分析，发现提高农业生产率、缩小区域间差距、减少性别差异、提高贫困人口资产储备的一揽子政策有利于实现益贫式增长。Emesto Pelnia（2003）建议，中国的益贫式增长，要有效利用劳动力，合理对教育医疗进行投资，另外要重视财政税收的宏观调控政策。关于产业政策，大多数学者认为农业产业对减贫的贡献较大。Thorbecke、Jung（1996）用 20 世纪 80 年代印度尼西亚的数据，研究发现农业和服务业比工业的益贫贡献更大。Ravallion、Chen(2007)用中国1980—2001年的时间序列数据，发现农业的益贫性要远远超过其他产业，Montalvo、Ravallion(2010)以FGT指数为自变量，以产业结构、农业生产条件、经济增长、收入不平等和政府财政支农支出等为解释变量，采用1983—2001年中国国内省级面板数据，得出第一产业的减贫效果明显。在此基础上，李小云等(2010)就2000—2008年数据、金艳鸣和雷明(2006)就贵州1997年的产业数据研究也得出类似的结论。而张凤华、叶初升(2011)采用1994—2008年的省级面板数据，测得第二产业的减贫贡献最大。罗楚亮(2010)通过9个省(市)2007年、2008年住户追踪调查数据，发现贫困户工资性收入增长对于脱贫有重要贡献。他们得到的不同结论，除了与选择的数据有关外，更重要的是与国家不同发展阶段、不同省区的资源禀赋有明显的关系。

五是公共政策。Jahan、Mcleery(2005)，Jerome、Ariyo(2004)认为公共设施投资比实体基础设施投资更有助于实现益贫式增长；而Canning、Bennathan(2000)则认为两者都能实现益贫式增长。Ali、Pernia(2003)认为，由于发展中国家存在政府管理制度的缺陷以及政府的腐败，降低基础设施投资有利于贫困的减少。但随着政府管理改进和制度规范，增加基础设施的投资与贫困缓解很难确定一定存在负相关性。Kakwha和Son(2005)基于其开发式益贫政策指数(PPP index)，评估了泰国、俄罗斯、越南和15个非洲国家政府公共支出项目的益贫效率，结果发现泰国、俄罗斯和15个非洲国家的公共服务项目效率很高，而越南政府提供的很多基本公共服务却是非益贫的。他们的结论是在极端贫困的国家，益贫政策并不需要特别关注公共服务投向；而在经济增长速度较快的国家，则需要建立科学的公共服务瞄准机制，才能实现益贫式增长。Canning、Bennathan(2000)采用跨国数据研究，发现电力基础设施和道路对贫困减缓的作用，越是贫困的国家，其电力建设对减贫的功效越大。Fan(1999，2002)测度印度各州基础设施支出对减贫的作用，得出农业研究开发、农村道路的建设对缓贫有积极影响；学者对中国各省的基础设施建设与缓贫关系的研究也得出了相类似的结论。

以上的研究主要是集中在全国层面的研究，具体针对西南地区的定量研究相对较少，多数为定性分析。高梦滔、毕岚岚(2014)对滇黔桂地区采用2003—

2009 年的面板数据，研究发现，在收入方面存在益贫式增长，但经济增长对最贫困的人群的影响较低，且减贫效应在逐年递减，贫困呈现顽固性。刘朝明、张衔在《西南民族区域：反贫困战略与效益》一书中详细论述了贵州、广西、云南地区的贫困状况，对农业开发扶贫、迁移安置、提高人口素质等减贫策略进行了分析。王兴稳等(2012)以贵州普定县 3 个行政村 8 个自然村农户的数据，回归分析贫困山区道路与食物获取能力关系，得出住地离市场越远、道路越差，食物获得的多样性及综合膳食越差，季节性缺水会影响农户的非农收入。温军(2002)认为，少数民族地区经济发展战略经历了均衡—非均衡—均衡的过程，过去太注重单纯的经济扶贫政策，缺乏民族特色；在新时期，应该注重民族特色自我革新。平新乔、赵维(2014)通过外商进入产业的个数研究开放程度，发现西南民族地区开放度较低，原因是产业政策上受到了限制。丁如曦、赵曦(2015)认为，民族地区过去经济发展方式存在结构单一、资源依赖、封闭循环和投资驱动的缺陷，新时期应该要夯实基础，向内生增长、可持续发展的战略转换。

总体来看，大多数研究者对西南地区经济研究的重心还是在如何实现经济增长，以扩大经济总量实现"后发赶超"上。但是，目前西南地区既要"增长""发展"，更要"减贫""脱贫""固贫"。如果单纯强调增长以实现减贫，有可能会陷入"涓滴式增长"的误区；如果没有增长，减贫也将无从谈起。所以，应该将减贫纳入经济增长的目的和动机，将贫困人口看作经济增长的重要动力源和主要受惠者。

# 第3章 贫困理论与西南地区的贫困

## 3.1 贫困理论

贫困既是经济问题，也是社会问题、政治问题。衣衫褴褛、营养不良、破烂的房屋、发霉的食物是贫困现象，也是贫困发生的直接后果。然而，贫困问题研究的中心是贫困发生的原因，或者叫"致贫问题"。在早期，人们对贫困问题的认识和研究，并不是把贫困作为研究的直接目的，更多的是在抨击贫困现象背后的制度问题。在16世纪，空想社会主义构建公平正义理想社会时就抨击资本主义制度的弊端，贫困是资本主义私有制度的集中体现，消除社会贫困的根源在于消灭私有制。马克思对贫困问题的研究，是从资本主义的商品生产入手，通过劳动价值理论、剩余价值学说，抨击在资本主义制度下资产阶级对无产阶级的剥削使得工人阶级的生活状况更加贫困。最终目的是想从社会政治体制的立场改变整个社会制度，因此马克思的贫困理论从贫困对象看可以说是"无产阶级贫困论"，从贫困根源看可以说是"制度贫困论"。现今对贫困的认识，社会学、政治学、人类学等多学科从社会结构、文化、制度等视角对致贫原因进行了解释。经济学对贫困问题的研究，主要从影响贫困人群自身发展的因素(物质资本、人力资本)出发，有贫困循环论、人力资本贫困论等。社会学、经济学分别从微观和宏观的视角对贫困问题进行了剖析(见表3-1)。

表 3-1　　　　　　　　　贫困理论中经济学与社会学视角比较

|  | 经济学视角 | 社会学视角 |
|---|---|---|
| 宏观视角 | 要素资源禀赋差异<br>产业结构差异 | 贫困区域价值、文化社会结构<br>的不平等 |
| 微观视角 | 市场活动中"个人素质"差异造成的收入<br>分配不平等 | 家庭背景、社会等级地位<br>贫困行为代际传递 |

## 3.1.1　致贫因素论

（1）恶性循环贫困论。在西方经济学理论里最早认识到贫困的是英国经济学家马尔萨斯，在《人口论》里核心的三个原理，即制约原理：人口的增长受生活资料的限制；增殖原理：生活资料增长，人口必然增长，除非受到某种抑制的阻力；均衡原理：人口数量与生活资料在一定的技术条件下是协调一致的，除了生活资料外，抑制人口的力量可以归结为道德欲望上的节制以及罪恶和贫困。在他看来贫困是制约人口增长的阻力，贫困不是人口增长的结果，而是受生活资料的不足和生活环境恶化抑制的结果，他的致贫因素更多的是外部"自然抑制"，人口存量超出了外部自然条件的人口承载量。纳克斯（R. Nurkse）贫困恶性循环论认为，资本稀缺是阻碍欠发达国家经济发展的关键。供给方面：低收入→低储蓄能力→资本形成不足，资本不足使生产率难以提高又致收入不高。在需求方面：低收入→低购买力→投资引诱不足，投资引诱不足使生产率难以提高又造成低收入。这样周而复始形成了一个循环，两循环路径相互影响，经济增长难以出现。美国经济学家纳尔逊（R. R. Nelson）于 1956 年发表的《不发达国家的一种低水平均衡陷阱》提出了低水平陷阱理论，指出发展中国家人口过快增长是阻碍人均收入迅速提高的"陷阱"，必须大规模投资，使投资和产出超过人口增长，实现人均收入的大幅度提高和经济增长。美国经济学家莱本斯坦（H. Leibonstein，1957）在承认贫困"陷阱"和"循环"理论基础上提出临界最小努力理论（The Theory of Cirtical Minimum Effect），认为发展中国家要打破"恶性循环"跳出"陷阱"，必须先使投资率足以使国民收入的增长超过人口的增长，从而人均收入水平得到明显的提高，即以"临界最小努力"使国民经济摆脱极度贫困的困境。

(2)人力资本贫困论。《1990 年世界发展报告》对传统的基于收入贫困的定义加入了能力因素，认为贫困是"缺少达到最低生活水平的能力"。《2000—2001 年世界发展报告》在"能力贫困"的定义之中，加进了"脆弱性"(Vulnerability)的含义，意指"一个家庭和一个人在一段时间内将要经受的收入和健康贫困的风险"，同时"还意味着面临许多风险(暴力、犯罪、自然灾害和被迫失学等)的可能性"。① 在此之前，舒尔茨(T. W. Schultz)指出，经济发展取决于人的力量而不是自然资源和资本存量的多寡。他在《改造传统农业》一书中指出，"贫穷是因为经济所依靠的要素在现有条件下无法生产得更多"②，改造传统农业要引进新生产要素，强化对农民人力资本的投资。《1997 年人类发展报告》中提出新的贫困概念，将一般意义上的经济贫困扩展到"人文贫困"(Human Poverty)概念，它不仅反映人均国民收入和支出水平的收入贫困，也反映了公民权、政治权、文化权及基本人权状况的权利贫困和反映人均寿命、卫生、教育、知识信息交流、生活环境质量条件等因素下的人力资本贫困、知识贫困与生态贫困。将简单的物质要素、人力资本的贫困扩展到贫困地区的自然、社会环境的贫困。1998 年诺贝尔经济学奖获得者阿马蒂亚·森(Amartya Sen)在《以自由看待发展》一书中指出：所谓贫困必须被视为基本可行能力的剥夺，而不仅仅是收入低下，是"基本可行能力的剥夺可以表现为过早死亡、严重的营养不良(特别是儿童营养不足)、长期流行疾病、大量的文盲以及其他一些失败"。③ 人力资本的贫困强调了人的"健康"发展，以及基本的生存、谋生能力。王小强、白南风在《富饶的贫困》(四川人民出版社，1986)中谈到中国贫困地区富饶的自然资源与贫穷存在矛盾，贫困不是资源的匮乏和产值的高低，更不是发展速度的快慢，而是"人的素质差"。这种"责备贫困者"理论认为贫困者是由于缺乏进取心，没有欲望、懒散、不道德行为所致，在自由的国度通过个人的勤奋努力是可以获得成功的，国家转移富人的财富给穷人是浪费纳税人的钱，但从社会环境看，致贫因素有的是无法控制

---

① 2000—2001 年世界发展报告[M]. 北京：中国财政经济出版社，2001：17.

② 西奥多·W. 舒尔茨. 改造传统农业[M]. 梁小民，译. 北京：商务印书馆，2007：53.

③ 阿马蒂亚·森. 以自由看待发展[M]. 任赜，于真，译. 北京：中国人民大学出版社，2012：15.

的，如自然灾害、恶劣的生存环境。同时在贫困群体生活的社会环境中存在着"贫困文化"，即穷人习惯的一套规范和价值体现，表现为屈从感、不愿意计划未来、不能控制自己的欲望、对权威的怀疑，这种"贫困文化"对贫困者的影响在短时间内也是无法改变的。

(3)权利贫困。阿马蒂亚·森在《贫困与饥荒》一书中指出，饥荒是交换权利的函数，致使饥荒或可消费食物数量下降的直接原因是个人交换权利的下降。在他的权利体系里包含了四个方面的权利：一是以交换为基础的权利，是一个人所拥有的与他人交换商品的权利；二是以生产为基础的权利，是一个人用自己拥有的资源或要素进行生产的权利；三是以自身劳动力为基础的权利，个人有权将自己的劳动力受雇于他人，或组织自己生产的权利；四是继承或转让的权利，是一个人有权继承或赠予的权利。前面两个权利的失败致贫是自然经济的因素，后面两个权利的失败致贫是市场经济因素，或是自己商品交换权利的丧失(交换失败)，或者是因为社会交易价格的上涨导致自己所拥有的商品交换权利减少。一个人要免于饥荒就要依赖于政治、经济、社会体系的支撑，即政府要提供合理的产权保护，微观市场秩序要竞争有序，宏观市场稳定健康发展，在社会家庭里内部的分工、交换互惠的规定，这些是决定一个社会公民是否跌入饥荒的权利保障。阿马蒂亚·森的权利贫困强调个人有权支付消费食物的权利，以及一个社会法制体系对食物控制的手段，是现代社会人所拥有的基本权利，也是社会必须给予保护的。如一个人失业，就应当有权领取失业补贴，一个人跌入贫困线下就有权领取社会收入补贴。阿马蒂亚·森的贫困权利体系与公民的政治权利有所区别，本质上它的权利体系应该是物化的商品集合。正如他说的"利用各种能够获得的法定渠道以及所获得的可供选择的商品束的集合"。[①] 这种权利应该是一种权利禀赋，与过去的生产要素致贫有所区别，过去的致贫原因归功于社会资源的不足(如人力资本不足、社会货币资本)和外部物质因素(资源环境，基础设施)限制，而阿马蒂亚·森的权利贫困站在"人"的角度，强调人在社会上除了有政治自由的权利，还应该有免于饥荒贫困的权利，应该说他的权利贫困更强调对人

---

① 让·得雷兹，阿玛蒂亚·森. 饥饿与公共行为[M]. 苏雷，译. 北京：社会科学文献出版社，2006：24.

生命的终极关怀。

(4)社会资本贫困论。除经济学外，其他学科对贫困问题也有一系列的研究理论，如贫困结构论、贫困功能论、贫困文化论、贫困处境论、剥夺循环论、个体主义贫困观(周彬彬，1991，李强，1997)。它们对致贫的原因研究专注在贫困地区"资本"缺乏，贫困人口的"权力"被剥削和"弱势"，忽视了贫困人群的社会关系网络等。直到 20 世纪 80 年代，以法国社会学家布迪厄、美国的科尔曼和帕特南为典型代表人物，提出的社会资本理论为解释社会资本贫困提供了新的视角。社会资本是一种经济主体参与的关系网络，以及镶嵌在其上的信任、规范、互惠合作，能给经济主体带来益处或有利于经济主体经济行为目标达成的一种社会网络关系资源。它与物质资本、人力资本的不同点除了非"实体"性外，更重要的是不会一次性消耗完，反而是多次"利用"，"存量"递增。网络成员能利用网络组织获取经济信息，成员之间信息对称，减少交易的成本，使得网络参与的主体"有利"可图。他们认为贫困是存量高的社会资本(社会关系网络)对存量低的社会资本的排斥，发达社会关系网络是个体获取社会资源的途径，贫困是社会网络资源分配不均的结果。

## 3.1.2　贫困类型

贫困理论丰富，贫困的类型划分也较多，下面是几种主要的贫困类型。

(1)绝对贫困与相对贫困。在资本主义生产关系下，马克思"无产阶级贫困论"认为无产阶级的绝对贫困是劳动者除了拥有劳动能力外，没有生产资料，没有资本，一无所有，仅仅拥有劳动能力。绝对贫困表现为物的财富被剥夺，其原因是劳动与生产资料的分离，劳动被剥削，而依靠出卖劳动力获得的生活资料也被资本家压榨。正如马克思说的"工人的绝对贫困……无非是说劳动能力是工人唯一能出售的商品，工人只是作为劳动能力和物质的实际的财富相对立"。① 相对贫困是马克思在批判李嘉图的相对价值和绝对价值混乱时指出的"他更应该理解，仅仅以剩余价值为目的即以生产者群众的相对贫困为基础的生产形式，绝不

---

① 马克思恩格斯全集(第四十七卷)[M]. 北京：人民出版社，1979：40.

能像他一再说明的那样是财富的绝对形式"①，从这句话可以看出，相对贫困是由在以剩余价值为目的的资本主义生产方式下，工人创造的劳动产品一部分被资本家无偿占有造成的，生产的劳动产品越多被资本家占有得就越多，致使工人阶级状况与资本家相比更加"相对贫困"。如其所说"虽然工人的生活的绝对水平依然照旧，但他的相对工资以及他的相对社会地位，即他与资本家相比较的地位，却会下降"。② 从绝对贫困与相对贫困产生的原因看，绝对贫困体现的是生产关系，只要资本主义的生产关系存在，工人的绝对贫困就不可能消除，相对贫困体现的是分配关系，以追求剩余价值为目的的资本家，对工人劳动产品的剥夺，致使整个社会的产品分配大份额偏向了资本家。就两者的关系而言，绝对贫困决定了相对贫困，而相对贫困的内容更丰富，除了收入不如资本家外，还有教育、文化、民主等方面都次于资本家。

在对贫困认识的基础上，学者们开始对贫困测度进行系统化的研究，最早的应该算是英国经济学家朗特里（Seebohm Rowntree）1901 年出版的《贫困：城镇生活研究》。他将贫困量化定义为：个人或家庭的总收入水平不足以获得仅仅维持身体正常功能所需的最低生活必需品，包括食品、房租和其他项目等，维持基本需求的收入也即是贫困线。他的定义是以人们的收入水平作为测度指标，所以也叫收入贫困（Incone Poverty）。他以生命个体基本生存需求为基础，这是生物学意义上的贫困，后来遭到了许多经济学家的质疑，不同生命个体因个人身体条件、生活习惯、生活环境的不同，对最低需求的支出是有差别的，如按此思想确定贫困线是很困难的。据此加尔布雷斯（Galbraith，1985）、鲁西曼（Runciman，1996）、汤森德（Townsend，1971）认为，一个人的收入贫困不仅仅取决于自己的收入，还与所处的社会平均收入相关，贫困是穷人缺乏资源而被剥夺享受或参与社会正常生活的权利。所以贫困应该分为绝对贫困与相对贫困，绝对贫困是个人或家庭缺乏最起码的资源维持最低生活需要，生存难以为继，这里的最低生活需要是基于个人生存营养和必要品，它的参照基础主要是以生存营养的需求，是一种实际的贫困状况（Condition of Deprivation）。相对贫困是指个人或家庭虽然拥有

① 马克思恩格斯全集(第四十六卷)[M]. 北京：人民出版社，1979：135.
② 马克思恩格斯全集(第十六卷)[M]. 北京：人民出版社，1979：158.

的资源能满足基本的需要，但达不到他所处的社会正常生活水平，他们的生活还是处于社会正常生活状态下，它是以所处社会平均状态为参照得出，表现的是一种贫困感（Feeing of Deprivation）。

（2）收入贫困与多维贫困。收入贫困比较直观、应用也比较广泛，但后来理论界认为，贫困应该表现为贫困人口一种福利的缺失，除了用货币来度量的收入、消费外，还应该包含饥饿、医疗健康、住房、教育、公共物品的获取。贫困应该是一个复杂、综合的多维信息系统。在阿马蒂亚·森（Amartya Sen）的贫困理论中，贫困不仅仅是收入低下，更重要的是由于道路、医疗卫生等客观因素带来的贫困和对福利缺失造成的主观感受的贫困。并且收入贫困往往具有可逆性，属于短期贫困，陷入贫困状态的人在个人后天的努力或政府社会团体的帮助下可以脱贫，但非收入性的贫困往往不可逆转。如一个患疾病的少年如果在合理的时期得不到及时救治，那可能终身将失去劳动力，将永远陷入贫困。一个处于辍学边缘的少年，得不到及时的教育救助，那可能终身失去创造收入的能力而陷入长期贫困中。因此对贫困的认识仅仅停留在收入贫困上是远远不够的，多维贫困扩充了对贫困的视角，多维贫困更强调人的"发展"问题。基于此，美国海外发展委员会（1975）、联合国开发计划署（1990）推出的人文发展指数（HDI）和生活质量指数，美国 R. J. 埃斯特斯教授（1991）在《世界社会发展报道卡片》中给出的社会进步指数，其中人文发展指数（HDI）包含预期寿命、成人识字率和实际人均国内生产总值（以购买力平价折算）三项指标。1997 年联合国开发计划署依据寿命（longrvity）、读写能力（literacy）、生活水平（living standard）三个维度构建人类贫困指数（HPI）并在一些国家推广使用。

2007 年阿马蒂亚·森在牛津大学成立了贫困与人类发展中心（Oxford Poverty and Human Development Initiative，OPHI），重点研究多维贫困指数 MPI 的测度、加总和分解。现今多维贫困受到更多人们的关注。关于多维贫困的识别和测度，Alkire 和 Foster（2008）发表的文章《计数和多维贫困测量中》提出了多维贫困的识别、加总和分解的相关方法。国内学者刘建平（2003）构建了相对简单明晰的测度贫困程度的指标体系。张建华、陈立中（2006）系统评述了过去一百年来有关总量贫困测度的研究。王小林和 Sabina Alkir（2009）采用了 Alkire 和 Fost 的方法测度了中国 2006 年城乡的贫困，发现城市和农村居民除了收入外还有 3 个维度的贫困人口占到 1/5。高艳云(2012)通过对 2000 年和 2009 年城乡多维贫困的测度中发现，在这 10 年间，中国城镇多维贫困有所缓解，但农村的多维贫困较为严重。

(3)慢性贫困和暂时性贫困。其是根据贫困人口或贫困家庭经历贫困的时间长短来定义的贫困类型，将时间维度纳入贫困测度，以便研究贫困动态变化。英国慢性贫困研究中心(Chromic Poverty Research Centre，2008)认为慢性贫困指贫困者的贫困状态持续相当长的时间，往往可能持续全部生命周期或呈现代际传递特征；而暂时性贫困则是由于偶然性因素导致在个别时间范围出现的贫困。Ravallion(1988)认为"在一定时间段内一直经历着贫困的家庭或个人"为持久性贫困(Persistent Poverty)，而"在一定时间段内只有部分时间经历了贫困的家庭或个人"为暂时性贫困(Transient Poverty)。Hulme & Shepherd(2003)根据此思路进一步细化贫困分类，分为永远贫困、经常贫困、胶着贫困、偶尔贫困和从未贫困。Morduch(1994)将贫困区分为慢性贫困(Chronic Poverty)与暂时性贫困(Transitory Poverty)。

用贫困经历的时间来定义贫困有两个局限性：一是它只是测算贫困人口或家庭贫困经历的时间长短，而无法测算贫困程度；二是测算的时间段只能用奇数时间段，如在 3 年、5 年或 7 年，在这段时间内出现贫困的时间为 2/3，3/5，4/7时，可判断它是慢性贫困，而如果考察贫困的时间为 2 年、4 年或 6 年的时候，而出现贫困的时间为 1/2，2/4，3/6 时，则无法判断它是暂时性还是慢性的贫困。针对此局限性 Jalan 和 Ravallion(1998，2000)认为由于消费的跨期变动而导致的贫困为暂时性贫困，而由于平均消费持续低迷导致的贫困为慢性贫困。据此Jalan 和 Ravallion(2000)将贫困划分为 3 类：在所有时间内都处于贫困的持久性贫困、慢性贫困兼暂时性贫困(平均消费水平低于贫困线，但只在某些阶段内贫困)、暂时性贫困(只在某些阶段内贫困，但平均消费水平高于贫困线)，他用模型表示为：

$$TP = P(y_1, y_2, \cdots, y_T) - CP(\bar{y}, \bar{y}, \bar{y}, \cdots, \bar{y})$$

其中等式左边为暂时性贫困，右边第一项表示从第 1 年到第 $T$ 年的跨时期的总贫困，右边第二项为慢性贫困(持久性贫困)，它由 $T$ 期内的平均消费($\bar{y}$)决定。总贫困和慢性贫困测度采用的是 FGT 指标中的 SPG(Squared Poverty Gap)指标。该计算公式违背了阿马蒂亚·森的贫困加总公理，测度总贫困时非贫困时期的消费不纳入模型计算，但是在计算慢性贫困时采用的平均消费($\bar{y}$)直接与非贫困时期的消费相关，这变相地将非贫困时期的消费也作为影响因素纳入了模型的计算。将总贫困分解为慢性贫困和暂时性贫困，在测度过程中，无论采用何种方法测算出的贫困都应该是"贫困人口实际已经历过的"，如果将非贫困时期的收入消费也考虑加入计算，那显然不是"贫困人口实际的贫困经历"，测算出的贫困率必然是有偏的。章元和万广华等对以上的方法进行修正，得出以下的测度模型：

$$P = 1/D \sum_{t=1}^{t=M} \left( 1 - \frac{\bar{y}}{z} \right) + 1/D \sum_{t=1}^{t=M} \left( \frac{\hat{y}}{z} \right)$$

假定在 $D$ 年内有 $M$ 年处于贫困线以下（$D>M$），$D$ 年到 $M$ 年为非贫困年份，其中等式左边代表总贫困（$P$）；右边第一项为慢性贫困，它是由贫困年份平均消费水平低于贫困线 $\left( 1 - \frac{\bar{y}}{z} \right)$ 决定的；第二部分为暂时性贫困，是由贫困年份里消费的波动（$\hat{y}$）引起的。通过该模型利用 1995—2002 年来自江苏、浙江、山东、山西和上海 5 个省市 1832 个农户数据，得出总贫困主要是由于慢性贫困引起而非暂时性贫困，扶贫工作重点是慢性贫困而非暂时性贫困，这一点与过去西方学者的方法得出的结论恰好相反。

## 3.2　西南地区的贫困问题

　　中国贫困人群的分布重点在西部地区，尤其是以西北的陕甘宁黄土高原和西南喀斯特岩溶地区最为严重。改革开放以来，经历 40 多年的发展，中国农村的贫困人口在逐步减少，到 2015 年年底贫困发生率降低到了 5.7%。但是，剩下来的贫困人群大多数是脱贫最为困难的人群，减贫的难度越来越大。2004 年中国农业大学李小云教授对西部 6 个省 11 个县 20 个贫困村 200 多个农户的抽样调查中得出，中国农村的贫困由绝对贫困向相对贫困转移，贫困人口集中在西部山区、少数民族地区。当前中国 5 个民族自治区，30 个民族自治州，120 个民族自治县，总面积 611.7 万平方千米，占国土面积的 63.7%。到 2010 年年底，民族自治地方总人口 1.8 亿，其中少数民族人口 0.9 亿。国家民委对民族自治地区贫

困监测发现，2010 年年末，贫困人口为 1481 万人，贫困发生率为 12.2%。民族
地区的贫困率要比全国重点扶贫县的贫困率高(见表 3-2 和表 3-3)①。据国家贫
困监测报告显示，2010 年贫困地区的贫困人口 1480.8 万，占全国贫困人口的
55.1%，贫困发生率 12.2%，比全国的 2.8% 高出了近 10 个百分点。

表 3-2 民族扶贫县贫困率(%)

| 年份 | 2002 | 2003 | 2004 | 2005 | 2006 | 2007 | 2008 | 2009 | 2010 |
|---|---|---|---|---|---|---|---|---|---|
| 扶贫重点县 | 24.3 | 23.7 | 21.0 | 17.9 | 15.4 | 13.0 | 11.9 | 10.7 | 8.3 |
| 民族扶贫县 | 29.6 | 26.4 | 24.0 | 22.0 | 19.1 | 16.6 | 15.5 | 14.0 | 10.5 |

表 3-3 民族自治地方与全国的贫困比较

| 指标名称 | | 2006 | 2007 | 2008 | 2009 | 2010 |
|---|---|---|---|---|---|---|
| 贫困人口<br>(百万) | 民族自治地方 | 2534.7 | 2254.8 | 2102.4 | 1954.7 | 1480.8 |
| | 全国 | 5690.8 | 4319.5 | 4007.0 | 3597.0 | 2688.0 |
| | 占全国比重(%) | 44.5 | 52.2 | 52.5 | 54.3 | 55.1 |
| 贫困发生率<br>(%) | 民族自治地方 | 18.9 | 18.6 | 17.6 | 16.4 | 12.2 |
| | 全国 | 6.0 | 4.6 | 4.2 | 3.8 | 2.8 |

## 3.2.1　西南地区的贫困人群分布特征

西南地区是国家贫困县主要集中的地区。其主要集中在贵州的黔东南、黔西
南、黔南、毕节、铜仁；云南的昭通、思茅、监沧、大理、楚雄、红河；四川的
甘孜州、凉山、阿坝州、巴中市、广元、南充；广西的百色、河池；重庆的三峡
库区和东南的武陵山区。在规划的 14 个连片特困地区中，牵涉西南地区的有：
(1)秦巴山区，涵盖四川的绵阳市、广元市、南充市、达州市、巴中市部分县
市；重庆市的城口县、云阳县、奉节县、巫山县、巫溪县。(2)武陵山区，涵盖

---

① 国家统计局住户调查办公室.中国农村 2011 贫困监测报告[M].北京：中国统计出
版社，2012(2).

贵州遵义、铜仁市和重庆的黔江区、丰都、武隆区、石柱县、秀山土家族苗族自治县、酉阳土家族苗族自治县、彭水县。(3)乌蒙山区，涵盖贵州、云南、四川部分县市。(4)滇黔桂石漠化区，涵盖云南、贵州、广西。(5)滇西边境山区。在国家颁发的《中国农村扶贫开发纲要(2010—2020)》中提到的未来 10 年要扶贫攻坚的主战场中，包括 11 个连片特困地区(秦巴山区、六盘山区、乌蒙山区、武陵山区、滇桂黔石漠化区、大兴安岭南麓山区、滇西边境山区、吕梁山区、燕山—太行山区、罗霄山区、大别山区)，西南地区占了五个。这些地区的贫困人口占了全国贫困人口的很大比重(如表 3-4①)。早在 2003 年西南地区的收入贫困发生率达到了 11.8%，贫困人口比例 33.3%，相当于说西南地区有 1/3 以上的人口都处于贫困状态。

表 3-4　　　　　　　　　**2003 年中国不同地区贫困人口与贫困率**

| 地区 | 人口比例 | 收入贫困 | | 消费贫困 | |
|---|---|---|---|---|---|
| | | 贫困发生率(%) | 贫困人口比例(%) | 贫困发生率(%) | 贫困人口比例(%) |
| 沿海 | 34.6 | 2.3 | 11.3 | 6.3 | 16.8 |
| 东北 | 8.4 | 5.6 | 6.8 | 6.6 | 4.2 |
| 中部 | 28.3 | 5.8 | 23.7 | 13.0 | 28.0 |
| 西南 | 19.6 | 11.8 | 33.3 | 20.7 | 31.0 |
| 西北 | 9.1 | 18.9 | 24.9 | 28.6 | 20.0 |
| 总计 | 100 | 6.9 | 100 | 13.1 | 100.0 |

数据来源：世界银行 2009 年报告：《From Poor Area to Poor People：China's Evolving Poverty Reduction Agenda》。

西南地区的贫困状况就像民谣说的，"治安靠狗、交通靠走、通信靠吼、娱乐靠酒、高山彝苗水仲家(水仲：布依族旧称)，仡佬住在石旮旯"；"烧一山，种一坡，收一箩"这是对过去云贵高原少数民族地区人们生活生产的真实写照。

① World Bank. From Poor Areas to Poor People：China's Evolving Poverty Reduction Agenda an Assessment of Poverty and Inequality in China[D]. Washington D.C：The World Bank，2009.

总结起来这些地区贫困人口有如下特点。

一是人口分布以少数民族聚居为主。四川有彝、藏、土家、苗、回、傣、蒙古族等 53 个少数民族，其中世居少数民族 14 个，民族区域面积占全省面积的 62.1%；2010 年第六次全国人口普查资料显示，云南世居少数民族 14 个，全省少数民族人口占全省人口的 33.37%，广西常住少数民族 12 个，少数民族人口占全区人口的比重为 37.18%。贵州黔西南、黔东南、黔南、毕节、六盘水、安顺等贫困地区都是少数民族的聚集地。

二是生活自然环境恶劣，生产条件差。贵州全省 17.6 万平方千米，92.5% 是山地和丘陵；云南全境为低纬高原山区，总面积为 39.43 平方千米，山地占 84%，高原占 10%，平坝占 6%，最高海拔 6740 米，最低海拔 76.4 米，高低相差 6663.6 米。滇东北乌蒙山区，生态恶化；滇西北横断山区，山高谷深，气候严寒；滇东南岩溶石山区，土地贫瘠干旱缺水；滇西南边缘哀牢山区，边境民族众多，地域偏僻封闭。广西喀斯特熔岩地区，地形切割强烈，峡谷深切，低下水深埋，全区山地面积为 8.29 万平方千米，占总面积的 32.6%。四川甘孜藏族自治州、阿坝藏族自治州、凉山彝族自治州自然条件恶劣。重庆的黔江地区，地质地貌复杂，山石裸露，山高洞深坡陡，山地占了 75% 以上。加上自然灾害频繁，水土流失植被破坏严重，利用率低，75% 以上的山地耕种不便，肥力低、不耐旱。这些地区基础设施开发成本高，自然资本折旧严重。在平原丘陵地带高速公路每千米造价为 3000 万元，而贵州省每米就要 3 万—4 万元，乡村四级公路每千米造价在 5 万元左右(不含架桥和涵洞)(王飞跃，2014)。《贵州省石漠化报告》统计，贵州岩溶出露面积占全省总面积的 61.92%，在"十五"期间西南地区的石漠化以 2% 至 3% 的速度在扩展。

三是社会发育程度低，科技、教育落后。像云南、四川的一些少数民族自治地区在 1949 年前还属于奴隶制、公社制和封建领主制，农业生产还是刀耕火种、轮歇耕种的原始方式。思想落后保守、重农轻商，缺乏市场经济意识，造成这些地区人力资源素质较低，同期低于全国的平均水平，发展初始条件的滞后造成后期的发展远远落后于东部的发达地区。潘云良(2005)等人研究发现，西部农村地区的义务教育处于"贫困、学困、校困、师困、前景贫困"状态，就像全国政协委员华中师范大学马敏教授提到的，西部许多农村教学点，体育课"随处放羊"、音乐课"唱歌走样",美术课"欣赏欣赏",计算机课"有脑无网"。

　　这些外部条件造成这些地区"两缺":缺粮、缺钱;四难:饮水难、行路难、上学难、就医难。随着国家西部大开发,政策向西部地区倾斜,近年来西南各省市随着经济的快速增长,贫困人口有了大幅度降低。云南省贫困率从 2010 年的39.6%降低到 2015 年的 12.7%,减贫人口 997 万人。贵州省在"十二五"期间减贫 656 万人。四川"十二五"期间通过中央、省财政专项扶贫资金投入 208.39 亿元,比前 10 年总投入增 54.3%,减贫 976.47 万人。广西"十二五"期间,减贫人数近 1 亿人。贵州由 1990 年有省村级卫生机构 10544 个,卫生医疗人员 18577人,到 2014 年有村卫生室 20945 个,村卫生医疗人员 37962 人,规模扩大了 1 倍多,学龄儿童入学率达到了 99.1%。广西 2014 年适龄儿童入学率 99.6%,拥有医疗机构 34669 个,实有床位 106958。① 宏观上看教育医疗卫生条件基本能满足人发展的客观需要,但客观环境、资源约束造成的贫困仍然还存在。下文是摘自王小强、白南风著《富饶的贫困》中描写关于西藏、云南和贵州人们的迷信思想和落后的生产观念,以及笔者在 2015 年暑假带学生参与国家级贫困县——贵州晴隆县的调查纪实。

## 西藏、云南、贵州迷信思想与落后的生产观念

　　由于受到宗教迷信色彩的影响,在西藏地区许多人在生产生活上遇到灾害和困难时,不是依靠自身的力量去创造而是求助于鬼神,遇旱不抗,遇虫不灭,反而是烧香磕头,做法事求神,贝母是菩萨的心万万不可采,毛虫爬进口袋也不能抓,否则那是杀生,修公路是在造孽,因为在上面驾驶汽车,不分青红皂白地轧死了许多小生命。在西藏昌都市好不容易冒出了一个"万元户",结果修了一座经堂;以后又冒出一个"万元户",又修了一座经堂,而且更大更漂亮。于是第一个"万元户"不服第二个"万元户"的气,下定决心继续致富,要修更大更漂亮的经堂。在云南,许多山区视防火烧山为人类行为之正宗,把做买卖和商品交换看成不光彩、不道德的勾当。养鸡养猪是

---

　　①　以上资料由各省扶贫办网站和各省统计年鉴整理得出。

为了自己吃，养牛是为了给别人看(夸富)，勐海县西定区有个重点户，杀了一头猪在区上卖，卖了三天还没有卖完，因为没人买。勐海县义武区一个哈尼族大队，大队长根据上级指示，下令群众去赶集，结果自己却在赶集的半路上折了回来——怕丢人。在贵州紫云县宗地公社中洞生产队 15 户 63 口人，祖祖辈辈住在一个暗无天日的山洞里，不洗澡，不洗衣服，喝洞里的水。粮食亩产 242 斤，猪养得长毛细腿，疾驰如飞，最重的不过 90 斤，民委知道后，拿出 3 万元盖房子，让他们搬出山洞，并用大轿车把能走动的人拉到贵阳去参观，使其接受新的生活方式。结果，居民们据此推断自己洞里肯定有宝，所以国家才费那么大劲动员他们搬家，于是不搬了①。

## 国家级贫困县——贵州晴隆县

晴隆县位于贵州省西南部，黔西南州东北面，是国家级贫困县，2015 年暑期贵州晴隆县政府开展"数字晴隆、精准扶贫"农户贫困摸底调查，对全县 73029 个农户家庭，301220 名农村人口的生活状态进行全方位的调查②，如表 3-5。

表 3-5　　　　　　　　　贵州晴隆县"精准扶贫"农户调查

| 总人口（名）301220 | 男 | 女 | 汉族 | 少数民族 | 健康 | 非健康 | 成人文盲 |
|---|---|---|---|---|---|---|---|
| | 159165 52.8% | 142055 47.2% | 118444 39.32% | 182776 60.68% | 280550 93.14% | 20670 6.86% | 57062 18.94% |

| 农户生活情况(户) 73029 | 饮水方式 | 自来水 | 水窖 | 深井水 | 地表水 | 没有水 |
|---|---|---|---|---|---|---|
| | | 38392 52.57% | 18550 25.40% | 2681 3.67% | 12344 16.9% | 882 1.2% |
| | 住户周边道路 | 硬化路 | 砂石路 | 毛路 | 未通路 | |
| | | 32669 44.73% | 7846 10.75% | 26861 36.78% | 3619 4.9% | |

注："没有水"主要指没有饮水水源，"住户周边道路"主要指"串户路"邻里之间的道路和通往乡镇主干道的支路。毛路指未经过修整的泥路、小路。

①　王小强，白南风. 富饶的贫困——中国落后地区的经济考察[M]. 成都：四川人民出版社，1986：52-54.
②　数据来源于贵州晴隆县精准扶贫调查，经整理得出。

晴隆县处于云贵高原中段，苗岭山脉西部，隶属于贵州省黔西南州，属于滇黔桂连片贫困地区，国家重点开发扶贫的少数民族县。典型的山高坡陡谷深地少，县内的"24道拐"是"史迪威公路"的形象标识(雄、奇、险、峻)，人均耕地0.81亩地，多民族聚集地，全县常住少数民族14个，2014年农村贫困人口10.11万，贫困发生率32.7%，全县国内生产总值444483万元。2012年贫困发生率49.4%，贫困人口14.49万，2010年国内生产总值35130万元，2003年按当时的贫困线标准，农村贫困人口3.51万人，贫困发生率13.28%。①

可以看出经过多年的发展，晴隆县在经济增长的同时贫困得到了有效的缓解，尤其在近几年，晴隆县大力发展山地特色农业，重点在"晴隆羊"、烤烟、薏仁米、茶叶等方面实现了大量的贫困农户脱贫，被誉为"晴隆模式"在贵州省大力推广。但从2015年的精准扶贫调查看，全县农村的非收入贫困还很严重，全县有接近20%的成年人不识字，这当中的一大部分人将可能是未来的重点扶贫对象，年龄在65岁以上的少数民族老人多数不会说普通话，处于非健康状态的有接近7%的人口，在农户家庭生活方面，由于地理环境限制，许多的村寨居住高山上(尤其是苗族村寨)，饮水是一大难题，全县农村有47%的农户家庭没有自来水，有36%(水窖+没有水)没有稳定的饮用水源，靠雨季下水储藏备用，在参与调查中发现，有的乡镇府驻地都存在饮水困难；在农户生活出行的道路方面，串户路和通往乡镇主干道的支路，只有47.73%的农户家庭通了硬化道路，有10.75%农户家庭通了简单的砂石路，有40%的农户家庭是毛路。笔者在晴隆县大田乡驻地调查的过程中还发现，许多民族村寨远离乡镇府，即使通了砂石路，但山高坡陡，道路质量差，一个来回接近两三个小时，许多进村车辆在路上抛锚，深陷泥沟常有的事。

---

① 数据来源于贵州统计年鉴与晴隆县"数字晴隆"调查，笔者参与了晴隆县大田乡所有村寨的调查。

## 3.2.2　西南地区致贫因素分析

（1）西南地区丰富资源与贫困。贫困人群的发展，一是要依赖其生存环境，即区域要素资源的禀赋，二是发展的外部环境，即宏观的社会环境，包括国家扶持政策、法律法规，以及融资环境等。在不同的发展阶段，对生存环境与外部环境的依赖程度是不同的。在封闭条件下解决温饱的基本需求，更多的是依赖于现有的耕地资源和劳动力，虽然西南地区储藏有大量的矿产资源，如煤、铝锭、黄金、铜矿、水电等资源，但对于矿产资源的开发都由国家层面开采，民营企业或个人参与程度低，甚至对劳动力的吸纳也是有限的，存在"富饶的贫困"。因此贫困地区耕地的人口承载能力或者人口容量（即一定生产潜力水平及一定物质生活消费水平上，以土地利用不引起土地退化为前提，土地的最大产出所能养活的人口数量）是造成贫困的根源。如果现有人口超出了耕地资源人口承载能力，将出现"剩余"或"超载"，产生贫困。如果用环境（耕地）的产出代表物质产品供给（$OABC$ 曲线），用地区人口的基本温饱需求（或者为劳动力投入的边际成本）代表社会总需求（$OC$ 曲线），社会的净产出为物质产品产出与基本需求的差额（面积 $S_{OABC}$＝面积 $S_{OABCF}$－面积 $S_{OCF}$）构建如下图形（图 3-1），在环境产出曲线上 $A$ 点表示人口数量为 $OD$ 时边际产出达到最大，$B$ 点表示人口数量为 $OE$ 时环境产出总量达到了最大，而达到 $C$ 点时，说明环境的总产出刚好能养活当时的人口数量 $OF$，过了 $C$ 点就出现了"人口过剩""环境超载"，贫困就可能产生。

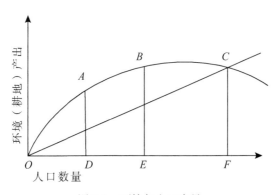

图 3-1　环境与人口容量

但在开放环境下，剩余劳动人口的转移，以及社会生产力提高会使得整个贫困地区环境产量提高，会使得"人口过剩点"向右移动。本书借鉴环境与人口容量关系的思想，用国家绝对贫困线代表农村人口基本需求，用第一产业人均产值代表社会环境的产出。以贵州、广西、四川、重庆第一产业的人均产值（第一产业产值与第一产业从业人员比例）与国家历年的贫困线比较发现，贵州、广西、四川、重庆四个省（区、市）的第一产业人均产值自1991年以来虽然有了不同程度的提高，但都低于贫困线（见图3-2）。说明在现有的农村环境条件下，农村人口凭借现有的农村环境资源条件从事农林渔牧产业，连自己的基本需求都无法满足。西南地区贫困农村生产环境差的主要原因是可耕种的耕地少（或者说是整个农村生产资源不足、生产率低下），人口数量庞大，人均耕地经营面积低于全国平均水平，尤其贵州人均耕地面积还不到全国的一半（见表3-6），另一方面原因是农村道路等基础设施差、居住环境远离经济中心，农产品市场化交易成本高，农产品市场化率低。

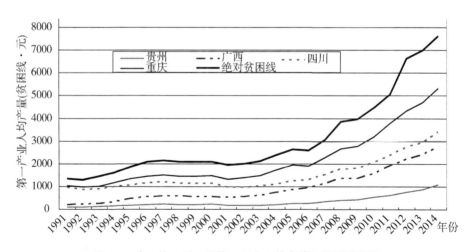

图3-2　贵、桂、川、渝第一产业人均产值与贫困线比较

数据来源：根据贵州、广西、四川、重庆历年《统计年鉴》及《中国农村贫困监测报告》整理得出。

表 3-6                              **2011 年西南省份农村居民土地经营情况（亩/人）**

| 地区 | 经营耕地面积 | 经营山地面积 | 园地面积 | 养殖水面 |
|------|------|------|------|------|
| 全国 | 2.30 | 0.49 | 0.11 | 0.04 |
| 重庆 | 1.27 | 0.33 | 0.03 | 0.02 |
| 四川 | 1.15 | 0.46 | 0.25 | 0.02 |
| 贵州 | 1.10 | 0.73 | 0.03 | —— |
| 云南 | 1.56 | 1.32 | 0.22 | —— |
| 广西 | 1.30 | 0.81 | 0.15 | 0.04 |

数据来源：《中国农村住户调查年鉴 2012》。

（2）"卢卡斯之谜"与西南地区"投资贫困"。无论是古典经济学还是现代经济理论都强调社会的投资是整个社会发展的关键，而投资的来源是（积累）储蓄，储蓄与投资在量上是趋于均衡的，且按照新古典经济理论资本边际报酬递减规律，人均资本回报率越高，越能吸引资本的集聚，加速资本从低回报率的地区向高回报率的地区流动。在 1990 年卢卡斯利用美国和印度数据，计算出印度的人均资本边际产出是美国的 58 倍，[①] 按照经济理论应该呈现的是美国等发达国家的资本流向印度等欠发达的国家，像印度等发展中国家吸引外资的能力应该更强，但事实刚好相反，许多欠发达国家（地区）吸引外资的能力不敌发达国家，如《2007 年世界投资报告》显示 2006 年全球 2/3 的外商直接投资（FDI）流向发达国家，流向发展中国家的占了 1/3 左右。《2014 年世界投资报告》显示 2013 年 FDI 流向发达国家的总量占了全球总量的 39%，流向发展中国家的总量占全球总量的 54%，流向转型国家的占了 7%，英、美、法、德等国家是当今吸引外商直接投资的最强的国家，[②] 这一现象就是著名的"卢卡斯之谜"。对于原因卢卡斯给出了三个方面的解释：一是发达国家与发展中国家劳动力（人力资本）的异质性差异，新古典理论将不同国家的劳动质量（人均有效劳动投入）视为相同，忽视

[①] Lucas. Why Doesn't Capital Flow from Rich to Poor Countries? [J]. The American Economic Review, 1990(2)：92-96.

[②] 联合国贸易和发展组织．2007 年世界投资报告[M]．北京：经济管理出版社，2007；联合国贸易和发展组织．2014 年世界投资报告[M]．北京：经济管理出版社，2014.

了不同地区劳动质量的差异；二是人力资本的外部收益；三是发展中国家有政治风险和资本市场是不完全的竞争市场，前两个影响因素作用要强于第三个。

"卢卡斯之谜"现象在中国西南地区也仍然存在，西南地区投资不足，资本稀缺是制约经济发展的根本因素之一。按照经济供需定理，西南地区资本稀缺，而东部沿海地区资本富裕，且西南地区属于贫困地区，投资机会多，资本回报率高，东部沿海省份资本和外商直接投资更应该倾向于西南贫困地区。但是大量的学者研究得出，在西南贫困地区不仅吸纳外资困难，并且当地社会居民储蓄转化为投资的效率极低，农村金融体系在转化储蓄为投资的功能作用过程中呈现出"吸血"现象，大量的社会积累(储蓄)被通过金融系统输送到了发达地区，使得原本资本要素贫困的地区更是雪上加霜。如图 3-3，贵州、广西、四川、重庆四个省(区市)从 1991 年到 2014 年，固定资产投资与银行年末社会存款余额比，多数年份的比例不到 50%。这一现象的内在逻辑关系如下。

一是现代金融机构与国家在对待贫困地区金融服务的目标不一致。在农户与国家信用关系中，国家是通过委托代理关系，委托正规金融机构代理国家与农户发生信用关系，在这种委托代理关系中，正规的金融机构追求的是经济利润最大化，而国家的目标宗旨是满足农村社会的融资需求(或相应的金融服务)，对贫困地区的金融支持更多是带有"扶贫"或"准公益"性质的"准公共产品"，而商业银行提供的金融服务(产品)是完全市场化的"商品"，因此金融机构不会完全按照国家意愿与农户发生信用关系。在许多贫困县市，许多大型的国有商业银行都不愿意把分支机构设置在县一级，即使许多县存在银行等金融机构，但很多也仅仅是"负责吸收存款的营销部门"，县一级的贷款审批权小，大额的贷款要经过省(市)级分行的审批。从互动的关系说，农户对国家也具有很强的信任感，他们"相信政府"，认为把钱放到国家银行是最安全的，但由于正规金融机构融资要求门槛高，农户达不到融资要求条件，获得融资需求困难。因此在与国家信用代理机构的信用关系中，农户授信于金融机构的额度(储蓄存款)就要大于正规金融部门授信于农户的额度(信用贷款)。这也可以解释为什么在一些贫困县，银行系统吸纳储蓄的能力比信贷支持的额度要大得多。

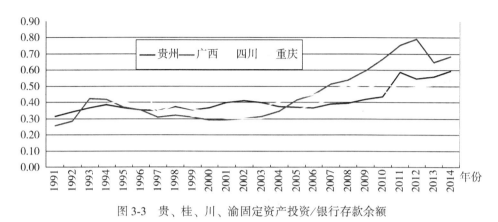

图 3-3  贵、桂、川、渝固定资产投资/银行存款余额

数据资料来源：根据贵州、广西、四川、重庆历年《统计年鉴》整理得出。

二是"麦金农—肖"理论对投资不足的解释。几乎是同时（1973）美国经济学家爱德华·S. 肖（D. S. Shaw）和罗纳德·I. 麦金农（R. I. Mckinnon）先后出版了《经济发展中的金融深化》和《经济发展中的货币与资本》两本著作。他们提出了金融抑制论和金融深化论，其理论学说通常被称为麦金农—肖理论。在麦金农和肖以后卡普尔、加尔比斯、弗莱等人进一步发展了这一理论。他们从不同角度研究了欠发达国家的金融发展问题，同时得出基本一致的结论：传统货币理论只能适用于发达国家，而不适合发展中国家。大多数发展中国家的自然经济比重较大，货币化、商业化程度较低，金融市场尤其是资本市场匮乏，信用工具单一，金融市场处于割裂状态，金融领域处于二元状态，其根本的原因在于"金融抑制"。麦金农认为发展中国家政府对汇率和利率的强制管制使其实际利率太低，甚至为负数，导致人们不愿意进行储蓄，投资减少，经济增长受阻，发展中国家要解除此问题，就应该要解除金融管制，实现"金融的完全自由化"（金融深化），放开对利率和汇率的管制，回归资金实际供求状况，刺激储蓄和投资的增长。

"麦金农—肖"理论的中心思想论点在于发展中国家金融利率的外生性。古典经济学家认为利率是借贷资本的价格，是借贷资本家出让资本使用权的一种报酬，利息是利润的派生形式，产生的基础是剩余价值，因而利息率便由借贷资本的供求和利润率的变化决定，利率是由真实的经济层面决定的，因此利率是内生的。而以凯恩斯为代表的现代经济学从货币层面上认为利率纯粹是一种货币现象与真实因素无关,利息不是使用资本的代价,而是人们放弃流动性的偏好的报酬,利率决定货币领域中货币供给与需求的均衡,而货币的供给由货币当局的政策所控制,利率也就自然由政策因素控制,而非由真实因素决定。马克思将作为流通的货币与作为资本的货币严格区分,认为利率取决于资本货币的供求而不取决于流通量。利率作为总利润的"硬化"和"独立化"部分在生产之前就予确定,此外,竞争、风险期限等非真实因素都对利率有决定性作用,特别是习惯和法律传统等都和竞争本身一样,对它的决定发生作用。马克思在其《资本论》中更是全面地论证了利率的真实经济决定性与非真实经济的决定性,原始经济利率形式作为资本使用价值形态的计价尺度或价格,虽是借贷双方讨价还价的结果,但讨论还价过程除了考虑资本的增值因素以外,还要考虑风险、习惯乃至于国家政策和法律传统等因素,因此利率一开始就被认为纯内生的说法是不全面的,内生性是利率产生的根源,没有利润,也就不可能产生借贷行为,但如果忽视了利率产生的市场环境,也很难解释利率均衡。因此利率准确地说是外生性与内生性二重性的综合效应。利率的第二重要性在于具体谁起主导作用,视具体情况而定,中央银行定的官方利率具有外生性,其内生性仅表现为中央银行对它的制定必须以真实经济状况为客观依据,市场自动生成的利率属外生性利率,其外生性表现为它的变动一般要受中央银行利率的影响,利率传导的有效性关键在于官定利率的诱导力和市场利率的感应度。

许多学者认为发展中国家的农村利率是内生的,农户的贷款利率与农户的家庭特征(比如教育、财产)具有强烈的正相关性,虽然许多发展中国家的正规银行借贷利率受到管制,但仍然具有内生性。本书认为农村利率综合表现还是外生性起主导,其理由有三:其一国家正规借贷银行金融部门的利率受到国家监管,银行借贷利率在国家规定的基础率上有一定的浮动权限,但利率最终还由市场决定的;其二,长期以来中国农村金融市场存在信贷配给,农户的信贷规模受到限制,利率并没有体现出资本使用权的价格;其三,农村非正规金融借贷不具有市场行为,包括其中的亲友借贷,民间借贷(高利贷、地下钱庄)、民间互助组织(合会、标会、摇会),它们的借贷成本不具有市场性行为,有的甚至借贷成本不体现为货币现金(如亲友借贷)。

麦金农—肖理论解释的现象在西南贫困地区也存在,农村金融市场的分割现象比较明显, 从农户借贷需求的视角看农户借贷市场(途径)存在三元结构——亲友借贷、非正规金融借贷、正规金融借贷; 从农村金融供给视角看, 产生了二元融资结构模式: 正规金融与非正规金融。

正规金融是在政府金融部门监管下的借贷金融体系, 是以中国农业发展银行、中国农业银行、农村信用合作社共同构成了一种制度性金融, 商业银行与合作银行分工协作的农村金融格局, 构成了农村金融的主体。而 2006 年以来, 中国银监会(现为银保监会)在全国开展了农村金融服务与农村农村金融竞争充分性调查, 初步掌握了在农村金融服务中存在的突出问题和矛盾, 发布了《关于农村合作金融机构小企业贷款指导意见》《农村合作金融机构社团贷款指引》等产生了一系列新型的农村金融机构, 如村镇银行、小额贷款公司等。

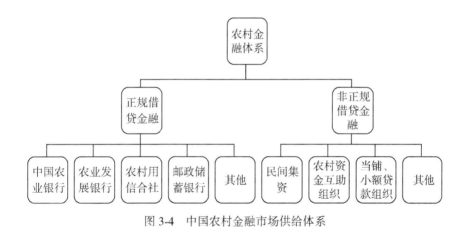

图 3-4 中国农村金融市场供给体系

非正规金融是指融资经营活动没有纳入金融管理部门常规管理体系的, 其活动范围较广, 主要的形式有: 民间集资、私人借贷、互助性的金融组织等。农户借贷融资的资金成本、亲友借贷的资金成本最低, 其次是正规金融借贷, 最高的是非正规金融借贷。

笔者曾经在 2011 年 12 月到 2012 年 2 月对贵州贫困 J 村进行走访和入户发放问卷调查。全村有 150 多户农户, 本次问卷调查调查采取根据农户家庭收入或富裕程度, 将农户分为三个层级, 每个层级选取 15 户农户作为代表, 与其他问卷调查不同的是, 本次问卷调查为笔者亲自入户, 与农户进行攀谈式的调查, 最后以问卷的形式，将农户近三年的借贷情况进行登记。此次共发放 50 份问卷，最后收回的有效问卷数量是为 46 份。笔者根据户主夫妻的年均值特征将样本分为三个层级：在 25~35 岁的有 12 户约占 26%，35~55 岁的有 20 户占到了 43%。55 岁以上的有 14 户，占到了样本的 31%。40~50 岁年龄阶段的有 20 个农户在融资渠道选择上，其中有 17 户选择过正规金融渠道的融资，主要是当地的信用合作社，其主要原因一方面对于这类农户来说，家庭的经营规模比较成熟，在当地社会关系网络比较稠密，对于相关信息的获取来源比较宽广，能对不同的融资渠道成本有一个理性的比较。相反在 25~35 岁和 55 岁以上的户主，其融资选择上更倾向选择向亲友借款和非正规金融借贷。其原因是，年轻的户主由于家庭经营规模不够成熟，人际关系网络面窄，从正规金融借贷的成功率较低，从非正规金融借贷需要中间人或需要抵押。

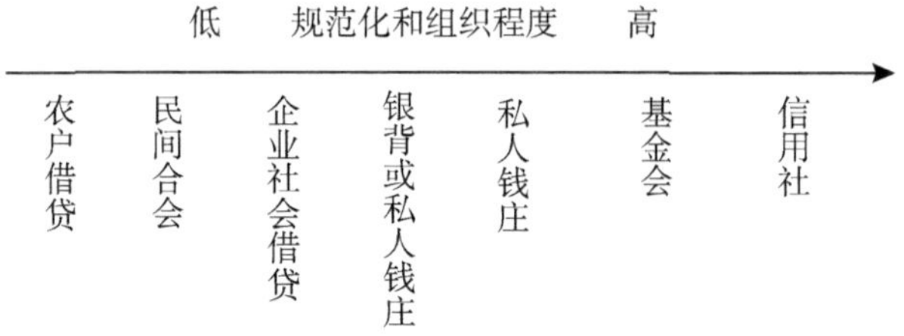

图 3-5　民间金融发展序谱①

　　三是借鉴"卢卡斯之谜"原因解释，可以分析西南地区吸引资本不足的关键是西南地区的就业劳动力素质与东部沿海地区存在巨大的差异。如表 3-7 所示，从 2013 年西南、东部沿海省份就业人员受教育程度构成比例中发现，西南地区省份的就业人口中有 70% 以上的都只是受过初中及初中以下的教育，这样的劳动力受教育程度远远低于东部沿海省份，而研究表明农村小学教育对农村人均收入增长贡献微乎其微(邹薇、张芬，2006)。如果按照等量的人均资本投入，高素质劳动力产出自然要高过低素质人才的产出，投资的流向自然是高素质劳动力地区。虽然说近些年来西南地区加大了对教育的投入，培养出了大量受过高等教育

　　①　张杰. 中国农村金融制度：结构与变迁政策[M]. 北京：中国人民大学出版社，2003：58.

的人才，但真正回到贫困地区服务的人才却很少，很多人才流向了发达地区，原因是发达省份的工资水平高，生活环境优于贫困地区，对高素质人才更有吸引力，呈现出"教育投资的外部性"，贫困地区的高等教育投资变相地给发达地区"人力资本"投资。

表 3-7　　2013 年西南与东部沿海省份就业人员受教育程度构成比较(%)

| | 未上过学 | 小学 | 初中 | 高中 | 大学（专科） | 大学（本科） | 研究生以上 |
|---|---|---|---|---|---|---|---|
| 全国 | 1.9 | 18.5 | 47.9 | 17.1 | 8.5 | 5.5 | 0.51 |
| 天津 | 0.5 | 7.5 | 39.3 | 20.8 | 15.2 | 15.3 | 1.12 |
| 上海 | 0.4 | 5.8 | 34.2 | 24.5 | 16.5 | 16.4 | 2.51 |
| 江苏 | 1.8 | 15.9 | 46.1 | 19.3 | 10.3 | 6.1 | 0.59 |
| 浙江 | 2.4 | 19.4 | 41.9 | 17.1 | 10.9 | 7.7 | 0.56 |
| 山东 | 2.0 | 14.8 | 47.5 | 19.6 | 9.4 | 6.2 | 0.48 |
| 广东 | 0.6 | 14.0 | 49.3 | 21.8 | 8.6 | 5.2 | 0.41 |
| 广西 | 1.2 | 19.0 | 57.7 | 13.7 | 5.3 | 2.8 | 0.23 |
| 重庆 | 2.6 | 28.5 | 40.3 | 16.2 | 6.9 | 5.0 | 0.53 |
| 四川 | 1.9 | 26.6 | 46.7 | 14.1 | 6.4 | 3.9 | 0.35 |
| 贵州 | 3.6 | 31.6 | 47.7 | 7.8 | 5.7 | 3.6 | 0.06 |
| 云南 | 2.9 | 38.7 | 40.1 | 8.2 | 5.8 | 3.9 | 0.3 |
| 西藏 | 8.0 | 57.0 | 22.9 | 6.2 | 3.3 | 2.6 | |

资料来源：国家统计局人口和就业统计司编. 中国人口和就业统计年鉴 2014[M]. 北京：中国统计出版社，2014：81.

四是内置金融与农业产业链金融扶贫模式。内置金融是指在农村内部，置入以资金互助合作为核心的农村互助金融组织，它与"外置金融"相对应，二者的不同在于"置入的资金"，内置金融置入的资金来源于村民或是由村民为主体参与。内置金融来自李昌平在河南信阳郝堂村 2009 年的一个成功实践案例。① 李

---

① 李昌平. "内置金融"在村社共同体中的作用——郝堂实验的启示[J]. 银行家，2013(8)：108-112.

昌平开始是打算做养老资金互助社，他出5万元，当地政府出10万元，7个乡贤每人出2万元共计14万元，7位乡贤出的这笔钱收益主要用于"公益"给老人补助。刚开始村里有15个老人入社，每人2000元共计3万元，合计总共32万元，3个月以后每位老人分了330元。这个互助社一建立起来，土地就可以用来抵押贷款了。养老资金互助社越办越好，2011年有100多个老人入社，每人每年能分到700多元。在内置金融取得成功的基础上，启动郝堂村新农村建设，把农村建得更像"农村"，目前的郝堂村是中国第一批评选的最美10个乡村之一，成了生态宜居乡村的典范。2009年至今，全国有40多个县市区200多个村庄陆续展开了内置金融实验。

郝堂村的内置金融本质上是以资金运营为核心的农民专业合作社，管理实行理事会领导、监事会监督下的理事长或干事长负责制。理事会和监事会主要由乡贤构成。理事会、监事会及其经营团队的主体必须是当地农民。外来的团队(政府、投资机构、社会组织)必须服从于当地的农民，郝堂村内置金融之所以形成一定的社会影响，有以下三点亮点。

一是解决了"外置金融"的信息不对称问题。商业银行、小贷公司、农村信用社长期难于解决农民"融资难的问题"，根本原因是双方之间的信息不对称，外置金融的"门槛"农民无法满足，而内置金融是根植于农村熟人社会，融资前后都受到了村民的监督。外置金融对申请贷款农户的审批，更多的时候是看资产状况，有无偿债能力，而内置金融在审批的时候除了审查有无偿债能力外，更多的是要看在村里的"人品"，比如在村里是否"守信"，说话办事是否"靠谱"；在家里是否孝顺老人，夫妻关系是否和睦，对小孩的教育培养是否得体，类似这种"非资产软实力"恰好是还贷款能力的最好体现，但是外置金融却无法获得。

二是内置金融强调了资金的"公益性"。在李昌平在郝堂村内置金融实验之前，他在荆州市监利县王垸村成立"养老资金互助社"的宗旨是资金互助促发展，利息收益敬老人。内置金融的利益分配也强调了这点，因此村民在合作社借贷过程中不仅受到法律监督，也受到村民熟人社会"公益"道德舆论监督，巧妙利用农村"孝道""扶贫济困"文化传统激发村庄的共同体意识。另外理事会贷款审议贷款的时候，会对贷款申请的人困难情况进行排序，把钱给最需要的人，而不是把钱贷给支付利率最高的人。但是对于"外置金融"的目的是追求"利润"最大，谁最具有还款能力，谁的贷款项目盈利能力最强就给谁。外置金融运营的结果是越有"能力"的人越容易获得金融资源，越有利于早日致富，而越是贫穷的人越很难获得金融资源，越难实现收入快速增长，长此以往可能会使农村的收入差距越拉越大，出现金融资源被"精英俘获"的现象。

三是内置金融激活了乡村的内生动力。乡村振兴关键点是要激活农村发展主体的内生动力。而近十年来多数农村主要劳动力大多外出打工就业，剩下的主要是妇女、小孩和老人，乡村成了一个无主体的熟人社会。2009 年郝堂村内置金融实施前全村有 18 个村民小组共 2200 多人，但将近有一半以上外出打工。内置金融把农村老人联合组织起来，把村里闲置的资源集约起来经营，经营利益给村里人。目前农村在实施农业产业化，资本回流农村，部分地区农业产业也发展起来了，但农民增收依然很艰难，其原因是外来资本拿走了产业发展的主要利润。还有许多贫困地区都以相应农业扶贫项目为抓手，但很多项目替代了当地的一些经济组织，或者说替代了农户，替代了农村的一些企业的发展。

内置金融解决了农村金融信贷的"内生性"不足和外生性金融信息不对称问题，但在西南地区发展的适用性也存在质疑。一是金融发展的本质要依托于当地资源和产业，如当地村民以土地承包经营权入股，以空置房屋入股，甚至以存款入股等，一旦入股土地、房屋和山林等资源资产无法在市场体系中"变现"，则资金流就可能发生断裂，可持续性将面临极大压力。由于西南贫困地区大量的土地、房屋市场价值要跟当地农业产业化发展程度密切相关，如果当地农业生产价值高，对土地需要大"随行就市"，土地流转费自然高。如果当地旅游市场发达，"民俗酒店""农家乐"等生意旺盛，自然对农民空置房屋需求大，能够保证入股收储的资源资产通过转租产生持续的利润。而问题是西南地区乡村旅游和农业产业不稳定，很难评估土地房屋的市场价值，即使收储了也很难保证资源集约起来经营能获利。因此从本质上来说内置金融与传统金融一样也存在对发达地区和优质产业(企业)的"偏爱",从目前实践上看其也主要集中在中部和东部发达地区。二是内置金融村庄"熟人社会"的内部监督和对借贷人信用识别机制,当今社会是日益开放和流动的社会,村民(社员)经济活动已经超越了村庄和县域的范围,要对村民(社员)经济活动监测和评估,避免发生呆账死账,这是一个重大考验。三是内置金融同样具有"风险甄别"功能,对资金用途高风险的借贷,利息高,反之则低;信誉良好的人利息低,反之则高。如若不然必会将经营预期收益看好,信誉好的"优质客户"拒之门外。但若发挥了"风险甄别"功能,首先需要专业团队,农村现有的人才是否能支持?其次农业产业本身利润低,从事农业生产的农民(企业)不可能接受高利率,但如若借给低利率的农业行业,回报很难实现组织的资产增值,这样的结果会导致资金流向非农产业,催生借贷利率升高,可能就会触犯金融监管的底线。

农业供应链金融:供应链金融是金融机构对供应链上中下游企业提供的金融融资服务,促使以核心企业为中心的,上下游企业间的"资金流"顺畅。供应链金融在西方国家很早就出现过,最常见的形式就是"保理",通常是供应商的应收账款出现问题时,会将应收账款以打折的方式转让给第三方机构(金融机构),及时回收现金流。供应链金融与传统金融不同之处在于,供应链金融企业对借贷对象不是企业本身,而是企业在产业链条扮演的角色,以及产业链每个环节的价值。因为一条产业链从原料到中间产品再到成品,最后销售给顾客,每一个环节都在增值,因此产业链的本身就是一条价值链,供应链金融正是为了保证价值增值的顺利完成,利润的来源也正是产业链上的增值部分。传统的供应链金融主要有三种融资模式:一是预付款融资,通常是下游购货商为向上游核心企业采购物资所产生的垫款融资需求;二是应收账款融资,是中小企业将面对核心大企业的应收款,将应收款凭证质押给金融机构从而申请贷款;三是存贷融资,是指融资企业以其拥有的存贷做质物,出质予第三方物流公司经评估和证明后,金融机构向信贷需求方授信贷款。这三种融资模式都是以真实的货物交易为基础,银行、供应链核心企业和供应链中的中小企业三者之间签订合作协议。供应链金融模式如表3-8所示。

表3-8                                        供应链金融模式

| 融资模式 | 融资质押物 | 融资企业在产业链中地位 | 核心企业地位 | 参与第三方 |
|---|---|---|---|---|
| 预付款融资 | 预购货物 | 下游购货商 | 上游供货商 | 仓储监管方 |
| 应收账款融资 | 应收货款 | 上游供货商 | 下游购货商 | 无 |
| 存货融资 | 存货 | 无限定 | 无限定 | 第三方物流 |

农业供应链金融(或农业产业链金融)最早的雏形是公元前2400年美索不达米亚地区出现的"谷物仓单"。供应链金融在农业产业中的运用逻辑与其他产业一样,但由于农业产品具有鲜活性,销售期较短,容易遭受自然灾害,具有弱质性,收入消费弹性小使得投资资金回收慢。这决定了农业产业链金融的需求具有季节性、周期性、风险性。具体农业产业链金融是在农副产品生产资料采购、产品生产(养殖)、加工销售、流通环节产生金融需求。在实践过程中,商业银行选择优质的农业企业(或是合作社)为核心主体,为围绕以优质农业企业为核心的产业链成员提供融资服务,对供应链成员的信贷需求进行匹配,实现与原材料生产、采购、加工、销售等各环节相互对应的物流、资金流和信息流的有效联结。整个融资过程资金流封闭运行,成本小,风险低,将整个农业供应业链成员利益"捆绑"在一起。早在2014年农业部(现为农业农村部)和银监会就有了《关于金融支持农业规模化生产和集约化经营的指导意见》和《关于推动金融支持和服务现代农业发展的通知》鼓励金融机构推广订单融资、应收账款保理等农业产业供应链产品。十九大报告和2018年中央一号文件也明确提出,支持金融机构适度加强对新型农业经营主体的订单融资和应收账款融资业务,在实践方面有四川峨眉山农行开展的蔬菜供应链融资,射洪支行开展的生猪产业链融资(马九杰等,2011),广西的糖产业供应链融资(伍卫,2007;邹武平,2010)等。

农业供应链金融扶贫机制,它结合农业产业链和产业组织开展,现有的产业组织模式有:公司+农户,公司+专业合作社/基地/专业大户+农户,专业合作社+农户等,产业组织模式中核心企业可能不一样,有的是农业公司或专业大户,有的是专业合作社,但它们都是连接贫困户的核心力量,是整个农业产业链金融扶贫的主要抓手。具体机制如图3-6所示。

农业供应链金融扶贫是商业银行、贫困户、政府部门、农业公司或合作社多

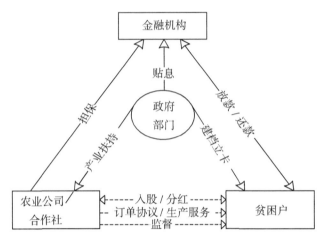

图 3-6    农业产业链金融扶贫

方利益的连接机制。金融机构对贫困户的贷款扶持，首先有政府部门贴息。其次通过与农民专业合作社等核心企业建立协议关系，起到对贷款的担保作用，能够降低信贷风险。通过农民专业合作与贫困户合作关系，能够有效监督贫困户的资金使用，实现"同业监管"。如果贫困户不能如期偿还贷款，合作社将通过拒收贫困户的产品，或是在生产服务中拒绝为其提供技术帮扶，起到对贫困户的惩罚作用。而农民专业合作社在此过程中既能通过贫困户贷款入股解决融资难和融资贵的问题，也能将贫困户与合作社利益"捆绑"在一起，成为产业扶贫的主要平台，享受国家的优惠政策。2015 年贵州省扶贫办、中国人民银行贵阳支行、贵州信用社联社联合印发《贵州省精准扶贫"特惠贷"实施意见》对建档立卡贫困户发放"5 万元(含) 以下、3 年期以内、免担保抵押、扶贫贴息支持、县级风险补偿"的扶贫小额信用贷款，用于贫困户的生产、就业、教育和移民搬迁等。截至2017 年 12 月末，"特惠贷"覆盖全省 72.55 万贫困户，占授信贫困户的 57.2%。在农业产业链金融扶贫过程中，由于直接的融资对象(贫困户) 能力差异存在一定的风险，而一旦某处资金链条断裂将影响整个产业链上的所有成员，基于贫困户能力差异可以从两方面认识它的风险。

一是融资服务的贫困人群是具有自主发展能力的群体，通过"商业银行+农民专业合作社+贫困户"的农业金融信贷支持农业产业发展，进而激发贫困户的内生动力。在这个过程中贫困户是融资的主体、资金的真正使用者，资金的具体支配和使用完全由自己决定，而农民专业合作社代理商业银行，充当融资的"内部监管"人，监督贫困户的资金使用情况，商业银行紧盯贫困户与农民专业合作交易，但由于贫困户具有自主发展能力，其发展不完全受制于农民专业合作社（农业公司），因此在发展过程中对贫困户资金使用情况监督约束有限，很难清晰地保证产业链资金流的封闭性。

二是融资服务对象是不具有自主发展能力的贫困群体，贫困户从金融机构获得信贷，然后以股权（债权）委托方式入股合作社，按期分红获利。这种农业供应链的扶贫模式本质是"民贷企用"，商业银行服务的对象是农民专业合作社，合作社是信贷资金的真正使用者，是国家扶贫的委托代理人，受国家委托代理帮助贫困人群，对合作社来说好处在于减少产业发展经营风险，变相地把风险转移给贫困户，而对小额信贷的利息担保或补贴都是以政府的信用为支撑的，因此最终的经营风险"兜底"其实是政府。这种农业产业链金融扶贫模式在 2018 年 2 月就被相关部门叫停，并强调扶贫小额信贷必须坚持户贷、户用、户还，严格禁止"户贷企用"。

## 3.3　社会资本视角下的西南民族村寨贫困

西南少数民族地区除了外部条件引致贫困外，这些地区民众在经济活动中"参与网络"的缺乏也是引致贫困的一个重要原因。20 世纪 80 年代社会资本理论的兴起为解释这些地区的贫困提供了一个新的视角。

### 3.3.1　社会资本理论与贫困

社会资本理论的典型代表人物是法国社会学家布迪厄、美国的科尔曼和帕特南。在布迪厄看来，社会资本应该是"实际或潜在资源的集合体，他们与或多或少制度化了的相互认识与认知的持续关系网络联系在一起……通过集体拥有的资本的支持提供给他的每一个成员，某一主体拥有的社会资本量取决于他能有效动员的关系网络的规模"[①]；科尔曼认为"社会资本不是一个单一体，而是有许多

---

① 包亚明．布迪厄访谈录文化资本和社会炼金术［M］//周红云．社会资本与中国农村治理改革．北京：中央编译出版社，2007：24.

种，彼此之间有两个共同之处：它们都包括社会结构的某些方面，而且有利于处于某一结构中的行动者——无论是个人还是集体行动者的行动。和其他形式的资本一样，社会资本也是生产性的，使某些目的实现成为可能，而在缺少它的时候，这些目的不会实现。与物质资本和人力资本一样，社会资本也不是某些活动的完全替代物，而只是与某些活动具体联系在一起。有些具体的社会资本形式在促进某些活动的同时可能无用甚至有害于其他活动"；帕南特认为，社会资本"是一种组织特点，如信任、规范和网络等，像其他资本一样，社会资本是生产性的，它使得实现某种无他就不可能实现的目的成为可能"（周云红，2003）。布迪厄是从微观的视角看到了社会资本的构成以及对个体的价值和意义；科尔曼是从中观层次看到社会资本对集体行动的影响；而帕南特则超越了前两位，从宏观的视角分析它对社会经济的作用。国内许多学者（杨雪东，1999；周红云，2007；程民选，2006；李晓红，2007）认为，社会资本是处于一个共同体之内的个人、组织（广义上的）通过与内部、外部的对象的长期交往合作互利形成的一系列认同关系，以及在这些关系背后积淀下来的历史传统、价值理念、信仰和行为范式；是存于特定共同群体中，以信任、互惠合作为主要特征的参与网络；是人们在社会性交往中相互作用，彼此合作而产生的资源存量；是嵌入关系网络中的历史传统、价值理念、行为规范、认知模式和行为范式以及网络成员获得资源的能力综合。

从前人的定义看到，社会资本存在形式——网络关系；核心——网络关系成员间的信任、互惠合作、规范；功能价值——给内部成员带来经济利益，同时也有外部效应，这是判断社会资本的三个要件。所以笔者认为可将社会资本理解为："是一种经济主体参与的关系网络，以及镶嵌在其上的信任、规范、互惠合作，能给经济主体带来益处或有利于经济主体经济行为目标达成的一种社会网络关系资源。"其"资本"的属性，它与物质资本、人力资本的不同点除了非"实体"性外，更重要的是不会一次消耗完，反而是多次"利用"，"存量"递增。网络成员能利用网络组织获取经济信息，成员之间信息对称，减少交易的成本，使得网络参与的主体"有利"可图。它的存在形式为"参与的关系网络"，社会资本存在的形式是以成员之间的网络连接，参与的主体越多越开放、成员之间的"黏性"越强，表明其存量越高。信任、规范、互惠合作是社会资本理论最重要的特征，是镶嵌在关系网络上的"珍珠",对内部成员来说,这是成员之间的"黏合剂"。成员之间如果缺少了信任、规范、互惠合作,那么这样的网络关系至多也是松散的。对外部社会来说,它有利于社会积极的、正能量的文化氛围的建立,培养公民的社会参与能力。社会资本的"资本"经济贡献表现为直接作用于经济主体的经济行为,直接降低成员间的交易成本,信息相互对称,给经济行为带来有利帮助,类似于物质资本一样直接作用于经济增长。如在民间借贷、寻找工作机会等方面直接给行为人带来利益。另外社会资本所形成的"规范共识",又会以非正式制度的形式作用于经济活动,表现为非正式制度影响参与人的激励、预期行为。据此有的学者(李晓红、黄春梅,2008;陆铭、欧晓明、汪凤桂,2008)认为社会资本与非正式制度在信任、习俗、规范等范畴有交集,具有非正式制度的部分特征。

关于社会资本的组成结构,帕特南在分析时,指出"任何社会,现代的或传统的,专制的或民主的,封建主义的或资本主义的,都是由一系列人际沟通和交换网络构成的,这些网络既有正式的,也有非正式的。其中一些以'横向'为主,把具有相同地位和权力的行为者联系在一起,还有一些则以'垂直'为主,将不平等的行为者结合到不对等的等级和依附关系之中"。① 水平(横向)连接的社会网络资本,成员与成员之间基于平等互惠关系。"同质"横向连接的社会组织,如以熟人为主体的邻居、民族、宗教或家庭关系,甚至可细分为家族型、宗族型、亲族型、乡土型、情感型等社会资本。这种类型的社会资本往往具有一定的历史性、封闭性和内聚性,也正是由于该特点,过于亲密封闭的社会关系网络,会限制关系网络外成员获得社会资本的机会,同时也对网络内成员要求严格,阻止成员的创新发展。正如陆铭(2008)教授所说,"假如私人关系与政治权力纽带连接加强,那国家即使有法治,那也算是人治下的法治"。② 如果参与网络成员是"异质"的,是基于业缘或趣缘关系,或行业利益目的而形成建构的,如同事、同学、战友、兴趣相同者,以及各类社会团体组织、社会中介组织、各类行业协会,等等。垂直连接的科层级社会资本,是基于社会法理和治理纵向连接的,网

---

①  帕特南.使民主转起来[M].北京:中国人民大学出版社,2012:5.

②  陆铭,李爽.社会资本、非正式制度与经济发展[J].管理世界,2008(9):87.

络节点上的成员之间处于从属地位，构成了科层级组织结构。横向连接的社会网络组织对参与主体的经济行为影响要比科层级组织深远，"资本"属性效应更强烈；而科层级的组织更多具有"制度"属性，强调对群体的治理。

　　武考克或许是第一个将社会资本与贫困联系起来的学者。他认为，一个国家或地区如果拥有较多的社会资本，那在面临贫困和经济脆弱时将会更有利。Crootaert 对印尼的研究也发现，社会资本对穷人的回报率要高于富人。甚至有人直言，社会资本就是穷人的资本。社会资本与贫困的逻辑关系在于，一是社会资本与贫困问题涉及的都是政治经济、社会文化等综合问题。从收入贫困、能力贫困到多维贫困；从货币资本、人力资本到社会资本，贫困人口缺的不仅仅是钱和能力，还缺乏能参与的社会关系网络。二是过去的减贫理论多是从政府、市场角度，而从现有的社会资本理论来看，穷人更依赖于社会资本(关系网络)，因为"和富人相比，穷人拥有更低的时间机会成本，更少的金融资产和物质资产存量，(社会资本)'社会性相互作用'具有时间密集的特点，社会资本能替代私人资本"①；穷人没有多余的物质资本来保障自己的安全，因而社会网络"规范"越健全相对于穷人而言获得的受益越多；穷人没有物质资本作担保，成立的社会网络组织利用社会机制获得信贷将是一个有效的途径，而富人不需要。从微观来看，社会资本对贫困户的影响有三条路径。一是直接影响贫困户的经济行为(Robison，1999；Narayan，1997)。在高存量的社会资本网络里，基于相互信任、共同的目标能够增强网络参与主体交易的透明度，违约的成本高，彼此的互助互惠能提供非正式的保险功能，有助于从事高风险的行业，进而增加收入。二是对贫困户机会的影响。通过社会资本关系网络的信任互惠，贫困户可以通过成员之间获得寻找工作的机会、信贷机会、教育培训的机会。三是对贫困户能力提升的影响。阿马蒂亚·森认为，能力比收入财富更重要，这里的能力就包括生存能力、获得知识的能力、决策能力，等等，而贫困户的致贫往往表现为能力的缺失。通过社会资本的互惠合作，在网络关系中一旦成员因意外(身体残疾、天灾)致贫，可以得到援助，在社会保障系统不健全的情况下这点尤为重要。社会

---

① C. 格鲁特尔特，T. 范. 贝斯特纳尔. 社会资本在发展中的作用[M]. 黄载曦等，译. 成都：西南财经大学出版社，2004：103.

资本对贫困人口的影响路径如图 3-7 所示。

图 3-7　社会资本对贫困人口的影响路径

武考克在《社会资本与经济发展：一种理论综合与政策构架》认为，"镶嵌（整合）"与"自主"构成了社会资本的基本维度。他分析了以下四种社会资本形态（韦革，2009）。(1)低整合—低链接。即没有整合也没有链接的现象，表现出贫困人口被隔离在有凝聚力的社会网络外，信任缺乏，他们没有任何家庭和社会网络资源可以依靠，只能流浪。(2)高整合—低链接。表现为信任只扩展到家庭成员和血缘亲人，社会出现整合但缺乏链接，不存在普遍共享的社会道德和规则，被锁定在特定的一个社群内(家庭、宗族、社区村寨)，只能跟自己血缘关系亲近和身份相同的好人来往，难以在不同群体之间获得信息与知识，改变自身的困境。(3)低整合—高链接。没有整合状态，社会成员拥有大范围的自由和机会，但缺乏为其提供指导支持和认同的社会群体基础，如目前中国贫困的打工者。(4)高整合—高链接。这是一种理想的微观层面的社会资本，但现实中却很难实现。

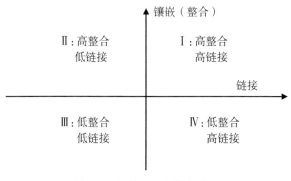

图 3-8　武考克社会资本结构

### 3.3.2　西南民族村寨社会资本结构与贫困

按照社会资本核心要素"高度依存的社会网络关系",以及在网络关系上结成的"信任""互惠合作""网络规范",在中国少数民族农村熟人社会里,因为共同的宗教信仰、民族习惯习俗,以及村寨中的"能人""权威"领导使得农村社会中村民之间相互帮衬,以村规习俗为准则实现自我规范约束,因此在民族村寨中拥有丰富的社会资本,但水平和垂直两种社会资本的结构有鲜明特点。

(1)微观层面:水平型的社会资本与贫困。民族村落水平的社会资本,类似于费孝通所定义的"差序格局"。社会关系网络形如平静水面,以"己"为中心像水波一样一层层扩展开来,随着血缘、业缘、地缘关系疏远,水波越推越远,越摊越薄,直到消失,社会网络关系中的人与人之间的黏性也在慢慢地退化。首先是以亲缘关系为主体的社会资本。由于西南少数民族地区地处偏远,长期以来社会形态属于农牧自然经济状态,后来受中华人民共和国成立和改革开放的影响,有的直接进入了现代社会,发展过程中存在断层状态。如四川凉山彝区直接从奴隶社会跨越到社会主义社会;西藏直接从农奴社会进入社会主义社会。但是,以传统农业经济为基础的社会资本并未改变,人与人之间的关系还是以"亲缘"为主,许多的民族村落都以同姓同族为主,亲朋好友圈具有重叠性。个体之间"同质"性较高,如贵州的布依族、苗族村寨之间"姻亲"和"血缘"关系错综复杂。虽然近些年人口流动频繁,但这种"姻亲"关系未有太大的改变,且这种"亲缘"关系连接的社会资本成为民族村落的主体。其次,是以共同宗教信仰为纽带的社会资本。在民族村落中,因为有共同的宗教信仰,由于各民族间的差异(如信仰伊斯兰、佛教),个体之间深入的交往更多地局限在同族之间,通婚也多是在同民族不同姓之间。共同的宗教信仰其实暗含了共同价值认同,它渗透到生产生活之中,因此不同的民族在情感上存在自我封闭;当价值认同不一时,在交流过程中就会产生民族间的排斥或冲突。而在大多数村落中以外来"异质"成员构成的形如社会中介组织、行业组织社会资本较少。还有,就是基于共同职业(业缘)关系结成的,如近些年随着农村剩余劳动力的转移,出现了"湖南新化打印店""泥瓦匠""制衣工"为主体的务工群体村落,说明社会资本网络成员外向流动,正在慢慢地改变原有以农为职业的社会结构。

一直以来民族村落社会中的信任互惠程度较高。在社会资本理论里,"网络参与"是产生信任、规范和价值认同的前提。布斯肯斯(Vincent Buskens)在其《社会网络信任》中论述"行动者经常交流其他行动者的可信任性,那行动者会限制不信任方式,如果行动者经常了解其他行动者的信任行为,那么信任将在他们之间生长"。关于这一点,之前的马克思和恩格斯提出的"有限度的团结(Bounded Solidarity)";迪尔凯姆和帕森斯的"价值融合(Value Introjection)";齐美尔的"互惠交易(Reciprocity Transactions)";韦伯的"强制性信任(Enforceable Trust)"……其都强调互动能产生价值认同(杨雪东,1999)。道格拉斯·诺思(1990)认为,非正式制度是"某一族群内被广为认同和接受共同的习惯习俗、伦理道德、价值观念、意识形态等"。[1] 这种共同信念在族群中内化为主体的行动指南,在决策时,会自觉地接受这种非强制性的约束,或在行为过程中体现出某种"共同的倾向性和相似性"(梁碧波,2010)。这种"共同的倾向性和相似性"在民族地区就投影或者映射出民族文化,如在西南地区许多同姓民族村寨都有始祖崇拜和习俗信仰,这就会自然而然地在追忆缅怀祖先的情感支配下,激起民族集体的激情,使得成员遵循族群共同的利益行事。西部地区许多民族的产生本质就是在生产生活过程中抵制自然危害和外敌入侵而接成的,由于民族地区是封闭性的熟人社会,来往频繁、知己知彼,是合作互惠产生的根源。在西南地区许多民族村寨都有团结互助、先公后私的集体观念,如布依族的民间谚语,"鱼打堆容易被捕,人合群才能生存";"一人踩不倒地上草,众人踩出阳光道";"和尚衣食靠个人,孤寡衣食靠寨邻";"辛苦一个人,换来众人乐";"一个背一提,万人凑成山";"一家有事百家帮";"树傍树成林,人帮人成才";"一个人不能养活全寨子人,全寨子人可以养活一个人……"

这些民族村寨社会生活的共同价值取向沉淀为一种大家默默遵守生活的准则。由于民族村寨社会资本的"亲缘"主导和自然经济性质,许多的民族村寨社会中都存在"重农""平均主义""讲义气"等市场竞争意识淡薄的价值观念。这缘于原始民族部落的社会习俗,在他们的生活习惯里"有酒大家喝,有肉大家吃,

---

① 道格拉斯·C. 诺思. 制度、制度变迁与经济绩效[M]. 上海:上海人民出版社,1994:93.

不分你我""耕田种地才是正道、经商是外门邪道",还有像布依族、侗族、黎族祭祀"神树"和"山神""水龙王"等风俗都跟农耕生产相联系,体现了对大自然的依赖。这些朴实的价值观念有助于增加村落社会网络组织的"黏性",增强民族内部的团结,但这种"重农抑商"观念抑制了人们扩大生产和消费的欲望,且这种"元俗"文化通过代际传递继续影响下一代。按照武考克的社会资本维度,这种水平结构的社会资本是属于高整合—低链接的形态。同族、宗族、共同的信仰使得家庭与家庭之间,同族内部成员之间相互的嵌入(整合)程度高,但这种相互嵌入构成的社会关系网络的范围较窄,信任、互惠合作仅仅局限于同村、同族之间,呈现出"相信自己人"。加之民族信仰、共同的价值观念与主流市场经济理念不一致,因此贫困往往都表现为整村、整族、同姓群体性。虽然近些年民族村寨中有大量的外出务工人员,但多组成了沾亲带故的"同乡"人,这种小众的"同乡"与大众的社会关系网络连接呈现出低整合—高连接的状态。虽然东部沿海地区的工厂将他们连接在一起,但因习俗价值观念与社会大众不相融合,呈现出他们与大众社会低整合(嵌入)的状态,如云南、贵州、四川等地的外出务工人员结为夫妻的多数还是少数民族或同乡,结为伙伴关系的还是"自己人"。

(2)宏观层面:垂直型社会网络资本与贫困。在民族村落一直存在着基于民俗、血脉构成的社会网络组织——宗族。在西部民族村落社会结构中,基本遵循个人→家庭→宗族→村寨"从属"的社会组织结构。在村落的社会组织中,个人与家庭、家庭与宗族、宗族与村寨之间,属于从属关系,最后产生"寨老"主持村寨事务,这也是民族村落原始自治方式。而随着中华人民共和国的成立产生了官方的"县党委→镇(乡)党委→村党支部→村支部小组"的科层级组织结构。故此在民族村落里社会治理过程中就存在两种治理模式,一是官方的治理结构,另一则是民间的治理结构,由寨老(寨老议事会)→族长→家长构成。如在一些布依族村寨一直存在的"家族制""寨老制""议榔制",苗族氏族组织的"姜略"(杨儒昌,1991)。寨老通常是本村德高望重之人,或是本族的长辈(或长兄),具有一定的社会办事能力,或者是"人缘"关系好。寨老的威望和权力是自然形成的,不用由正规民主选举产生,也不存在儿子继承的世袭制度。寨老没有特权,职责是解决寨内外各种纠纷,与群众协商制定保护山林及农作物的"乡规民约",作出制止或进行械斗的决定,主持寨内的各种红白喜事,主持祭寨神仪式和集会。

两种组织管理模式中，民间的组织管理能得到成员的认可，更能被感知。

在垂直型的社会资本网络里，民族村寨社会结构中两种不同治理模式代表了两种不同的制度，一种是非正式制度，另一种是国家正式制度，它作为外来的嵌入乡村社会中去，如果正式制度与非正式制度能很好地融合，那是施政的目标，但往往会出现正式制度与民族文化相冲突的现象。如在一些民族村寨修公路强拆祖坟遭到村民的阻挠，"三天急葬""火葬"制度在很多民族自治区县很难实施下去，很多地区出现基层行政人员与群众发生冲突的现象。本质上说是以民俗习惯为代表的非正式制度与国家的强制制度发生了冲突，其内在逻辑是国家正式制度对村民来说是一个存在上的概念，基层行政人员纵有国家合法施政的支持，但他们所代表的权力没有太深的根基，在民族乡土社会生产方式与社会组织结构没有完全适应以前，村民容易将国家权力看成外来力量。对寨老、族长的信任大于基层政府官员的信任，这种信任的不对称，表现出了一种低整合—高连接的社会网络状态，纵使国家对村寨的治理由县—乡—村层层推进，高度连接，但政府与民众的融合程度较低，他们参与国家政治经济行为的积极性不高，即使国家经济政治发生翻天覆地的变化，但很多村民还是过着"一亩三分地、老婆孩子热炕头"的生活。华中师范大学中国农村研究院 2014 年在对全国 13 个省 75 个贫困村 2198 位农民的调查发现，对扶贫政策，有 85.79% 的农民不知道；对扶贫资金的关注程度，72.4% 的人不关注。[①] 近些年在农村出现"政府+公司+农户""公司+农业专业合作社+基地+政府"等的产业组织模式，即农户与企业签订协议，将生产的农副产品销售给公司，二者之间形成利益互惠的共同体。但该种组织模式在群体社会关系结构上，存在信任的不对称。农民与公司的连接纽带为利益，公司往往处于"强势"地位，与政府一样在民族村落社会里是属于"来客"，没有完全融入当地的社会关系网络中。他们之间的信任没有民俗舆论的公正监督，当公司与农户的契约价格低于市场价格，农户会违约将农产品直接销售给市场；当契约价格比市场价格高时，公司会压低价格收购或者不履行协议收购。由于违约成本低，所以频繁出现农民违约，或公司侵占农民利益的现象。

---

① 参见中国农村研究网，http://www.ccrs.org.cn/data/upload/editer/file/2015/12/09/5667849c2ed83.pdf。

(3)中观层面：经济功能型的社会资本与贫困，主要体现为共同的经济目的（业缘）组织而成的关系，如经济互助组织（标会）、种养殖协会、农民专业合作社等，这类网络组织以广大农民家庭为基础，基于共同行业（产业），以市场为导向，实现村寨微观个体与市场、（国家）宏观政策融汇，能够调动贫困人口参与经济政治活动的积极性，提高民众的收入，活跃村寨经济。但目前民族村寨中村民们经济行为的"差序格局"还是以亲缘关系—地缘关系—业缘关系为主。木匠的亲戚很多都是木匠，村寨中有篾匠，那很多人都会篾匠活，但是要跨越地缘关系，形成业缘关系，形成产业组织却很困难。一方面原因是与民族生活习性有关，如许多的民族传统主要以狩猎为生，如苗族、黎族、藏族，长期以来他们靠山吃山，依靠大自然的馈赠；还有就是许多民族村寨远离乡镇、县市，参与实体市场交易成本高，通过外部市场搭建起关系网络较为困难。另一方面是村寨中缺乏社会资本网络的组织者（领导人）。20 世纪末在东部、中部就兴起了大量的农民专业合作社、农民专业合作联社、农业大户、农业公司，等等，但西部很多民族县乡，这类经济合作组织至今仍是寥寥无几。据官方统计，到 2014 年全国农民专业合作社 103.88 万家，但西部 12 个省只有 21.86 万家。①

如果我们将少数民族村寨社会资本看成微观、中观、宏观三个层次，目前基本已经具备了以血缘、宗教为关系纽带的、以家庭为个体的水平微观社会资本网络，但这种高整合低、链接的状态并没有让少数民族贫困人群参与到全国经济发展的大网络中。以个人→家庭→宗族→村寨，县党委→镇（乡）党委→村党支部→村支部小组垂直治理的宏观社会网络资本，看似高链接，但各节点整合程度低，贫困人群参与国家宏观政治经济程度低。而连接微观与宏观的"中观"层面的社会资本网络处于空缺状态（至少没有形成气候）。少数民族地区远离国家和地区的行政经济中心，属于中国经济的边缘地带，而民族村寨更是边缘的边缘。这种边缘不仅仅是经济收入的低下，更重要的是他们生产、生活关系网络的边缘。考察整个中国西部少数民族历史发现，其就是一部中国经济边缘化的历史（沈红，1995），对少数民族地区经济发展的助推是经济边缘化过程的逆行推动，

---

① 张利庠，刘训翰. 我国西部地区农民专业合作社发展的外部环境现状研究——基于西部 71 家合作社的问卷调查[J]. 农业经济与管理，2015(3)：44.

是提升贫困社会网络关系层次，让其生产生活"圈子"融入大众当中的过程。

## 本章小结

通过对现有贫困理论的述评，并借鉴分析了西南地区的贫困现状，发现西南地区的贫困人口分布特点为民族聚居地，居住环境山高谷深，远离地区经济发展的中心，处于边沿地带。

致贫的原因一方面是生产的地理条件恶劣，开发投资成本高，人均耕地面积少，出现农业资源的人口承载"超载"，通过 1991—2014 年贵州、广西、四川、重庆的第一产业人均产值与国家扶贫线相比，人均产值低于国家的扶贫线，表明整个第一产业人均产值还满足不了人们的基本需求。二是投资贫困，西南地区本身社会储蓄(积累)较低，加之金融机构成了贫困地区资金的"吸血"机器，吸走了贫困地区社会储蓄投向发达地区，使得本身就资本稀缺的贫困地区更是雪上加霜。表面原因在于贫困地区农村金融机构盈利目标与国家对贫困地区的金融扶持目标不一致。政府通过委托代理关系，委托农村金融机构帮扶贫困地区，提供融资服务，其行为带有"准公共产品"性质，但实际农村金融机构的行为是以盈利为目标的市场化行为，提供的服务是"市场化的商品"，贫困地区农户的融资市场存在分割。贫困地区资本外流或吸引外资能力差的根本原因，在于西南地区劳动力素质低于发达地区，使得人均资本产出低于发达地区，这一现象也即"卢卡斯之谜"。三是从可"参与的社会网络"资源看，西南的少数民族村寨社会资本结构，以血缘、宗教为关系纽带、以家庭为个体的水平微观社会资本网络存在"高整合低链接"。以个人→家庭→宗族→村寨，县党委→镇(乡)党委→村党支部→村支部小组垂直治理的宏观社会网络资本存在"高链接低整合"。而连接微观与宏观的"中观"层面的经济功能型的社会资本网络(如经济互助组织(标会)、种养殖协会、农民专业合作社等)处于空缺状态(至少没有形成气候)。

# 第4章 西南地区贫困测度

## 4.1 贫困人口的识别标准

关于贫困度量，首先必须得确定贫困线。贫困线是在对贫困认识的基础上，如何将贫困人口与非贫困人口区分开来。收入贫困线则是从满足生命个体的最低生存需要的货币量化，是识别贫困最基本的标准，也是测度贫困发生率的基础。

### 4.1.1 食物预算法

最早对贫困线研究的是罗恩特里（Rowntree）。他在《贫困：城镇生活的研究》中以约克镇为典型案例提出了绝对贫困线的概念。绝对贫困线由两个变量："收入"以及"维持基本生存的消费水平"的状况决定。绝对贫困实际上考虑的是人对物质的最基本需求，这里"基本需求"一是生理上对食物的需求，即食物贫困线。罗恩特里通过标准预算法，认为食物所含有的蛋白质、脂肪和碳水化合物最终转化为热量，因此生存所需要的食物可以用热量进行度量。假设 $K$ 表示总能量需求，$e_i$ 表示第 $i$ 种食物所包含的单位热量，$q_i$ 表示第 $i$ 种食物的消费量，所以就有：

$$K = \sum_{i=1}^{n} e_i q_i$$

这样就可以计算得到了食物贫困线。二是人除了生理食物营养需求外，还有其他维持基本生理的非食物需求，即非食物贫困线，非食物贫困线主要通过调查居民对非食物需求的种类，以及每一种非食物商品的价格与需求量，每一种价格与需求量的乘积即为每种非食物消费支出，所有非食物需求种类消费支出的总和就为非食物贫困线，将食物贫困与非食物贫困加总就得到了绝对贫困线。另外奥珊斯基(Orshansky)采用低成本食物支出计划(Low Cost Food Plan)、经济食物支出计划(Economy Food Plan)计算了食物贫困线，[1] 根据食物支出占总支出的比重求出总支出(即绝对贫困线)，但这一方法是以恩格尔定律(Engel's Law)为基础的(即家庭当中食物支出的比重占总支出的比重，如果一个家庭食物支出的比例越大则越贫困)。齐默尔(Zimmer-man)认为如果一个人或家庭的食物支出超过总收入的1/3即认为是贫困。普拉格等人(Praag et al.)对恩格尔函数进行了改进。[2] 他们认为食物的支出是总收入的函数，假定恰好处于绝对贫困线上的居民食物支出占总收入的比例为 $\vartheta$，则有：

$$\vartheta = \frac{c(y)}{y}$$

其中 $c$ 表示食物消费支出，$y$ 表示总收入，如果能够求解出总收入，就可以求出绝对贫困线。但是家庭规模的大小会直接影响家庭人均生活消费，通俗地讲，人口众多的家庭可以共享生活基层设施和一般的商品(服务)，家庭的规模经济会出现消费的节约。如四口和两口之家共用一盏照明灯的人均成本是不等的，所以必须考虑家庭规模。据此，食物消费占总收入的比重关系可以表示为：$\frac{c(y, f)}{y} = \vartheta$，其中 $f$ 表示家庭规模，假设家庭食物消费的函数为线性则可以为：

$$\ln(C) = \alpha + \beta_0 \ln(f) + \beta_1 \ln(y)$$

$$C(y, f) = \vartheta \cdot f$$

$$\ln(\vartheta) + \ln(y) = \alpha + \beta_0 \ln(f) + \beta_1 \ln(y)$$

$$\ln(y) = \frac{\alpha + \beta_0 \ln(f) - \ln(\vartheta)}{1 - \beta_1}$$

将上式整合就得到：

① Mollie Orshansky. Counting the Poor: Another Look at the Poverty Profile [J]. Social Security Bulletin, 1965(1): 28.

② Bernard Van Praag, Jan S Spit, Huib Stadt. A Comparison between the Food Ratio Poverty Line and the Leyden Poverty Line[J]. Review of Economics and Statistics, 1982(4): 64.

$$y = e^{\frac{\alpha + \beta_0 \ln(f) - \ln(\vartheta)}{1 - \beta_1}}$$  (4-1)

由公式(4-1)可知，只要能求出参数 $\alpha$ 和 $\beta$ 就可以知道收入的贫困线了，但这里对食物消费在总收入的比重($\vartheta$)会因人以及各地区间的差距会有所不同。

## 4.1.2  马丁法

世界贫困问题专家 Ravallion 在食物贫困线与非食物贫困线思想基础上提出马丁法测算贫困线。[1] 其基本思想是先确定基本食物需求后，选择参照对象的食物组合确定食物种类，进而确定各类食物的消费数量，食物的消费数量与相应食物价格的乘积即为食物消费支出，食物消费支出加上非食物支出就得到了贫困线，它有低贫困线和高贫困线两种标准。

低贫困线：通过那些恰好有能力达到食物贫困线支出的贫困户求出非食物支出。具体是恰好达到食物贫困线的贫困户的可支配收入 = 食物贫困线 = 食物支出部分+非食物支出部分，对于这部分贫困人群来说，他们的可支配收入刚好能满足基本食物营养需要，但是因社会生活需要他们必须放弃部分食物需求获得非食物品，这部分人群属于超级贫困户或特困户。通过特困户的非食物支出(即非食物贫困线)加上食物贫困线就为低贫困线。

高贫困线：是指其食物支出部分已经达到了食物贫困线，不需要放弃部分食物支出，获得非食物品。对于这部分贫困人群来说，他们的支出低于贫困线，高于食物贫困线。其非食物支出部分明显要大于特困户的非食物支出部分。如果按照特困户的非食物支出部分确定的低贫困线是有偏差的，所以应该要确定一条更高的贫困线才符合实际。高贫困线可以通过人均消费支出和食品消费支出间的拟合关系求得。马丁法的思想可以通过图 4-1 表达。[2]

在上图中 $Z_F$ 为食物贫困线，$Z_L$ 为低贫困线，$Z_U$ 为高贫困线，$Z_T$ 为特困户的生活支出，NF 为生活支出刚好达到食物贫困线的特困户的非食物支出，$N^*$ 和 $F^*$ 表

---

① Martin Ravallion. Poverty Lines in Theory and Practice[EB/OL]. (2012-03-10)[2019-11-12]. http://econ. world bank. org/external/default/main.

② Martin. Ravallion Poverty Lines in Theory and Practice World Bank Living Standards Measurement Study Working Paper No. 133. First Printing July.

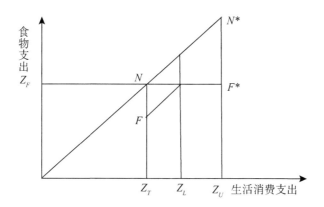

图 4-1　马丁法贫困线测定结构

线段为生活支出已经超过了食物贫困线的贫困户的非食物支出部分。那么则有：

低贫困线：$Z_L = Z_F + NF$

高贫困线：$Z_U = Z_F + N^* F^*$

马丁法贫困线超越了过去对非食物贫困线主观评价的随意性，通过数量模型测度特困户的非食物支作为非食物贫困线，显得更加科学合理。

## 4.1.3　社会指标法

以上贫困线主要通过预算测度满足人口基本需求支出，属于绝对贫困线。但是每个人的生活条件、环境差异较大，受社会的影响较为深刻。汤姆森（Townsend）摒弃了绝对贫困线的概念，提出相对贫困线。他认为个人、群体、家庭因资源财产约束不能获得各种饮食，不能参与各种社会活动，以及公认的居住条件，那么就处于贫困中。这种相对贫困的测度步骤如下：首先，征召贫困对象，由贫困对象根据生活经验确定生活必需品；然后，对公认的必需品进行讨论价格、数量进而计算出贫困线。具有代表性的是社会指标法，通过计算贫困群体的被剥削综合程度（Deprivation）而获得贫困线，也即是汤姆森指出的低于社会认可的资源。① 但这里涉及大众认可的必需品，才能作为剥削程度的指标，如高登

---

① Peter Townsend. Poverty in the United Kingdom：A Survey of Household Resources and Standards of Living[M]. Ewing，NJ：University of California Press，1979：75.

等(Gorden. et al)认为的，只有被50%以上的人认为必需品才能算为剥削品的剥削指标。[1] 德塞和沙阿(Desai and Shah)提出如下公式[2]：$\delta_{ij} = \delta(\theta_{ij}, \theta_i)$，其中$\theta_{ij}$表示群体中个体$j$拥有的第$i$必需品，$\theta_i$为众人认可的第$i$类必需品的拥有量。计算出贫困人口某一方面的剥削程度后，将所有必需品贫困的剥削程度加总，$D_i = \sum \lambda_i \delta_{ij}$，其中$\lambda_i$表示第$i$类必需品中，非剥夺人口占人口总数的比重，即第$i$类必需品在所有必需品中的权重，计算出所有必需品剥削程度加总以后就可得到贫困线。另外一种是扩展线性支出系统法(Extended Linear Expenditure System)，它也是依据居民所选的必需品，但与以上不同的是，它认为居民的日常消费已经把必需品和非必需品区分出来了，因此只需要根据居民的消费支出数据就可以算出贫困线。居民的消费支出主要由收入$(y)$和消费品价格$(p)$决定，表达式如下：

$$v_i = p_i r_i + u\beta_i(y - p_i r_i) \quad (i = 1, \cdots, n) \tag{4-2}$$

其中$0 < \beta_i < 1$，$\sum_{i=1}^{n} \beta_i = 1$，$v_i > p_i r_i$，第$i$类物品的消费支出$v_i$，$p_i$表示价格，$r_i$表示最低需求量。其思想是居民配置收入资源先满足最低需求量，然后剩余部分在不同的消费品之间进行分配。因此，生存需求最低额，即绝对贫困线为：$\bar{v} = \sum_{i=1}^{n} p_i r_i$，如果令$a_i = (1 - u\beta_i)p_i r_i$，$b_i = u\beta_i$，以上扩展模型就可表示为：

$$v_i = a_i + b_i y$$

通过线性回归求出$a_i$，$b_i$然后将$i$类消费品的回归系数加总：

$$\sum_{i=1}^{n} a_i = (1 - u) \sum_{i=1}^{n} p_i r_i, \quad \sum_{i=1}^{n} b_i = u,$$

这样绝对贫困线就为：$\bar{v} = \sum_{i=1}^{n} p_i r_i = \dfrac{\sum_{i=1}^{n} a_i}{(1 - u)} = \dfrac{\sum_{i=1}^{n} a_i}{\left(1 - \sum_{i=1}^{n} b_i\right)}$

---

① David Gordon et al. Poverty and Social Exclusion in Britain[M]. New York：Joseph Rowntree Foundation，2000：104.

② Meghnad Desai, Anup Shah. An Econometric Approach to the Measurement of Poverty[J]. Oxford Economic Papers，1988(3)：40.

### 4.1.4　1天1美元

1990 年为了比较各国的贫困线，世界银行通过对世界 36 个发展中国家和转型经济国家的贫困线进行比较，发现 12 个最贫困国家的标准集中在每人年收入为 275~370 美元。按照 1985 年购买力平价计算，370 元相当于一天 1 美元；按 1993 年的平价计算相当于 1 天 1.08 美元；2005 年相当于 1.25 美元。这种方法测算贫困标准非常简单方便，但它的不足之处在于各国的生活习惯不同，区域差距较大，测算的结论会有偏差。它有利于各国的贫困线比较，而要用到具体的扶贫标准则不宜。

除了以上的贫困线确定方法外，还有比例法与生活形态法。比例法有两种形式。一是收入等份比例法。它首先把居民按收入分成几等分，通常为 5 或 10 等分。确定总收入人口中贫困人口所占比重(5%或 10%)，得到最低家庭的贫困线。另一种是平均收入比例法。它是以一国或地区平均收入的一定比例作为贫困线(杨立雄，2010)。这种方法简单方便，但关键就在于这种比例不容易确定。国际上的惯例往往来源于发达国家，如经济合作与发展组织提出的以国家或地区收入的中位数平均收入的 50%~60%作为贫困线，这样的标准在许多发展中国家是不适用的。生活形态法(Life Style Method)则是从人们生活方式、消费行为入手，提出相关贫困形态问题，通过被调查者回答，然后选择出"剥夺指标"，根据剥夺指标和实际状况计算出贫困线。它的优点是将主观与贫困的客观对象融合起来，让社会大众来评判贫困标准，其不足是仅仅适用于小范围，同时，生活方式比较抽象，具体到每个人是不一样的，很难统一量化。

以上贫困线的测度方法各有优势和局限性，在实践过程中各国、各地区采用的方法也各不相同，即使是按照较为客观的食物需求标准测算，也是存在不同的，如表 4-1 所示，沈红等(1992)测算出中国不同地区粮食需求标准(按照每人每天 2400 卡路里能量需求折算出粮食需求)。

表 4-1　　　　全国部分省人均粮食需求标准（单位：公斤/（人·年））

| 地区 | 贫困者人均粮食消费 | 人均最低粮食消费 | 人均最低粮食需求 |
|---|---|---|---|
| 河北 | 192.3 | 216.8 | 250 |
| 内蒙古 | 196.8 | 217.9 | 250 |
| 贵州 | 196.8 | 217.9 | 250 |
| 甘肃 | 185.0 | 231.3 | 266 |

资料来源：沈红，周黎安，陈胜利. 边沿地带的小农——中国贫困化的微观解理[M]. 北京：人民出版社，1992：65.

同时，贫困线是动态变化的，其主要的原因如下。（1）物价变化，这是因为贫困线测度所参照的食物与非食物必需品的物价是随时变化的。一般来说，贫困线的物价调整会依据物价指数（CPI），也有的发达国家会采用城市居民消费价格指数，如美国。但依据 CPI 调整贫困线并不是一个很好的指标，这是因为物价的上涨对不同收入人群的影响是不同的，穷人与非穷人的消费品结构不一致，穷人的食物支出要大于非穷人，因此，朱晶（2010）建议采用农村贫困人口的 CPI 调整贫困线较为合理。（2）生活水平变化，物价与贫困线的联动只能保证贫困线的购买力不下降，但贫困线会随着当地生活水平的提高而变化。例如，随着生活水平的普遍提高，人们的必需品由低档品转向高档品，这样会导致生活成本的增加，导致贫困线的购买力下降，购买力的下降会让贫困人口感觉到被剥夺的程度加深。（3）调整周期，在计算贫困线的参照物，所谓"一篮子"商品价格与人们的收入有很强的关联敏感性。这种敏感性主要体现在收入价格弹性上，如果"一篮子"中的商品收入价格弹性大，也即是商品的价格对收入的敏感性较高，那贫困线的调整周期就短，反之则长。

中国的农村贫困线标准，先后在 1985 年、1990 年、1994 年、1997 年由国家统计局农村社会经济调查队，根据全国农村住户调查资料测定得出，但是调整周期明显较长。1985 年贫困人口标准人均年纯收入为 205 元，1990 年达到了 300 元，1994 年为 440 元，1997 年为 640 元，1999 年为 625 元。中国的农村贫困线在 2008 年以前实际上有两条国家确定的贫困线，一条是贫困标准，一条为低收入标准（如表 4-2 所示）。前一标准为极端贫困线，后一条为高贫困线，但也只是一种温饱标准。在 2007 年以前，中央政府一直采用低贫困线作为扶贫工作的标准，用于确定扶贫对象，分配中央扶贫资金。根据 2008 年十七大关于"逐步提高扶贫标准"的精神，中国政府正式采用低收入标准作为扶贫工作标准，将低收入标准作为国家贫困线。

表 4-2　　　　　中国历年农村贫困线和低收入线(单位：元/(人·年))

| 年份 | 2000 | 2001 | 2002 | 2006 | 2007 | 2008 | 2009 | 2010 | 2011 | 2012 | 2013 |
|------|------|------|------|------|------|------|------|------|------|------|------|
| 贫困线 | 625 | 630 | 627 | 693 | 785 | 1196 | — | — | — | — | — |
| 低收入线 | 865 | 872 | 869 | 958 | 1067 | 1196 | 1196 | 1274 | 1274 | 2300 | 2300 |

资料来源：国家统计局编.中国农村贫困监测报告[M].北京：中国统计出版社，2011：12.

如果按照 1 天 1 美元的贫困标准，我国 2005 年以前国内的贫困线相当于国际贫困线的 70%；直到 2012 年国内的贫困线才首次超过了国际贫困线。[1] 如果按照亚洲开发银行，通过亚太地区 9 个欠发达国家的贫困线均值，计算得出的 1.51 美元/天为标准贫困线，那么，我国 2012 年的贫困线也只相当于亚行建议标准的 60%(见图 4-2)。中国目前的贫困标准还是全国一条线，这里还是存在一定的误差，原因在于区域经济发展的不平衡，物价水平不同，饮食消费结构不同。

因为中国的贫困重点在农村，由此也忽略了城市的贫困，尤其是在西部欠发达地区。我国城市的贫困线常用低保线来衡量，也就是最低生活保障线，但这与农村贫困线存在本质的区别。其实，城市的低保对象真正从政府那里领到的救助金，并不是以低保标准表现出来的现金额，而是以低保标准下的人均收入，减去实际家庭人均收入后得到的"差额"，再乘以家庭成员人口数，救助金应该是"差额"。这个低保标准(人均可支配收入或工资收入)才是识别城市贫困人口的标准。但中国地区工资、消费水平差异较大，故此每个地区的城市低保标准不一

---

[1]　在 2000—2005 年用 1 美元一天贫困标准，2005 年后按照 1.25 美元一天贫困标准；2005 年以前按照 1993 年的货币购买力折算，2005 年后按照 2005 年的货币购买力折算，然后再依据中国居民生活消费价格指数更新(王晓琦，2015)。

致。但相关的研究文献表明，中国的低保标准较低。国际上较为认可的计算方法是欧盟标准，以人均收入的50%或人口中位数的60%为城市贫困标准，过高(如70%)或过低(如30%)都不适合。本书在测算城镇贫困人口相对贫困标准采用人均可支配收入的50%，认为这样较为合理。邓大洪(2003)通过对国家不同部门的数据整理，发现我国城市的贫困线2000年为人均年收入1875元，中国城市贫困课题组(2001)采用的人均年收入2300元，与当时的每天2美元相对应。本书认为西南地区的城镇居民生活水平低于全国水平，如果采用2美元每天的标准过高，所以下文在测算城市绝对贫困时采用邓大洪2000年每年人均收入1875元的城镇居民贫困标准。

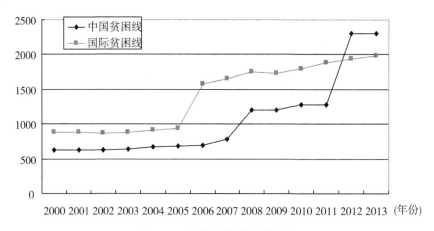

图 4-2 中国与国际贫困线比较

资料来源：中国人权研究室. 中国人权事业发展报告[M]. 北京：社会科学文献出版社，2013：59.

## 4.2 贫困测度方法

在通过贫困线识别出贫困人口，还要进一步测算出一个国家或地区的贫困率，但贫困率度量贫困状况需要满足一系列的社会规范要求。阿玛蒂亚·森(Sen)是该类方法的首创者，他倡导成立贫困指数公理。

(1)相关性公理(Focus Axiom)：贫困指数只与贫困人口数量相关而与非贫

困人口的收入分布无关。（2）弱单调性（Weak Monotonicity Axiom）与强单调性（Strong Monotonicity Axiom）：在其他条件不变情况下，任一穷人收入的减少，贫困指数都应该要提高，任一穷人的收入增加，贫困指数都应该降低。（3）弱转移性（Weak Transfer Axiom）与强转移性（Strong Transfer Axiom）："较穷"的穷人向"较富"的穷人转移收入，如果"较富"的穷人仍未脱贫（越过贫困线），贫困指数应该要提高；如果"较富"的穷人已经脱贫，贫困指数也应该提高，这其实说明贫困指数应该对穷人间收入的转移具有更强的敏感性（Weak Transfer Sensitivity Axiom）。（4）连续性（Continuity Axiom）：贫困指数函数应该是一个连续的函数，即贫困指数 $P(y, z)$ 关于 $y_i$ 是处处可导。也就是说，贫困人口收入的一个微小变化都会引起贫困指数的变化。（5）复制不变性（Replication Invariance Axiom）：初次收入分布的 $k$ 次复制后计算的贫困指数保持不变。（6）对称性（Symmetry Axiom），收入分布的排序不影响贫困指数。（7）可分解性（Decomposability Axiom）：总人口中不同类别人群的贫困度量加权，恰好等于全部人口的贫困程度。（8）贫困线上升性（Increasing Poverty Line Axiom）：贫困线的上升会引起贫困指数的上升。

以上公理性的核心是强调贫困指数对贫困人群收入变化的敏感性，是判断贫困指数是否科学的基本依据，在下文的益贫式增长判定的指标中也有很强的指导意义。

关于贫困指数。（1）贫困人头指数：一个国家（或地区）的贫困人口为 $q$ 地区总人口为 $n$，则贫困指数为：

$$H = \frac{q}{n}$$

这个指标较为简单方便，易于把握，适合于宏观上对某个国家（地区）的贫困判断。但是该指标仅仅反映了贫困人口占总人口的比例，信息量少，反映不出贫困人口的收入变化对贫困指数的影响。

（2）FGT 指数（Foster-Greer-Thorbecke Index）（Foster、Greer、Erik Thorbeeke，1984）：这是目前较为成熟的贫困度量工具。① FGT 指数的表达式为：

①　关于贫困指数类型可以参阅：张建华，陈立中．总量贫困测度研究述评[J]．经济学（季刊），2006(2)：675-694.

$$P_a = \int_0^z \left[\frac{z-x}{z}\right]^a f(x)\,\mathrm{d}x \qquad (4\text{-}3)$$

其中 $z$ 为贫困线，$f(x)$ 为收入分布概率密度函数，$x$ 为收入的随机变量，$a$ 为贫困厌恶系数。

当 $a=0$ 时，$P_0 = \int_0^z f(x)\,\mathrm{d}x = F(x) = H$，$F(x)$ 为收入 $X$ 的累计分布函数，即是传统的贫困指数，也叫人头指数，反映是贫困发生的广度，指数越大说明低于贫困线以下的人越多。

当 $a=1$ 时，$P_1(PG) = \int_0^z \left[\frac{z-x}{z}\right] f(x)^\partial\,\mathrm{d}x$ 表示贫困差距指数 $P_1$，反映的是贫困发生的深度，也即贫困人口离贫困线的距离（也叫作贫困的缺口），指数越大说明贫困人口平均距离贫困线越远。

当 $a=2$ 时，$P_2(SPG) = \int_0^z \left[\frac{z-x}{z}\right]^2 f(x)^\partial\,\mathrm{d}x$ 表示平方贫困距指数，反映贫困发生的强度。这里相当于赋予贫困人口在贫困测算中的权重，贫困权重越大，指数越高，脱贫的难度越大。

如果研究对象（贫困人群体）收入 $x$ 服从正态分布，均值为 $\mu$，标准差为 $\sigma$，可以借鉴洛伦曲线（函数）计算贫困指数，洛伦曲线（函数）是反映国民收入公平程度的，可以表示为：$L = L(P)$，$P$ 表示人口的累计比例，$L$ 表示收入的累计比例（Kakwani，1980）且满足 $L(0) = 0$，$L(1) = 1$；$L(0^+)' \geqslant 0$，$L(P)'' \geqslant 0$ 且 $P \in (0,1)$，也即 0% 的人拥有 0% 的收入比例，100% 的人拥有 100% 的收入。函数曲线是单调递增且凸的，基尼系数根据洛伦曲线的计算表达式为：$\mathrm{Gini} = 1 - 2\int_0^1 L(P, \varepsilon)$，$\varepsilon$ 为参数。对于收入分布函数，可以表示为：

$$P = F(x) = \int_0^x f(x)^\partial\,\mathrm{d}x \qquad (4\text{-}4)$$

指收入不大于 $x$ 的人口概率分布函数，假设所有人口平均收入为 $\mu$，则有：

$$\mu = \int_0^\infty x f(x)^\partial\,\mathrm{d}x \qquad (4\text{-}5)$$

则贫困人口的平均收入（$\mu_x$）与所有人口平均收入（$\mu$）之比则为：

$$F_1 = \frac{\mu_x}{\mu} = \frac{\int_0^x y f(y) \mathrm{d}y}{\mu}, \ 0 < F_1 < 1 \qquad (4\text{-}6)$$

对公式(4-6)求导可得：
$$\frac{\mathrm{d}F_1}{\mathrm{d}x} = \frac{xf(x)}{\mu} \qquad (4\text{-}7)$$

从公式(4-7)可以看出，$F_1$ 是单调递增函数，洛伦曲线函数反映的关系恰好是 $F(x)$ 与 $F_1(x)$ 之间的关系，对公式(4-4)和(4-6)求反函数可以得到：

$$L(P) = F(x)$$

$$P = F(x) = \int_0^x f(y)\mathrm{d}y \qquad (4\text{-}8)$$

$$\frac{\mathrm{d}F_1}{\mathrm{d}x} = \frac{\mathrm{d}L}{\mathrm{d}x} = \frac{xf(x)}{\mu} \ \text{与} \ \frac{\mathrm{d}L}{\mathrm{d}x} = \frac{\mathrm{d}L}{\mathrm{d}P} \cdot \frac{\mathrm{d}P}{\mathrm{d}x} = L(P)' \cdot f(x)$$

所以有：$L(P)' = \dfrac{x}{\mu}$；贫困指数 $L(H)' = \dfrac{z}{\mu}$

对于(4-3)式 $P_a = \int_0^z \left[ \dfrac{z-x}{z} \right]^a f(x)\mathrm{d}x$ 由(4-7)式可以得出，$x = L(P)'\mu$；(4-8)式可以得出 $\mathrm{d}P = f(y)\mathrm{d}y$，所以可以得出：

$$P_a = \int_0^H \left[ \frac{z - L(P)'\mu}{z} \right]^a \mathrm{d}P$$

$$P_0 = H = \frac{z}{\mu}$$

$$P_1 = PG = \int_0^H \left[ \frac{z - L(P)'\mu}{z} \right]^a \mathrm{d}P = H - \frac{z}{\mu}L(H)$$

$$P_2 = SPG = \int_0^H \left[ \frac{z - L(P)'\mu}{z} \right]^2 \mathrm{d}P = \int_0^H \left[ 1 - 2\frac{L(P)'\mu}{z} + \left( \frac{L(P)'\mu}{z} \right)^2 \right] \mathrm{d}P$$

$$= H - 2\frac{\mu}{z}L(H) - \left( \frac{\mu}{z} \right)^2 \int_0^H (L'(H))^2 \mathrm{d}P$$

所以，只要知道洛伦曲线函数 $L(H)$ 就可以求出基尼系数和 FGT 的数值，关于洛伦曲线的函数的表达式，主要有两类：Beta 模型(Kakwani，1980)和 GQ 模型(Villasenor and Arnold，1989)。GQ 模型的洛伦曲线函数表达式为：

$$L(1 - L) = a(P^2 - L) + bL(P - 1) + c(P - L)$$

基于 GQ 模型计算的 $H$、$PG$、$SPG$、基尼系数表达式为：

$$H = -\frac{1}{2m}\left[n + r\left(b + \frac{2z}{\mu}\right)\left(\left(b + \frac{2z}{\mu}\right)^2 - m\right)^{-\frac{1}{2}}\right]$$

$$PG = H - \left(\frac{\mu}{z}\right)L(H)$$

$$SPG = 2(PG) - H - \frac{\mu}{2}\left[aH + bL(H) - \frac{r}{16}\ln\left(\frac{1 - H/s_1}{1 - H/s_2}\right)\right]$$

基尼系数(Gini)当 m<0 时:

$$\text{Gini} = \frac{e}{2} - \frac{n(b+2)}{4m} + \frac{r^2}{8m\sqrt{-m}}\left[\sin^{-1}\frac{2m+n}{r} - \sin^{-1}\frac{n}{r}\right]$$

当 m>0, $\text{Gini} = \dfrac{e}{2} - \dfrac{n(b+2)}{4m} + \dfrac{r^2}{8m\sqrt{m}}\left[abs\left(\dfrac{2m + n + 2\sqrt{m}(a + c - 1)}{n - 2e\sqrt{m}}\right)\right]$

其中

$$e = -(a + b + c + 1),\quad m = b^2 - 4a,\quad n = 2be - 4c$$

$$r(n^2 - 4me^2)^{\frac{1}{2}},\quad s_1 = \frac{r - n}{2m},\quad s_2 = -\frac{r + n}{2m}$$

Beta 模型的洛伦曲线表达式为:

$$L(P) = P - \theta P^\gamma (1 - P)^\delta$$

基于 Beta 模型计算的 $H$、PG、SPG、基尼系数表达式为:

$$\theta H^\gamma (^1 - H)\delta\left[\frac{\gamma}{H} - \frac{\delta}{(1 - H)}\right] = 1 - \frac{z}{\mu}$$

$$PG = H - \frac{\mu}{z}L(H)$$

$$SPG = \left(1 - \frac{\mu}{z}\right)\left[2(PG) - (1 - \frac{\mu}{z})H\right]$$

$$+ \theta^2\left(\frac{\mu}{2}\right)^2\left[\begin{matrix}\gamma^2 B(H, 2\gamma - 1, 2\delta + 1) - 2\gamma\delta B(H, 2\gamma, 2\delta) \\ + \delta^2 B(H, 2\gamma + 1, 2\delta - 1)\end{matrix}\right]$$

基尼系数 $Gini = 2\theta B(1 + \gamma, 1 + \delta)$

其中

$$B(k, r, s) = \int_0^k P^{\gamma-1}(1 - P)^{S-1}\mathrm{d}p,\quad B(1 + \gamma, 1 + \delta) = \int_0^1 p^\gamma (1 - p)^\delta \mathrm{d}p$$

表 4-3 GQ 和 Beta 洛伦曲线的有效性标准条件

| 有效性标准 | GQ 洛伦曲线函数 | Bate 洛伦曲线函数 |
|---|---|---|
| $L(0;\pi) = 0$ | $e<0$ | 自动满足 |
| $L(1;\pi) = 1$ | $a+c \geqq 1$ | 自动满足 |
| $L'(0^+;\pi \geq 0)$ | $c \geqq 0$ | $L'(0.001,\theta,\gamma,\delta \geq 0)$ |
| $L'(0^+;\pi) \geq 1, p \in (0,1)$ | $m<0$ | $L''(P,\theta,\gamma,\delta) \geq 0$ |
| $L''(P)$ | $-\dfrac{b}{2} - \dfrac{(2mp+n)(mp^2+np+e^2)^{\frac{1}{2}}}{4}$ | $1 - \theta p^r(1-p)^\delta \left[ \dfrac{r}{p} - \dfrac{\delta}{(1-p)} \right]$ |
| $L''(P)$ | $\dfrac{\gamma^2(mp^2+np+e^2)^{-\frac{3}{2}}}{8}$ | $\theta p^r(1-p)^\delta \left[ \dfrac{r(1-r)}{p^2} + \dfrac{2r\delta}{p(1-p)} + \dfrac{\delta(1-\delta)}{(1-p)^2} \right]$ |

其中 $P$ 表示人口的百分比，$L(P)$ 表示相应百分比的人口的收入比例，这里 GQ 模型只需估计出 $a$，$b$，$c$ 就可知道洛伦函数，Beta 模型需对等式两边求对数转化为线性形式。在估计出 $\theta$、$\gamma$，较 GQ 模型要复杂一些，祝伟（2010）、蒋凯峰（2009），胡兵、胡宝娣、赖景生（2005）等通过估计，发现 GQ 模型模拟效果没有 Bate 理想。下文将借鉴 FGT 的工具对西南地区贵州、广西、四川、重庆的贫困进行测度采用 Bate 模型。

## 4.3 西南地区 FGT 贫困测度

目前关于贫困率，因为每个省的贫困标准（贫困线）不一致，因此有的省份没有具体公布贫困率，但就公布的状况来看，主要还是人头指数，用贫困人口比上全省或某个地区的总人口。用这种指标衡量贫困率还没有用贫困人口的绝对数衡量有价值，原因是人头指数的贫困指标仅仅只能代表贫困人口的比例，内含信息量少。这也是被阿玛蒂亚·森等经济学家批评的主要原因。

本书用 FGT 指数对西南地区广西、四川、贵州、重庆四省市整个农村、城镇的贫困率进行测度，受数据可获得限制没有对云南进行测度。数据来源为各省（区、市）历年《统计年鉴》中按照五等分（七等分）农村（城镇）居民的收入，四川

农村数据为 2003—2014 年，重庆农村数据为 2004—2014 年，贵州、广西为
2000—2014 年数据，所有农村数据 2014 年为农村居民可支配收入，其余年份为
农村居民纯收入；城镇居民全部为可支配收入。为了排除价格因素的影响，所有
数据以 2000 年为基期；按照各省总体消费价格指数，调整为 2000 年的价格水平
下的实际收入，具体见表 4-4、表 4-5 和表 4-6。

　　为了跟国家的扶贫标准和政策尽可能保持一致，农村贫困率测算：一是绝对
贫困率，绝对贫困线采用 2000 的农村低收入线为 865 元/人每年[1]；二是以农村
低收入线为贫困线的贫困率(即为国家每年公布的农村低收入线，2007 年后是国
家扶贫线)；三是测算农村的相对贫困率，以农村人均纯收入的 50% 作为相对贫
困线。

　　城镇居民贫困测算：一是相对贫困率，城市相对贫困线采用城镇居民人均可
支配收入的 50%；二是绝对贫困，贫困线采用的是 2000 年国家公布的城镇居民
贫困人口人均收入 1875 元。计算工具采用世界银行开发的 POVCAL 软件。[2]

　　通过表 4-4 居民消费价格总指数(CPI)可以看出，从 2000 年以来的 15 年间，
贵州、广西、四川的物价都高于全国物价总体水平。四个省(区、市)比较下来，
四川的物价最高，贵州、广西的物价居中，重庆物价较低。如果按照全国统一的
贫困线标准不作价格因素调整，那么，四川的实际贫困线偏低，重庆偏高。如果
体现在贫困率上，可能会导致四川的实际贫困率偏低，重庆的实际贫困率偏高，
出现统计上的误差。

　　在排除价格因素外，贵州与其他地区还有一不同之处。通过表 4-5 贵州、广
西的贫困线(价格调整后，单位为元)来看，2007 年以前，贵州 1/2 的农村居民
人均纯收入比国家扶贫低收入线还要低，也即是说如果在 2007 年以前用农村低

---

　　① 根据世界银行(2009 年)研究，按照 1 天 1 美元的国际贫困线标准，2003 年以农村价
格计算，相当于每人每年 888 元，折合为 2000 年相当于 878 元，与当时国家公布的农村低收
入线 865 元相近，本书以 865 元作为农村居民的绝对贫困线。
　　② 根据胡兵(2005)等人的研究发现，中国农村居民纯收入数据，GQ 模型没有 Bata 拟合
得好，本书运用 Bate 模型。

收入线作为绝对贫困线，反而会提高贫困标准，与其他三个省(区市)以及全国的农村贫困线相比有很大的反差。这也说明贵州与西南(或全国)其他省收入差距较大。

表 4-4  四省(区、市)居民消费价格总指数(CPI)

| 年份 | 贵州 | | 广西 | | 四川 | | 重庆 | | 全国 | |
|---|---|---|---|---|---|---|---|---|---|---|
| | 上一年=100 | 2000年=100 | 上一年=100 | 2000年=100 | 上一年=100 | 2000年=100 | 上一年=100 | 2000年=100 | 上一年=100 | 2000年=100 |
| 2000 | 99.5 | 100.00 | 99.7 | 100.00 | 100.10 | 100.00 | 96.7 | 100.00 | 100.40 | 100.00 |
| 2001 | 101.8 | 101.80 | 100.6 | 100.60 | 102.10 | 102.10 | 101.7 | 101.70 | 100.70 | 100.70 |
| 2002 | 99.0 | 100.78 | 99.1 | 99.69 | 99.70 | 101.79 | 99.6 | 101.29 | 99.20 | 99.89 |
| 2003 | 101.2 | 101.99 | 101.1 | 100.79 | 101.66 | 103.49 | 100.6 | 101.90 | 101.20 | 101.09 |
| 2004 | 104.0 | 106.07 | 104.40 | 105.23 | 104.89 | 108.55 | 103.7 | 105.67 | 103.90 | 105.04 |
| 2005 | 101.0 | 107.13 | 102.4 | 107.75 | 101.66 | 110.35 | 100.8 | 106.52 | 101.80 | 106.93 |
| 2006 | 101.7 | 108.95 | 101.3 | 109.15 | 102.30 | 112.89 | 102.4 | 109.07 | 101.50 | 108.53 |
| 2007 | 106.4 | 115.92 | 106.1 | 115.81 | 105.93 | 119.58 | 104.7 | 114.20 | 104.80 | 113.74 |
| 2008 | 107.6 | 124.73 | 107.8 | 124.84 | 105.07 | 125.64 | 105.6 | 120.59 | 105.90 | 120.45 |
| 2009 | 98.7 | 123.11 | 97.9 | 122.22 | 100.80 | 126.65 | 98.4 | 118.67 | 99.30 | 119.61 |
| 2010 | 102.9 | 126.68 | 103.0 | 125.89 | 103.18 | 130.67 | 103.2 | 122.46 | 103.30 | 123.55 |
| 2011 | 105.1 | 133.14 | 105.9 | 133.32 | 105.30 | 137.60 | 105.3 | 128.95 | 105.40 | 130.23 |
| 2012 | 102.7 | 136.73 | 103.2 | 137.58 | 102.50 | 141.04 | 102.6 | 132.31 | 102.60 | 133.61 |
| 2013 | 102.5 | 140.15 | 102.2 | 140.61 | 102.80 | 144.99 | 102.7 | 135.88 | 102.60 | 137.09 |
| 2014 | 102.4 | 143.51 | 102.1 | 143.56 | 101.60 | 147.31 | 101.8 | 138.26 | 102.00 | 139.83 |

资料来源：由各省历年《统计年鉴》整理得出。

表 4-5 贵州、广西贫困线(价格调整后,单位为元)

| 年份 | 贵州 | | | 广西 | | | 全国 | |
|---|---|---|---|---|---|---|---|---|
| | 农村相对贫困线:1/2 农村人均纯收入 | 城镇相对贫困线:1/2 城镇可支配收入 | 农村低收入贫困线 | 农村相对贫困线:1/2 农村人均纯收入 | 城镇相对贫困线:1/2 城镇可支配收入 | 农村低收入贫困线 | 农村绝对贫困线 | 城镇绝对贫困线 |
| 2000 | 687.08 | 2561.11 | 865.00 | 932.26 | 2917.22 | 865.00 | 865 | 1875 |
| 2001 | 693.38 | 2677.76 | 856.58 | 966.37 | 3312.99 | 866.80 | 865 | 1875 |
| 2002 | 739.17 | 2948.95 | 862.26 | 1009.38 | 3668.86 | 871.66 | 865 | 1875 |
| 2003 | 767.05 | 3220.33 | 864.78 | 1039.03 | 3861.94 | 875.08 | 865 | 1875 |
| 2004 | 811.51 | 3451.48 | 871.11 | 1095.37 | 3885.66 | 878.11 | 865 | 1875 |
| 2005 | 876.01 | 3804.24 | 881.16 | 1157.60 | 4137.68 | 876.09 | 865 | 1875 |
| 2006 | 910.77 | 4183.73 | 879.28 | 1269.10 | 4534.38 | 877.67 | 865 | 1875 |
| 2007 | 1023.92 | 4605.70 | 920.41 | 1391.95 | 5267.41 | 921.33 | 865 | 1875 |
| 2008 | 1121.14 | 4713.46 | 958.82 | 1477.96 | 5665.50 | 958.00 | 865 | 1875 |
| 2009 | 1220.57 | 5223.78 | 971.45 | 1628.36 | 6321.07 | 978.55 | 865 | 1875 |
| 2010 | 1370.30 | 5581.83 | 1005.64 | 1804.53 | 7443.96 | 1012.01 | 865 | 1875 |
| 2011 | 1556.69 | 6194.33 | 956.84 | 1962.00 | 7071.18 | 955.62 | 865 | 1875 |
| 2012 | 1737.96 | 6837.93 | 1682.01 | 2183.26 | 7720.04 | 1671.73 | 865 | 1875 |
| 2013 | 1938.51 | 7372.70 | 1640.99 | 2414.82 | 8900.11 | 1635.74 | 865 | 1875 |
| 2014 | 2324.28 | 7855.87 | 1602.66 | 3024.19 | 8591.88 | 1602.12 | 865 | 1875 |

表 4-6 四川、重庆贫困线(价格调整后,单位为元)

| 年份 | 贵州 | | | 广西 | | | 全国 | |
|---|---|---|---|---|---|---|---|---|
| | 农村相对贫困线:1/2 农村人均纯收入 | 城镇相对贫困线:1/2 城镇可支配收入 | 农村低收入贫困线 | 农村相对贫困线:1/2 农村人均纯收入 | 城镇相对贫困线:1/2 城镇可支配收入 | 农村低收入贫困线 | 农村绝对贫困线 | 城镇绝对贫困线 |
| 2000 | — | 2947.14 | 865.00 | — | 3137.99 | — | 865 | 1875 |
| 2001 | — | 3114.82 | 854.06 | — | 3304.37 | — | 865 | 1875 |
| 2002 | — | 3247.14 | 853.69 | — | 3572.83 | — | 865 | 1875 |

| 年份 | 贵州 | | | 广西 | | | 全国 | |
|---|---|---|---|---|---|---|---|---|
| | 农村相对贫困线：1/2 农村人均纯收入 | 城镇相对贫困线：1/2 城镇可支配收入 | 农村低收入贫困线 | 农村相对贫困线：1/2 农村人均纯收入 | 城镇相对贫困线：1/2 城镇可支配收入 | 农村低收入贫困线 | 农村绝对贫困线 | 城镇绝对贫困线 |
| 2003 | 1077.36 | 3402.12 | 852.28 | — | 3971.34 | — | 865 | 1875 |
| 2004 | 1188.57 | 3551.44 | 851.26 | 1187.84 | 4363.04 | 874.41 | 865 | 1875 |
| 2005 | 1269.98 | 3799.79 | 855.48 | 1318.72 | 4808.63 | 886.25 | 865 | 1875 |
| 2006 | 1329.83 | 4141.41 | 848.65 | 1317.39 | 5303.67 | 878.31 | 865 | 1875 |
| 2007 | 1483.01 | 4640.64 | 892.31 | 1536.47 | 6004.95 | 934.33 | 865 | 1875 |
| 2008 | 1640.05 | 5027.36 | 951.91 | 1710.78 | 6513.03 | 991.75 | 865 | 1875 |
| 2009 | 1761.60 | 5463.58 | 944.35 | 1886.97 | 7243.53 | 1007.88 | 865 | 1875 |
| 2010 | 1966.55 | 5915.89 | 974.95 | 2154.40 | 7798.20 | 1040.32 | 865 | 1875 |
| 2011 | 2226.94 | 6504.04 | 925.88 | 3265.35 | 7851.58 | 987.96 | 865 | 1875 |
| 2012 | 2481.94 | 7199.07 | 1630.75 | 2790.23 | 8679.95 | 1738.40 | 865 | 1875 |
| 2013 | 2722.63 | 7713.73 | 1586.34 | 3065.98 | 9278.91 | 1692.70 | 865 | 1875 |
| 2014 | 3172.85 | 9214.70 | 1561.35 | 3431.83 | 9094.06 | 1663.51 | 865 | 1875 |

根据各省统计年鉴中农村和城镇居民不同收入组的人均收入数据，采用世界银行开发的 POVCAL 软件计算出贵州、广西、四川、重庆农村与城镇居民的贫困率如下。

## 4.3.1 贵州贫困率

从表 4-7 贵州贫困率(%)所示可以看出：(1)贵州从 2000 年以来农村扶贫工作取得巨大的成就。从贫困广度指标人头指数(H)，贫困深度指标贫困距指数(PG)，贫困强度指标平方距指数(SPG)看，绝对贫困率除了在 2008 年人头贫困指数略有增幅外，其余年份都在逐年递减。贫困人头指数(H)从 2000 年的 23.54% 降到 2013 年的 1.72%，相比降低了近 22 个百分点，按照人均可支配收入测算的 2014 年 2.99% 与十年前相比也有了大幅度的降低；贫困距离指数(PG)

从2000年的5.91%降到2013年的0.77%；平方距指数(SPG)在2007年以前出现波幅，之后都在逐年下降，说明贫困程度得到了缓解。(2)农村低收入贫困，由于在2007年以后国家实行低收入线与绝对贫困线合并，以低收入线作为扶贫线，且贫困线两次大幅度调整(2007年、2010年)，低收入线的贫困率在2008年、2011年反增，但随后都出现了下降。与绝对贫困相比，在2007年以前低收入线贫困率与绝对贫困率差距较小，而在2007年以后，绝对贫困率加速下降。(3)城镇居民绝对贫困除了在2002年、2008年有一个大幅度上升外，其余年份三个贫困率指标都在逐年递减，2011年以后贫困发生率降低到了1%以下。(4)农村与城市的相对贫困率。农村相对贫困率的人头指数有上涨趋势，从2000年的11.96%，到2008—2010年达到了20%以上；贫困距离指数从2000年的2.91%到达2010年的6.21%峰值，之后出现下降；平方距离指数也在2010年达到了一个峰值。城镇居民与农村居民相比，三个贫困指标相对比较平稳，除了2000年外，贫困人头指数在15%~20%；贫困距离指数和平方距离指数在2002年出现峰值6.76%和3.9%，其余年份波动不到1%，各自维持在6%和3%以下。农村的相对贫困率在2006年、2007年几乎与城镇相对贫困率持平，在2008—2010之间超过了城镇相对贫困，从2010年后，两者三个贫困指标的差距不大。

表 4-7　　　　　　　　　　　贵州贫困率(%)

| 年份 | 农村绝对贫困率 | | | 农村低收入线贫困率 | | | 农村相对贫困率 | | | 城镇相对贫困率 | | | 城镇绝对贫困率 | | |
|---|---|---|---|---|---|---|---|---|---|---|---|---|---|---|---|
| | H | PG | SPG | H | PG | SPG | H | PG | SPG | H | PG | SPG | H | PG | SPG |
| 2000 | 23.54 | 5.91 | 2.42 | 23.54 | 5.91 | 2.42 | 11.96 | 2.91 | 1.29 | 9.33 | 2.26 | 1.04 | 3.17 | 0.94 | 0.60 |
| 2001 | 25.03 | 5.43 | 1.73 | 24.39 | 5.24 | 1.65 | 12.42 | 2.16 | 0.60 | 12.76 | 2.81 | 1.00 | 3.75 | 0.78 | 0.31 |
| 2002 | 20.86 | 5.25 | 2.31 | 20.67 | 5.20 | 2.29 | 12.91 | 3.30 | 1.60 | 19.84 | 6.67 | 3.90 | 7.25 | 3.04 | 2.59 |
| 2003 | 22.51 | 5.29 | 1.89 | 22.49 | 5.28 | 1.89 | 16.11 | 3.50 | 1.21 | 19.67 | 5.88 | 2.47 | 4.93 | 1.82 | 1.35 |
| 2004 | 17.79 | 4.30 | 1.72 | 18.15 | 4.40 | 1.75 | 14.77 | 3.51 | 1.42 | 15.56 | 3.95 | 1.64 | 2.31 | 0.71 | 0.44 |
| 2005 | 16.86 | 4.93 | 2.48 | 17.64 | 5.15 | 2.57 | 17.39 | 5.08 | 2.54 | 19.28 | 5.45 | 2.33 | 2.74 | 0.76 | 0.40 |
| 2006 | 14.14 | 3.95 | 1.96 | 14.77 | 4.12 | 2.03 | 16.22 | 4.52 | 2.19 | 16.94 | 4.34 | 1.55 | 1.48 | 0.54 | 0.42 |
| 2007 | 10.46 | 3.44 | 2.20 | 12.28 | 3.92 | 2.37 | 16.11 | 4.95 | 2.77 | 18.75 | 4.85 | 1.91 | 1.01 | 0.30 | 0.18 |

| 年份 | 农村绝对贫困率 | | | 农村低收入线贫困率 | | | 农村相对贫困率 | | | 城镇相对贫困率 | | | 城镇绝对贫困率 | | |
|---|---|---|---|---|---|---|---|---|---|---|---|---|---|---|---|
| | H | PG | SPG | H | PG | SPG | H | PG | SPG | H | PG | SPG | H | PG | SPG |
| 2008 | 10.84 | 3.02 | 1.44 | 14.06 | 3.94 | 1.82 | 20.18 | 5.84 | 2.65 | 18.19 | 5.43 | 2.65 | 1.93 | 0.93 | 0.94 |
| 2009 | 8.86 | 2.62 | 1.39 | 11.96 | 3.47 | 1.73 | 20.48 | 6.05 | 2.84 | 18.44 | 5.33 | 2.15 | 1.22 | 0.53 | 0.49 |
| 2010 | 6.68 | 2.15 | 1.31 | 9.89 | 3.00 | 1.63 | 20.74 | 6.21 | 2.99 | 18.6 | 5.39 | 2.41 | 1.06 | 0.46 | 0.41 |
| 2011 | 4.23 | 1.57 | 1.16 | 5.46 | 1.88 | 1.27 | 18.50 | 5.53 | 2.73 | 19.58 | 5.69 | 2.51 | 0.82 | 0.36 | 0.33 |
| 2012 | 2.57 | 0.96 | 0.74 | 15.92 | 4.43 | 2.06 | 17.25 | 4.83 | 2.22 | 16.86 | 4.73 | 2.15 | 0.70 | 0.45 | 0.63 |
| 2013 | 1.72 | 0.77 | 0.75 | 10.05 | 2.77 | 1.40 | 16.01 | 4.33 | 2.01 | 17.55 | 4.79 | 2.05 | 0.48 | 0.29 | 0.37 |
| 2014 | 2.99 | 2.31 | 3.94 | 8.47 | 3.71 | 3.24 | 18.26 | 6.61 | 4.23 | 18.41 | 5.68 | 2.77 | 0.85 | 0.63 | 0.99 |

注：表中 $H$ 表示人头贫困指数、贫困发生率（贫困广度指标），PG 表示贫困距指数（贫困深度指标），SPG 表示平方贫困距指数（贫困强度指标）。2014 年农村贫困率采用的数据为农村居民人均可支配数据，其余年份采用的是人均纯收入。城镇居民数据为可支配收入，以下各省市类同。

## 4.3.2 广西贫困率

如表 4-8 广西贫困率(%)所示可以看出：(1)广西农村绝对贫困的三个指标都在下降。贫困人头指数($H$)从 10.1%降到 0.52%；贫困距离指数从 2000 年、2001 年的 2.5%左右降到了 2013 年的 0.14%。(2)低收入贫困线贫困率。贫困广度指标(人头指数：$H$)在 2004 年以后大幅下降到了 5%，贫困深度指标(贫困距离指数：PG)2004 年以后下降到 2%以下；强度指标(平方距指数：SPG)波幅较大，最低在 2013 年 0.48%，最高时达到了 2012 年的 2.58%。(3)农村相对贫困率。三个指标人头指数、贫困距离指数、平方距离指数，在 2006 年以后都出现了不同程度地上涨。在 2008 年以前农村相对贫困人头指数低于城镇，之后城镇与农村该指标相互接近，贫困距离指数也呈现同样的趋势。(4)城镇相对贫困率。人头贫困指数在 2007 年以后出现了下降；贫困距离指数从 2000 年的 2.6%上涨到 2003 年的 6.8%之后出现了下降到达百分之三点几；平方距离指数出现波动状态，多数年份维持在 2%以下。城镇绝对贫困率，除了 2002 年、2003 年外，其余年份都较低，在 2006 年以后绝对贫困贫困的人头指数低于 1%。

表 4-8　　　　　　　　　　　　广西贫困率（%）

| 年份 | 农村绝对贫困 | | | 农村低收入线贫困率 | | | 农村相对贫困率 | | | 城镇相对贫困率 | | | 城镇绝对贫困率 | | |
|---|---|---|---|---|---|---|---|---|---|---|---|---|---|---|---|
| | H | PG | SPG | H | PG | SPG | H | PG | SPG | H | PG | SPG | H | PG | SPG |
| 2000 | 10.01 | 2.53 | 1.20 | 10.01 | 2.53 | 1.20 | 12.68 | 3.17 | 1.43 | 10.59 | 2.06 | 0.68 | 1.53 | 0.34 | 0.15 |
| 2001 | 8.50 | 2.66 | 1.72 | 8.56 | 2.67 | 1.72 | 11.79 | 3.44 | 1.98 | 13.14 | 2.97 | 1.11 | 1.65 | 0.45 | 0.25 |
| 2002 | 8.46 | 2.01 | 0.87 | 8.68 | 2.06 | 0.88 | 13.81 | 3.30 | 1.34 | 20.84 | 6.42 | 3.26 | 4.15 | 1.70 | 1.43 |
| 2003 | 8.75 | 2.27 | 1.06 | 9.06 | 2.35 | 1.09 | 14.84 | 3.84 | 1.67 | 21.60 | 6.80 | 3.01 | 3.84 | 1.68 | 1.52 |
| 2004 | 7.92 | 1.90 | 0.79 | 8.30 | 1.99 | 0.83 | 15.59 | 3.94 | 1.58 | 15.78 | 4.29 | 1.89 | 1.99 | 0.71 | 0.52 |
| 2005 | 4.89 | 1.56 | 1.04 | 5.07 | 1.61 | 1.05 | 11.66 | 3.18 | 1.61 | 19.47 | 5.36 | 2.21 | 1.87 | 0.50 | 0.26 |
| 2006 | 4.96 | 2.06 | 1.85 | 5.14 | 2.10 | 1.86 | 13.40 | 4.17 | 2.49 | 18.63 | 4.49 | 1.59 | 0.54 | 0.11 | 0.05 |
| 2007 | 4.60 | 1.54 | 1.01 | 5.45 | 1.75 | 1.08 | 15.96 | 4.62 | 2.23 | 19.29 | 4.90 | 1.84 | 0.47 | 0.13 | 0.07 |
| 2008 | 5.02 | 2.21 | 2.01 | 6.27 | 2.55 | 2.08 | 16.94 | 5.56 | 3.19 | 16.36 | 4.20 | 1.70 | 0.58 | 0.25 | 0.23 |
| 2009 | 2.27 | 0.72 | 0.47 | 2.79 | 0.84 | 0.51 | 15.56 | 4.03 | 1.71 | 16.08 | 3.89 | 1.47 | 0.30 | 0.13 | 0.13 |
| 2010 | 2.46 | 1.02 | 0.87 | 3.63 | 1.31 | 0.95 | 16.46 | 4.77 | 2.30 | 13.98 | 2.83 | 0.88 | 0.05 | 0.02 | 0.02 |
| 2011 | 3.66 | 1.61 | 1.40 | 4.51 | 1.85 | 1.46 | 21.07 | 7.01 | 3.67 | 15.36 | 3.79 | 1.54 | 0.37 | 0.24 | 0.34 |
| 2012 | 2.85 | 1.72 | 2.20 | 10.64 | 3.86 | 2.58 | 18.88 | 6.38 | 3.62 | 13.06 | 3.06 | 1.26 | 0.31 | 0.26 | 0.50 |
| 2013 | 0.52 | 0.14 | 0.08 | 6.45 | 1.35 | 0.48 | 19.08 | 4.95 | 1.89 | 16.48 | 3.89 | 1.51 | 0.23 | 0.19 | 0.33 |
| 2014 | 1.46 | 1.17 | 2.07 | 4.23 | 1.84 | 1.65 | 18.45 | 5.86 | 3.15 | 17.36 | 4.57 | 1.92 | 0.36 | 0.27 | 0.43 |

## 4.3.3　四川贫困率

四川贫困率如表 4-9 四川贫困率（%）所示，可以看出：（1）农村绝对贫困。三个指标从 2003 年开始都出现了不同程度的大幅度下降，下降趋势中在 2013 年出现了反弹。人头指数（H）从 2003 年的 5.8% 下降到 2013 年的 1.65%，十余年间降幅 4%；贫困距离指数（PG）从 2003 年的 1.44%，下降到 2013 年的 1.28%；

平方距离指数从 2003 年的 0.73% 下降到 2012 年的 0.14，2013 年出现反弹达到 2.21%。(2)农村低收入线贫困率。人头指数($H$)呈下降趋势。虽然伴随着国家三次低收入线的提高，但在 2011 年以前仍然是大幅度下降，并出现了三个不同阶段：2003—2005 三年在 3% 以上，2006—2011 年从 1.48% 下降到 0.92%，但在 2012 年以后又出现了大幅度上涨。贫困距离指数在 2003 年到 2008 年间直线下降，从 1.37% 下降到 0.17%，之后随着低收入线的提高，出现了上涨趋势，2013 年达到了 5.50%；平方距离指数，在 2008 年之前，低收入线没有大幅度调整，出现了直线下降，从 2009 年开始则出现了上涨的态势。(3)农村相对贫困率。三个指标在 2008 年之前总体是下降趋势，之后波动较大，有上涨趋势，在 2011 年以后超过了城镇居民相对贫困率。(4)城镇居民相对贫困率三个指标都有明显下降趋势。人头指数在 2000—2003 年上涨之后出现了下降，从 2002 年的 22.36% 下降到 2012 年的 13.98%；贫困距离指数从 2002 年的 8.17% 下降到 3.01%；平方距离指数从 2002 年的 5% 下降到 2012 年的 1.08%，降幅接近 5%。城镇居民绝对贫困率总体趋势在下降，在 2008 年以后贫困发生率下降到 1% 以下。从四川农村与城镇贫困的五个贫困线(农村绝对贫困、低收入贫困、相对贫困；城镇相对贫困、绝对贫困)下的贫困率来看，在 2003—2014 年，总体趋势都在下降，但在 2000—2003 和 2013 年后都出现了不同程度的上涨，时间段上，两头反增，中间递减。

表 4-9                    四川贫困率(%)

| 年份 | 农村绝对贫困率 | | | 农村低收入线贫困 | | | 农村相对贫困率 | | | 城镇相对贫困率 | | | 城镇绝对对贫困率 | | |
|---|---|---|---|---|---|---|---|---|---|---|---|---|---|---|---|
| | $H$ | PG | SPG | $H$ | PG | SPG | $H$ | PG | SPG | $H$ | PG | SPG | $H$ | PG | SPG |
| 2000 | — | — | — | — | — | — | — | — | — | 15.16 | 3.60 | 1.35 | 3.32 | 0.74 | 0.32 |
| 2001 | — | — | — | — | — | — | — | — | — | 15.52 | 3.43 | 1.17 | 2.22 | 0.44 | 0.17 |
| 2002 | — | — | — | — | — | — | — | — | — | 22.36 | 8.17 | 5.00 | 7.68 | 3.60 | 3.32 |
| 2003 | 5.68 | 1.44 | 0.73 | 5.39 | 1.37 | 0.71 | 12.25 | 2.87 | 1.22 | 22.23 | 6.85 | 2.88 | 5.58 | 1.50 | 0.70 |
| 2004 | 4.09 | 1.13 | 0.65 | 3.87 | 1.08 | 0.63 | 12.33 | 2.92 | 1.26 | 21.65 | 6.63 | 2.80 | 4.78 | 1.51 | 0.88 |
| 2005 | 3.14 | 0.78 | 0.40 | 3.01 | 0.76 | 0.39 | 12.81 | 2.86 | 1.10 | 19.06 | 5.70 | 2.76 | 3.27 | 1.26 | 0.98 |

续表

| 年份 | 农村绝对贫困率 | | | 农村低收入线贫困 | | | 农村相对贫困率 | | | 城镇相对贫困率 | | | 城镇绝对对贫困率 | | |
|------|------|------|------|------|------|------|------|------|------|------|------|------|------|------|------|
| | H | PG | SPG | H | PG | SPG | H | PG | SPG | H | PG | SPG | H | PG | SPG |
| 2006 | 1.61 | 0.37 | 0.18 | 1.48 | 0.35 | 0.17 | 10.48 | 2.04 | 0.69 | 18.70 | 5.69 | 2.88 | 2.78 | 1.29 | 1.25 |
| 2007 | 1.28 | 0.34 | 0.19 | 1.44 | 0.37 | 0.20 | 11.26 | 2.33 | 0.83 | 17.94 | 4.95 | 2.21 | 1.50 | 0.63 | 0.56 |
| 2008 | 0.48 | 0.12 | 0.07 | 0.72 | 0.17 | 0.08 | 9.81 | 1.76 | 0.54 | 17.44 | 4.48 | 1.81 | 0.82 | 0.31 | 0.25 |
| 2009 | 0.77 | 0.20 | 0.12 | 1.08 | 0.26 | 0.13 | 13.55 | 2.86 | 0.98 | 18.95 | 4.64 | 1.55 | 0.35 | 0.10 | 0.06 |
| 2010 | 0.96 | 0.29 | 0.18 | 1.46 | 0.39 | 0.22 | 16.69 | 4.00 | 1.51 | 15.03 | 3.68 | 1.46 | 0.45 | 0.22 | 0.24 |
| 2011 | 0.80 | 0.46 | 0.58 | 0.92 | 0.48 | 0.57 | 11.96 | 2.96 | 1.33 | 14.21 | 3.58 | 1.58 | 0.56 | 0.41 | 0.67 |
| 2012 | 0.47 | 0.18 | 0.14 | 7.78 | 1.73 | 0.66 | 16.44 | 4.00 | 1.52 | 13.98 | 3.01 | 1.08 | 0.18 | 0.11 | 0.15 |
| 2013 | 1.65 | 1.28 | 2.21 | 4.85 | 2.06 | 1.80 | 17.21 | 5.50 | 3.05 | 15.32 | 3.93 | 1.42 | 0.78 | 0.96 | 2.76 |
| 2014 | 4.05 | 5.12 | 14.1 | 7.44 | 5.34 | 7.85 | 21.49 | 9.64 | 7.52 | 14.61 | 3.42 | 1.31 | 0.22 | 0.16 | 0.25 |

## 4.3.4　重庆贫困率

重庆贫困率从表4-10可以看出：(1)农村绝对贫困。人头指数在2004—2007年出现下降，之后在2008年反增上扬，出现小高峰3.55%，随之下降；贫困距离指数与人头指数的变化趋势相似，在2008年、2009年出现上扬之后下降；平方距离指数在2007年以前维持在1%以下，2008—2010年在1%以上，2010年以后1%以下且逐年递减。(2)农村低收入线贫困率。人头指数随着贫困线三阶段调整后都出现反增上扬，之后都递减。2008年上调贫困线后，由2007年的3.57%上涨到2008年的4.88%之后递减，在2011年上调低收入贫困线后上涨到4.16%。贫困距离指数的波动较大，在2009年最高达到了1.94%，2013年最低为0.6%。平方距离指数在2008—2011年阶段较高，最高在2011年达到了3.35%，其他年份都在1%以下。(3)农村相对贫困。三个贫困指标在2004年都是最高的，分别是64.13%、21.90%、10.08%。2005年后出现了一个大幅度的降低，此阶段人头指数最高2012年为18.22%，最低2011年为3.12%。贫困距离指数在2009年达最高5.92%，2011年最低为1.03%。平方距离指数最高达到了 3.23%，最低达到了 0.97%，三个指标都处于波动状态。(4)城镇居民的相对贫困率。贫困的人头指数多数年份在 10% 以下，有明显的递减趋势，最低年份是 2000 年的 4.33%，贫困距离指数多数年份在 2% 以下。平方距离指数多数年份在 1% 以下。(5)城镇绝对贫困率。除了 2002 年贫困人头指数在 1% 以上外，其余年份都在 1% 以下，但贫困深度(贫困距离指数)与贫困人头指数靠得较近，甚至在 2008 年以后高过了人头指数。贫困强度(平方距指数)也比人头指数要高，在 2007 年达到了 2.48%，2013 年为 3.06%。从贫困率数据看重庆市城镇绝对贫困发生率较低，但深度贫困和贫困强度还存在。

表 4-10                                                     重庆贫困率( % )

| 年份 | 农村绝对贫困率 | | | 农村低收入线贫困 | | | 农村相对贫困率 | | | 城镇相对贫困率 | | | 城镇绝对对贫困率 | | |
|------|------|------|------|------|------|------|------|------|------|------|------|------|------|------|------|
|  | H | PG | SPG | H | PG | SPG | H | PG | SPG | H | PG | SPG | H | PG | SPG |
| 2000 | — | — | — | — | — | — | — | — | — | 4.33 | 0.46 | 0.09 | 0.06 | 0.01 | 0.00 |
| 2001 | — | — | — | — | — | — | — | — | — | 8.46 | 1.60 | 0.58 | 0.76 | 0.24 | 0.17 |
| 2002 | — | — | — | — | — | — | — | — | — | 15.75 | 3.54 | 1.34 | 1.51 | 0.46 | 0.29 |
| 2003 | — | — | — | — | — | — | — | — | — | 9.49 | 1.52 | 0.40 | 0.13 | 0.03 | 0.01 |
| 2004 | 4.04 | 1.02 | 0.51 | 4.20 | 1.05 | 0.52 | 12.29 | 2.84 | 1.14 | 9.77 | 2.27 | 1.02 | 0.73 | 0.40 | 0.50 |
| 2005 | 3.27 | 0.78 | 0.37 | 3.58 | 0.85 | 0.39 | 13.85 | 3.24 | 1.24 | 10.72 | 2.37 | 0.96 | 0.52 | 0.27 | 0.33 |
| 2006 | 3.28 | 0.74 | 0.32 | 3.48 | 0.78 | 0.33 | 14.19 | 3.27 | 1.21 | 8.43 | 2.03 | 1.01 | 0.53 | 0.42 | 0.80 |
| 2007 | 2.86 | 0.96 | 0.67 | 3.57 | 1.13 | 0.72 | 14.98 | 4.03 | 1.82 | 6.81 | 1.95 | 1.31 | 0.61 | 0.77 | 2.48 |
| 2008 | 3.55 | 1.45 | 1.19 | 4.88 | 1.80 | 1.29 | 17.72 | 5.52 | 2.81 | 6.71 | 1.70 | 0.65 | 0.41 | 0.48 | 1.41 |
| 2009 | 3.28 | 1.62 | 1.67 | 4.47 | 1.94 | 1.70 | 18.16 | 5.92 | 3.23 | 6.86 | 1.41 | 0.59 | 0.18 | 0.41 | 0.41 |
| 2010 | 1.91 | 1.13 | 1.45 | 2.71 | 1.32 | 1.38 | 15.50 | 4.75 | 2.54 | 5.03 | 1.20 | 0.65 | 0.23 | 0.33 | 1.16 |
| 2011 | 0.94 | 0.60 | 0.86 | 1.19 | 0.66 | 0.81 | 14.50 | 3.88 | 1.83 | 7.79 | 1.55 | 0.61 | 0.15 | 0.15 | 0.35 |
| 2012 | 0.84 | 0.46 | 0.54 | 4.92 | 1.43 | 0.80 | 18.22 | 5.01 | 2.22 | 7.77 | 1.64 | 0.67 | 0.16 | 0.19 | 0.51 |
| 2013 | 0.37 | 0.22 | 0.29 | 2.06 | 0.60 | 0.36 | 15.17 | 3.65 | 1.45 | 9.96 | 2.71 | 1.51 | 0.49 | 0.79 | 3.06 |
| 2014 | 0.57 | 0.45 | 0.80 | 4.90 | 1.47 | 0.87 | 15.36 | 4.13 | 1.88 | 12.12 | 3.18 | 1.52 | 0.42 | 0.51 | 1.40 |

## 4.4　贵、桂、川、渝贫困率比较

下文通过四个省(区、市)的农村居民贫困率与城镇居民的贫困率进行比较。由于 2014 年的农村贫困率由农村居民可支配收入分组数据计算所得,而其他年份为人均纯收入分组数据计算所得,为了比较口径的统一,所以采用截止时间为 2013 年以前的人均纯收入计算的贫困率进行比较。

### 4.4.1　农村贫困率比较

(1)绝对贫困率。图 4-3、图 4-4 和图 4-5 所示,四个省(区、市)绝对贫困的贫困广度(人头指数:$H$)、贫困的深度(贫困距离指数:PG)都在下降。贵州的贫困发生率最广,贫困程度最深;其次是广西。但是,绝对贫困率下降速度最快的也是贵州。从贫困强度看(平方距指数:SPG),贵州在 2005 年以后下降趋势非常明显。四川的贫困强度最低,但 2013 年出现了反弹;重庆在 2009 年出现了一峰值后呈现递减趋势。

图 4-3　四省(区、市)农村绝对贫困人头指数($H$)

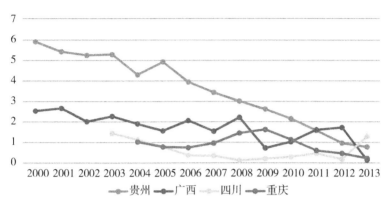

图 4-4 四省(区、市)农村绝对贫困距离指数(PG)

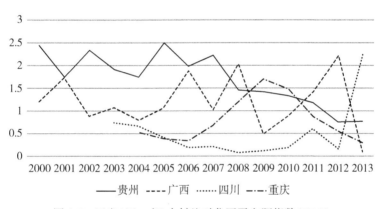

图 4-5 四省(区、市)农村绝对贫困平方距指数(SPG)

(2)低收入线贫困率。如图 4-6、图 4-7、图 4-8 所示。按照当前国家低收入扶贫线,三个指数中,贵州还是最高的,但降幅最快。到 2011 年后与其他三个省(市、区)交织在一起。四川与其他省相比,贫困人头指数处于低位,但在 2013 年平方距指数出现了一个大幅度上升,超过了其他三个省(市、区)。从人头指数和贫困距指数看,贵州与其他三个省(市、区)比较,2011 年以前差距较大,但随着减贫速度的加快,差距逐年降低。2011 年与广西接近。平方距指数只有贵州出现了小幅下降的趋势。

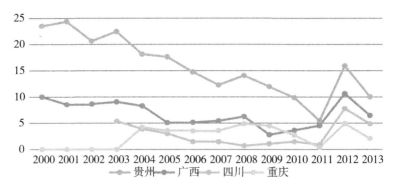

图 4-6　农村居民低收入线贫困人头指数($H$)

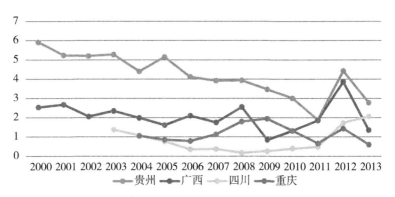

图 4-7　农村居民低收入线贫困距指数(PG)

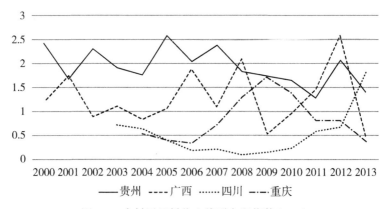

图 4-8　农村居民低收入线平方距指数(SPG)

（3）相对贫困率。如图4-9、图4-10、图4-11所示。从四个省（区、市）农村相对贫困比较可以发现，重庆的贫困广度和贫困深度指标低于贵州、广西、四川，但贫困强度指标（SPG）却始终最大。四个省（区、市）的贫困发生率（人头指数：$H$）在15%线上下波动，有上升趋势。贫困距指数从2000年以来有上升趋势，这表明西南地区的相对贫困深度有进一步加深的趋势。2006年以前相对贫困率还维持在3%上下，而在2006年以后，已经超过了4%。相对贫困的贫困强度（平方距指数）在2011年以前有加强的趋势，但2011年后在减弱。

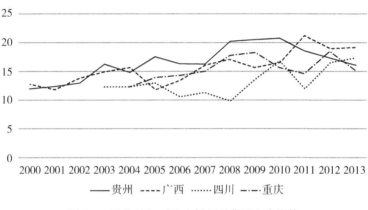

图4-9　四省（区、市）农村相对贫困人头指数

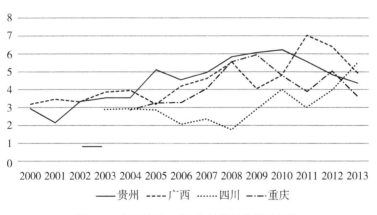

图4-10　四省（区、市）农村相对贫困距指数

图 4-11　农村相对贫困平方距指数(SPG)

## 4.4.2　城镇贫困率比较

(1)城镇居民相对贫困。如图 4-12、图 4-13、图 4-14 所示，可以看出，在 2012 年以前，重庆的三个指标都要低于贵州、广西、四川，也即是说重庆城镇居民的相对贫困是较轻的。从三个指标的变化趋势看，四个省(区、市)在 2000 年、2001 年、2002 年，三年呈现递增趋势；2003 年出现略微下滑，而在 2013 年后又开始上扬。贵州、广西、四川的城镇居民相对贫困发生率(人头指数：$H$)在 15%~20%，贫困深度(贫困距指数：PG)多数年份在 5%上下波动，贫困强度(平方距指数：SPG)在 2%上下波动。

(2)城镇居民绝对贫困。如图 4-15、图 4-16、图 4-17 所示。四个省(区、市)在 2000 年以来的十五年中，反映城镇居民绝对贫困的贫困人头指数、贫困距离指数都在递减；重庆城镇居民绝对贫困的人头指数最低。贵州 2007 年以前人头指数低于四川，之后高于四川；贫困强度指数四川、重庆的波动较大，在 2010 年以后有上扬趋势。

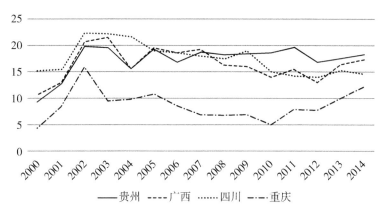

图 4-12　四省(区、市)城镇相对贫困人头指数($H$)

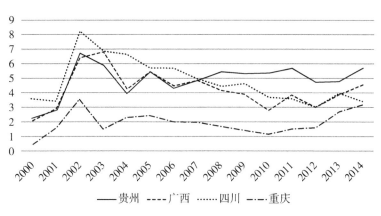

图 4-13　四省(区、市)城镇居民相对贫困指数(PG)

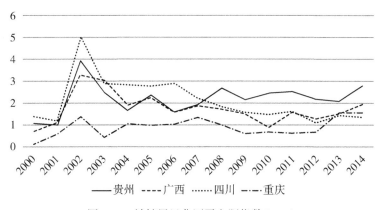

图 4-14　城镇居民贫困平方距指数(SPG)

图 4-15  四省(区、市)城镇居民绝对贫困人头指数($H$)

图 4-16  四省(区、市)城镇居民绝对贫困距指数(PG)

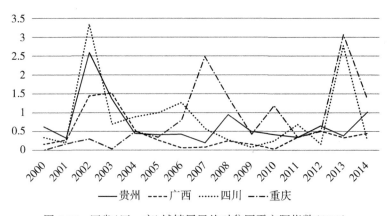

图 4-17  四省(区、市)城镇居民绝对贫困平方距指数(SPG)

## 本章小结

通过对四个省(区、市)贫困率的比较，可以看出：(1)按照绝对贫困线(农村865元/(人·每年)，城镇1875元/(人·每年))和国家的扶贫线测算，贵州的贫困在以前是最严重的，但是，从2000年以来，经过10多年的减贫，目前贵州与其他三个省(区、市)的贫困程度接近，在此期间减贫速度为最快。不过，按照当前的扶贫线标准，贵州在四个省(区、市)中，贫困发生率依然最高。所以说"精准扶贫"看贵州，贵州是国家扶贫攻坚的重点与难点，这也符合国家的政策导向。(2)四个省(区、市)的贫困重点在农村和城镇居民的相对贫困。从相对贫困发生率看，农村和城镇的人头指数都在15%以上，农村居民的相对贫困还有上升趋势，也即是说有15%以上的农村人口生活水准还达不到社会平均水平的一半。提高这部分人的收入水平可能是未来减贫的重心，而且相对贫困的深度指数(PG)和贫困强度指数(SPG)波动不大。农村的相对贫困还有上升趋势，这说明未来的减贫将越来越难。(3)按照国家的农村低收入扶贫标准，贫困发生率($H$)、贫困深度(PG)除了贵州在2011年以前减速明显外，其他三个省(市、区)变化微小，贫困的强度(SPG)没有明显的下降趋势。这说明过去的经济增长对深度或强度贫困的人群影响力不够，深度和强度贫困人口脱贫的难度很大。(4)城镇的绝对贫困目前已基本消除，但"顽固"的深度贫困人群仍然存在，且还有上升趋势。四个地区比较起来看，城镇的相对贫困有"稳中走低"的趋势。(5)西南四省(区、市)的贫困对宏观经济的敏感性较强。2002年国家正式出台了西部大开发的一系列措施，因此，2002年以后多个贫困率指标都有较为明显的下降。但是，在2008年金融危机前后，四个地区的贫困率又出现了不同程度的上升；2011年以来，由于宏观经济低迷，影响因素复杂，各省也出现了贫困率不同程度的波动。

# 第5章 西南地区益贫式增长评价

## 5.1 益贫式增长内涵

1997年，"益贫式增长"概念首次出现在英国的国际发展白皮书中。2000年，世界银行(World Bank)发布的世界发展报告中明确提出了益贫式增长的概念，并指出要以此为依据来制定世界银行的减贫政策并指导各国的减贫实践。国际经合组织(Organization for Economic Cooperation and Development，OECD，2001)将益贫式增长定义为，使穷人从经济增长中显著受益并获得提高其经济地位的机会。亚洲开发银行(Asian Development Bank，1999)则指出：当劳动力被吸收，贫困缓解，穷人、特别是女性和其他被排斥群体的收入和就业有所改善时，这种增长将是益贫的。2007年，亚洲开发银行在知名人士的小组报告中，再次定义益贫式增长是有利于较穷的人参与且不断扩大市场机会，重点强调提高卫生保健、教育和基础设施等基本服务。关于益贫式增长的定义较多，通俗地说就是有利于穷人的经济增长方式。但是，仔细推敲，这还是一个不太严格的概念，因为贫困本身就是一个很宽泛的范畴，有收入贫困、精神贫困、文化贫困，等等。此外，它还没有区分益贫式增长与非益贫式增长具体的判断标准。从现有文献看，益贫式增长又可分为相对益贫和绝对益贫，一阶段益贫和二阶段益贫等。

### 5.1.1 绝对与相对益贫增长

(1)绝对益贫式增长。这主要有两种思路。第一种思路是，经济增长使穷人获益的增量大于零的经济增长(OECD，2004)。它强调经济增长使穷人的获得有所增加，但没有考虑收入分配，这实际上还是"滴漏式增长"的思路，因为相同时间里富人获得的绝对财富额度可能要远远超过穷人（Kakwani、Son，2007）。这种益贫增长方式通常只要有经济增长都有可能实现，对于扶贫的政策指导没有太大的意义。第二种思路是，在经济增长总量中，穷人因经济增长获得的绝对收益份额等于或大于非穷人的收益份额，比如社会经济增长的量为1，其中穷人获得了2/3，非穷人获得了1/3（White、Anderson，2000）。这种对益贫式增长的要求较高，在现实中要做到则有较大的困难，可看作"超级益贫"增长。

（2）相对益贫式增长。这是指经济增长让穷人的收益增长比例（收入增长率）超过了非穷人，与绝对益贫增长中"超级益贫"增长不同在于穷人的收入增长率大于非穷人的增长率。它意味着在令贫困减少的同时，相对不平等状况也得到了改善。聚焦点是经济增长的总额当中，穷人与富人的分配比例，如果穷人获得比例大于或等于非穷人的为益贫式增长。如亚洲开发银行将其定义为，使穷人收入的增长水平超过平均增长水平的经济增长为益贫式的经济增长（White，Aderson）。按照这个定义可以将其表述为下式：$y_t > y_{t-1} > y_t^P > y_{t-1}^P$，分别表示穷人报告期收入，穷人基期收入，全社会报告期收入，全社会基期收入，且有 $y_t > y_{t-1} > y_t^P > y_{t-1}^p$ 则：

$$\frac{y_t^P - y_{t-1}^P}{y_{t-1}^P} > \frac{y_t - y_{t-1}}{y_{t-1}} \tag{5-1}$$

不等式两边同时乘以 $\dfrac{y_{t-1}^P}{y_t - y_{t-1}}$ 则有：

$$\frac{y_t^P - y_{t-1}^P}{y_t - y_{t-1}} > \frac{y_{t-1}^p}{y_{t-1}} \tag{5-2}$$

公式（5-1）表示穷人的经济增长率大于社会平均经济增率；公式（5-2）则表示在经济增长过程中穷人从增长份额中获得的绝对量占全社会经济增长总量的比例，大于上期穷人收入总额占社会总收入的比例，也就是在实现经济增长过程中穷人与非穷人的收入差距在慢慢地缩小，具有累进税的效果。在此基础上 White 和 Aderson 还提出了一种更为严格的定义：要求收入增长中归于穷人的比例要大于其人口比重。假设穷人人口为 $N^p$，社会总人口为 $N$，表达式可以为：

$$\frac{y_t^P - y_{t-1}^P}{y_t - y_{t-1}} > \frac{N^P}{N} \tag{5-3}$$

公式(5-3)不等式两边同时乘以 $\dfrac{y_t - y_{t-1}}{N^P}$ 可得：

$$\frac{y_t^P - y_{t-1}^P}{N^P} > \frac{y_t - y_{t-1}}{N}$$

$$\frac{y_t^P}{N^P} - \frac{y_{t-1}^P}{N^P} > \frac{y_t}{N} - \frac{y_{t-1}}{N}$$

$$\frac{y_{t-1}}{N} - \frac{y_{t-1}^P}{N^P} > \frac{y_t}{N} - \frac{y_t^P}{N^P} \tag{5-4}$$

通过公式(5-4)可以发现穷人的人均收入 $\left(\dfrac{y_t^P}{N^P}\right)$ 与社会人均收入 $\left(\dfrac{y_t}{N}\right)$ 的差在慢慢缩小，[1] 按照这样的经济增长，表明穷人与富人之间的人均收入的差距也是在慢慢地缩小，这相应的增长就是益贫经济增长(蔡荣鑫，2010)。以上几种益贫的增长方式，其思路本质上都在强调经济增长要偏向于穷人，可用图 5-1 表示。

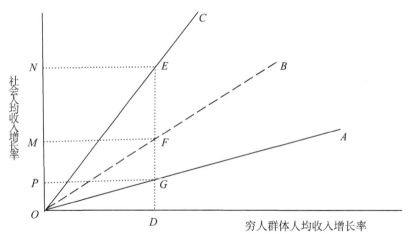

图 5-1　相对益贫式增长

图 5-1 中，横轴表示穷人的人均收入增长率，纵轴表示社会的人均收入增长率，国家(或地区)经济增长有三种路径。OB 是一条 45°线，只有位于 45°线以下

---

①　这里假设了穷人的人均收入一直低于社会人均收入。

的区域增长路径才是益贫式增长如 OA；45°线以上的区域是非益贫增长如 OC。其原因在于，如果穷人的人均增长率为 OD，当增长为 OA 路径时，社会的人均增长率为 OP，很明显 OD>OP，经济增长过程更偏向于穷人；当增长路径沿着 OB 时，OM＝OD 属于中性增长，穷人获得平均增长水平的利益；当增长路径沿着 OC 时，OD<ON 属于非益贫性的增长。这种观点比较强调社会的平等，在实践中往往会得出次优的选择(刘畅，2010)。例如，社会人均增长率为1%，贫困群体人均增长率为2%，这是益贫的；如果社会人均增长率为4%，穷人群体的人均增长率为3%，则是非益贫的。甚至如果全社会经济增长出现"零增长"，只要穷人的增长为正，也算是益贫的(这时说明社会经济运行出现富人的财富转移给了穷人，社会只发生了收入分配改善，而经济整体没有增长)。

## 5.1.2 一阶与二阶益贫增长

以上益贫增长的概念实际上把整个穷人群体看成了一个整体，没有对贫困群体按照贫困程度进行细分。根据贫困对象层次的不同，Jean-Yves Duclos(2008)将益贫式增长分为两阶段。一阶段是当所有分位数穷人(贫困人群中不同程度)的增长都超过了平均增长，这可看作是益贫式增长。但是，这个观点里有一种被误判为"非益贫"增长方式的情形。假如不是所有相应分位数穷人的增长都超过了社会的平均增长(比如贫困线下较富裕的25%穷人没有超过平均增长)，但整个贫困线下的穷人群体增长超过了社会的平均增长。如果按照以上的理论将会被认为是非益贫的；但实际上最穷人群的福利改善的外部效应要大于较富人群收入下降带来的外部效应。这在实践中有可能出现"较富裕的穷人"转移收入给"最穷的穷人"，整个社会的贫困状况是改善的，这种增长也应该视为益贫的(周华，2014)。二阶段益贫式增长认为，只要穷人整体以及其中较贫困群体(穷人中的穷人)的福利增长率大于社会平均增长率，则该增长方式即可判定为益贫。这里一阶段益贫增长满足了贫困测度中阿玛蒂亚·森的贫困公理的单调性、匿名性、人口不变性、益贫中性定理，但未满足分配敏感性；而二阶段的益贫则强调了分配的敏感性。

Jean-YvesDuclos 假设益贫增长的评价函数为 $W(y^1, y^2, g; z) = P^*(y^2, 1+g; z) - P(y^1; z)$，其中 $P^*(y^2, 1+g; z)$ 和 $P(y^1; z)$ 被认为是报告期和基期的

"脱贫成本(ill-fare)"，$y$ 表示贫困人口收入(或消费)，$y^1 = (y_1^1\ y_2^1 \cdots y_{n1}^1)$、$y^2 = (y_1^2\ y_2^2 \cdots y_{n2}^2)$，分别表示基期与报告期的数列，$1+g$ 为民众生活福利的改善，$z$ 为贫困线。如果 $W(y^1, y^2, g; z) \leqslant 0$ 表示从基期到报告期是益贫的(脱贫的成本降低了)。一阶益贫式函数 $W(y^1, y^2, g; z)$ 在满足相关要求下，令 $F^1(z)$ 为基期的贫困指数，$\overline{F^2}(z)$ 为全社会经历 $g$ 的增长以后报告期的贫困指数，如图 5-2(一阶益贫增长判定图)所示，当且仅当 $z \leqslant z*$，$\overline{F^2}(z) \leqslant F'(z)$，才可以进一步用 $W(y^1, y^2, g; z)$ 判断是否是一阶益贫的。也即是说贫困线$(z)$下的穷人，所有分位点$(P)$人口收入 $y(p)$ 增长率至少要等于全社会的收入增长率 $g$，即 $\dfrac{y(p)^2 - y(p)^1}{y(p)^1}$，只有在这样的条件下才能进一步判定是否益贫。

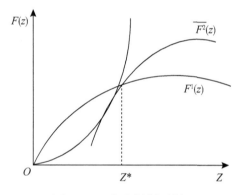

图 5-2　一阶益贫增长判定

　　二阶段的益贫增长判定放宽了一阶的条件，更强调对"穷人中的穷人"的关注，因为实践中"穷人中的穷人"的增长率效应，有时足以抵消增长率低于社会增长率 $g$ 的"穷人中的富人"收入增长率。$y$ 与 $y*$ 表示相同的目标群实施不同的分配方案所得到的结果，即：

$$y^1(1 + g) = y, \quad y^1(1 + g^*) = y^*; \quad W(y^1, y, g, z) = W(y^1, y^*, g^*, z)$$

$$(5-5)$$

　　两种不同分配方式下个体福利改善的绝对水平不同，但相对水平是一致的；个体在整个社会中的排位没有发生变化，但益贫的结果是一致的，这就是益贫的

相对性公理。进一步假设，贫困人口由小到大排序后的收入(或其他福利指标)向量$(y)$，$y^* = (y_1, \cdots y_j+\varepsilon\cdots, y_k-\varepsilon\cdots, y_n)$，基期与报告期收入变动指标$(\varepsilon)$，且有$\varepsilon \leqslant |y_k - y_j|$，如果$\varepsilon > 0$，$W(y^1, y, g, z) \geqslant W(y^1, y^*, g^*, z)$表示收入向量$(y)$越大越好；如果$\varepsilon < 0$，$W(y^1, y, g, z) \leqslant W(y^1, y^*, g^*, z)$表示收入向量$(y)$越小越好，这就是益贫的分配敏感性，它聚焦"穷人中的穷人"，强调他们对分配的敏感。Jean-Yves Duclos 定义贫困距指标：$D^j(z) = $

$\dfrac{\sum_{i=1}^{n_j} \dfrac{(z - y_i^j)}{z} I(y_i^j \leqslant z)}{n_j}$；其中$I(y_i^j \leqslant z)$表示，当$y \leqslant 0$时，$I = 1$，当$y \geqslant 1$，$I = $

0。表示贫困线下相应分位点$P$的贫困人口与贫困线的平均距离，则累计贫困距可以表述为$G^j(p; z) = \int_0^p d^j(q; z)^{\partial} dq$，其中$d^j(q, z)$表示人均贫困距离的分布密度函数，累计贫困距表示贫困线下，分位点$p$人口与贫困线的距离。那么基期与报告期益贫效果比较，就可以用两期相应分位点$p$人口的累计贫困距进行比较，如图5-3(二阶段益贫式增长判定条件)假设贫困线$z \in [0, z^+]$，表示贫困线处于一定的条件下(不能无限制)，只有当报告期贫困人口的累计贫困距小于等于基期累距贫困距$(G^2(z) \leqslant G^1(z))$时，才可以进一步用益贫评价函数$W(y^1, y^2, g; z)$判断过往经济增长是否二阶段益贫。

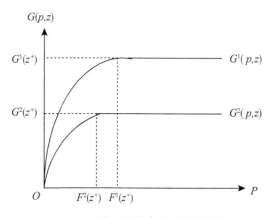

图 5-3  二阶段益贫式增长判定条件

一阶段与二阶段益贫的判定，前者强调整体益贫效果；后者强调"穷人中的穷人"益贫效果，因而放松了对益贫判断的要求，涵盖的范围更广。同时，两者都将益贫增长看作进一步判断的条件，是在对益增长判断的深化。但对于具体的益贫评价函数没有给出具体的形式，国内周华(2014)在此基础上提出用恩格尔系数作为福利指标函数来评价穷人益贫效果的真实福利状况改善变化。益贫式增长所关注的经济增长、收入分配不平等、贫困三者的关系如图 5-4 所示。

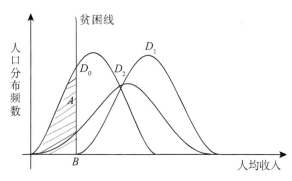

图 5-4　经济增长、不平等与贫困

假设人口总数为 1，人口在初始期分布为 $D_0$，整个社会的贫困发生率为($S_A$ + $S_B$)/1，当收入分配不发生变化时，经济增长使得人均收入分配线 $D_0$ 移至 $D_1$，整个社会完全脱贫；如果在经济增长的同时伴随着收入分配的恶化，那收入分布曲线在向右运动的同时将变得更平坦，由 $D_0$ 移至 $D_2$，社会还是无法实现完全脱贫，社会的贫困发生率为 $S_B$/1。很显然，经济增长过程中如果仅仅考虑经济增长而忽略掉收入分配的不平等，整个社会贫困很难清除。

目前益贫式增长及内在的经济增长、收入分配、贫困降低成了相关专家和世界银行等国际机构关注和研究的热点问题，虽然在许多具体的问题上还存在较大的争议。但是，据现有文献来看，基本上达成了以下相关共识：经济增长对贫困的影响取决于一国经济的初始条件，尤其是收入与资产的分布不平等状况；一国的收入和资产的分布平等程度越低，也有助于穷人分享到经济增长的成果从而减贫的效果越好，原因在于初始收入和资产的分布不平等越低，说明在以后的经济活动中参与的能力越强，分享到经济增长成果的份额越多，同时，经济增长的益贫提升主要在于经济发展过程中穷人的参与程度，所以益贫式增长模式具有广泛基础(Broad-Based)和包容性(Inclusive)。国家宏观层面经济政策的制定要确保穷人能参与而不是"被边缘化"或者是"被排斥"在外。发达地区在经济发展过程中，因具有先决的规模优势和聚集效应，社会资源的配置可能更加流向发达地区，欠发达地区被迫边缘化。如果没有政府的干预，这种趋势可能会更严重，欠发达地区可能陷入贫困陷阱中而不能自拔。本书认为，中国西南地区"益贫式增长"的内涵，就是要求无论从国家层面或者是地方政府，都要摒弃单纯强调经济增长而忽视分配效应的思维。实现西南地区经济可持续健康发展方式，要清除贫困地区人口参与全国经济发展的障碍，增强贫困人口参与经济活动的机会，共享全国经济发展的成果，这与国家对西部欠发达地区发展指导理念也是一致的。

## 5.2 益贫增长判断标准

对一个地区经济增长是否益贫的判断标准主要有：一是基于贫困率变化的分解得到的，经济增长的减贫效应和收入分配改善的减贫效应；二是基于收入分布函数(洛伦曲线函数)的减贫增长率和减贫等值增长率。

### 5.2.1 益贫增长弹性与益贫增长指数

这是由 Kakwani 和 Pernia(2000)根据阿玛蒂亚·森对福利的定义，用来分析如何有利于穷人的经济增长提出的。根据贫困率—收入增长—收入分配三角关系，将贫困分解为经济增长的贡献、收入分配不平等改善的贡献两个部分，因而得到两个指标：贫困的增长弹性，即贫困发生率对收入增长的反映；贫困收入分配弹性，即贫困发生率对分配均等改善的反映。表达式为：

$$p = \eta_{PY}y + \eta_{PG}g \tag{5-6}$$

其中：$P$、$Y$、$g$ 分别表示贫困发生率、人均收入增长率、不平等程度改变率。

$p = \dfrac{\mathrm{d}P}{P}$，$y = \dfrac{\mathrm{d}Y}{Y}$，$g = \dfrac{\mathrm{d}G}{G}$，$\eta_{PY}$ 表示贫困增长弹性，$\eta_{PG}$ 表示贫困分配弹性。

Bourguignion 将贫困率变化看作经济增长、收入分配的函数，采用求偏导方式对贫困进行分解。假设在 $t$ 时刻贫困人群的收入 $x$ 服从正态分布(收入均值：

121

$\mu$, 标准差: $\sigma$ )贫困线为 $z$, 假设贫困线不变, 则表达式为:

$$p = f[\mu(t), G(t), z]\qquad(5\text{-}7)$$

式子两边对 $t$ 求导, 得:

$$\frac{\mathrm{d}p(t)}{\mathrm{d}(t)} = \frac{\partial p(t)}{\partial \mu(t)} \cdot \frac{\partial \mu(t)}{\mathrm{d}(t)} + \frac{\partial p(t)}{\partial G(t)} \cdot \frac{\partial G(t)}{\mathrm{d}(t)}\qquad(5\text{-}8)$$

对公式 5-8 两边同时乘以 $\dfrac{\mathrm{d}t}{p(t)}$ 得:

$$\frac{\mathrm{d}p(t)}{p(t)} = \frac{\mu(t)}{p(t)} \cdot \frac{\partial p(t)}{\partial \mu(t)} \cdot \frac{\mathrm{d}\mu(t)}{\mu(t)} + \frac{G(t)}{p(t)} \cdot \frac{\partial p(t)}{\partial G(t)} \cdot \frac{\mathrm{d}G(t)}{G(t)}\qquad(5\text{-}9)$$

令

$$\eta_{PY} = \frac{\mu(t)}{p(t)} \cdot \frac{\mathrm{d}p(t)}{\mathrm{d}\mu(t)}, \quad \eta_{PG} = \frac{G(t)}{p(t)} \cdot \frac{\mathrm{d}p(t)}{\mathrm{d}G(t)}\qquad(5\text{-}10)$$

式 (5-8) 可以简化为: $\dfrac{\mathrm{d}p(t)}{p(t)} = \eta_{PY} \dfrac{\mathrm{d}\mu(t)}{\mu(t)} + \eta_{PG} \dfrac{\mathrm{d}G(t)}{G(t)}$ (5-11)

公式 (5-11) 与公式 (5-6) 本质上是相同的。公式 (5-6) 中一般情况下 $\eta_{PY} < 0$, $\eta_{PG} > 0$, 这是因为当经济增长时贫困减少, 反之贫困发生率增加, 所以贫困增长弹性小于零; 而当收入分配不平等得到改善时, 贫困是减少的, 反之是增加的, 所以贫困分配弹性大于零。如果令贫困发生率为一常数, 那增长率和收入分配改善率不同组合就会产生一组无差异曲线, 又因为 $\dfrac{\eta_{PY}}{\eta_{PG}} < 0$, 所以无差异曲线斜率为正 (经济增长率与收入分配改善率的边际替代率), 如图 5-5 所示。整个减贫就归结为经济增长 (或人均收入增长) 与收入不平等的改善, 各自占的比重分别为 $\pi_Y = \dfrac{\eta_{py}y}{p}$; $\pi_G = \dfrac{\eta_{PG}g}{p}$, 益贫增长指数可以表示为: $\varphi = \dfrac{1}{\pi_Y} = \dfrac{1}{1 - \pi_G} = \dfrac{p}{\eta_{py}y}$, 也就是减贫过程中经济增长的贡献所占的比重大小, Kakwani 和 Pernia 认为, 当 $\varphi = 1$, 即 $\pi_{py} = 1$, $\pi_{PG} = 0$ 表示在经济增长过程中, 收入分配保持不变, 贫困发生率的改变完全由经济增长引起; 当 $\varphi > 1$ 时, 这样的经济增长被称为益贫式经济增长, 也即是在经济增长过程中穷人获得的好处要大于富人, 并且收入分配不平等得到了改善 (下降)。通过图 5-5 也能得到这个结论, 在图中第一象限任意点 $A(0, c)$ 表示无差异曲线上贫困减少率为 $P_2$, 纵向截距为 $c$, 横截距为 0, 则有: $P_2 = c\eta_{py} + 0 * \eta_{PG}$, $c = \dfrac{P_2}{\eta_{PY}}$, 在纵轴的右边的 $G(a, b)$ 点, 则有 $\dfrac{c}{b} = \dfrac{P_2}{\eta_{PY}y} = \varphi < 1$, 按照

Kakwani 和 Pernia 的界定，$G$ 点是非益贫的。同理可以证明，在 $B(d, m)$ 点有 $\dfrac{c}{m} = \dfrac{P_2}{\eta_{PY}y} = \varphi > 1$，$B$ 点是益贫增长。类推我们可以得出，纵轴左边的点都是益贫增长，纵轴右边的点都是非益贫的，所以可以得出只有在经济增长的同时伴随着收入分配不平等降低的增长才是益增长。[①]

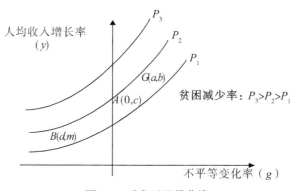

图 5-5　减贫无差异曲线

## 5.2.2　贫困发生率分解

贫困的变动=经济增长效应+收入分配效应，但这里暗含了贫困线不变。事实上，由于存在通货膨胀，贫困线是在发生变化的。如果不考虑物价因素，则出现误差的可能性较大。Gunther 和 Grimm（2007）在 Datt-Ravallion（1992）贫困分解式的基础上加入通货膨胀因素，用 $P(u_1, L_1, Z_1)$ 测度在报告期的贫困度量，$u_1$, $L_1$, $Z_1$ 分别表示在报告期的平均收入、收入分配的不公平状况、贫困线的调整。所以，报告期到基期的贫困变化就可以表示为：

$$\begin{aligned}
\Delta P = P_1 - P_0 = &[P(u_1, L_0, Z_0) - P(u_0, L_0, Z_0)] + \\
&[P(u_0, L_1, Z_0) - P(u_0, L_0, Z_0)] + \\
&[P(u_0, L_0, Z_1) - P(u_0, L_0, Z_0)] + R
\end{aligned} \tag{5-12}$$

---

①　周华（2014）认为如果按照这种理论的政策选择，可能会得出次优的选择，因为在减少（或不变）经济增长率的同时，进一步改善收入分配不平等，同样可以实现益贫，不满足 Sen 的贫困测度单调性公理。

公式(5-12)右边的第一项表示增长效应，第二项表示分配效应，第三项表示由于通货膨胀带来的贫困线变动效应，最后一项 $R$ 表示三项交叉影响效应。关于以上的分解模式也遭到了质疑(罗楚亮，2012)，一是增长和分配的益贫贡献效应大小依赖于参照组的选择，二是残差项无法解释。[1] 现在更多地采用 Shapley 规则分解法对贫困变动进行因素分解，以定量考察各类因素变动给贫困群体带来的影响，因而较好地克服了这两个缺陷。Shapley 的分解思路是通过合作博弈中利益分配问题引申出来的，是目前比较流行的分解技术。其基本思想是一个指标由 $M$ 个因素共同作用的结果，任何一个因素的剔除都会产生一个边际效应，则该因素按任何顺序被剔除所产生的边际效应均值，便是对这一指标的贡献率，$M$ 个因素的贡献率之和构成了整个指标的变动，具体如图 5-6 所示。[2]

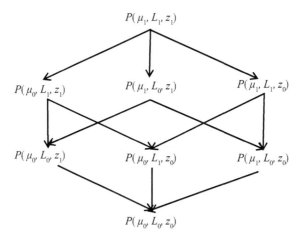

图 5-6　贫困发生率 Shapley 分解示意图

根据

$$\Delta P = \Delta P(\mu) + \Delta P(L) + \Delta P(Z)$$

$$\Delta P(\mu) = \frac{1}{6}\{2[P(\mu_1, L_0, Z_0) - P(\mu_0, L_0, Z_0)] + [P(\mu_1, L_1, Z_0) - P(\mu_0, L_1, Z_0)] +$$

---

①　魏众和别雍·古斯塔夫森(1999)认为这部分残差是由于人口结构因素造成的。

②　具体推导过程可以参考：阮敬，詹婧. 亲贫困增长分析中的 Shapley 分解规则[J]. 统计研究，2010(5)：58-66。

124

$$[P(\mu_1, L_0, Z_1) - P(\mu_0, L_0, Z_1)] + 2[P(\mu_1, L_1, Z_1) - P(\mu_0, L_1, Z_1)]\}$$

$$\Delta P(L) = \frac{1}{6}\{2[P(\mu_0, L_1, Z_0) - P(\mu_0, L_0, Z_0)] + [P(\mu_1, L_1, Z_0) - P(\mu_1, L_0, Z_0)] +$$

$$[P(\mu_0, L_1, Z_1) - P(\mu_0, L_0, Z_1)] + 2[P(\mu_1, L_1, Z_1) - P(\mu_1, L_0, Z_1)]\}$$

$$\Delta P(Z) = \frac{1}{6}\{2[P(\mu_0, L_0, Z_1) - P(\mu_0, L_0, Z_0)] + [P(\mu_1, L_0, Z_1) - P(\mu_1, L_0, Z_0)] +$$

$$[P(\mu_0, L_1, Z_1) - P(\mu_0, L_1, Z_0)] + 2[P(\mu_1, L_1, Z_1) - P(\mu_1, L_1, Z_0)]\}$$

这里的 $\Delta P(\mu)$ 与前面的益贫增长弹性一样是小于零的，表示在收入分配状况以及物价水平不变的情况下，随着收入的增长，贫困发生率在减少。$\Delta P(L)$ 符号可正可负，为正的时候，表示在经济增长和物价水平不变的情况下，收入分配效应有利于富人；小于零的时候，表示分配状况的改善有利于穷人；等于零的时候表示分配状况处于中间状态。$\Delta P(Z)$ 一般是大于零的，表示在其他条件不变的情况下，物价的上涨带来穷人状况恶化，贫困线上涨，贫困发生率上升。Shapley 分解和 D-R 分解的一个重要区别就在于有没有残差。如果单纯考虑经济增长和收入分配两个因素，完全把贫困变动的改变归结为二者，其实是忽略了经济增长与收入分配的共同影响，库兹涅茨倒 U 曲线型理论已经在某种程度上证明了经济增长与收入分配，在经济增长的初期会导致整个社的收入分配状况恶化(呈正相关)，后期有所改善(负相关)，收入差距扩大可能会导致经济增长，同时经济增长也可能导致收入差距扩大。魏众和别雍·古斯塔夫森(1999)认为，人口结构因素也可能导致贫困率的变化，因此遗留残差项较为合理。

## 5.2.3 益贫增长率

益贫增长率(Pro-poor Growth Rate，PPGR)是 Ravallion 和 Chen(2003)提出的，他们认为经济增长的益贫程度评判，重点是应该关注贫困人口收入增长率的平均值，而不是非贫困人口平均收入增长率，即是要研究 $\dfrac{\sum\limits_{i=1}^{i=n} g_i}{n}$，(其 $n$ 表示分为 $n$ 个不同百分点的人口，$g_i$ 表示第 $i$ 个百分点人口的收入增长率)，而不是研究 $\dfrac{u_t - t_{t-1}}{u_{t-1}}$ ( $u_t$ 表示整个贫困人口的平均收入)。

　　在定义益贫增长率前，先定义增长发生曲线（Growth Incidence Curve，GIC），借助洛伦曲线函数 $L(P)$，$L(P)$ 表示人口比例为 $P$ 的人群总收入占全社会总收入的比重。假设社会个体的收入 $Y$ 为一随机变量，且按照收入由低到高排序（$0 \leqslant y_1 \leqslant y_2 \leqslant y_3 \leqslant y_n \leqslant \cdots \leqslant +\infty$），在曲线上的点（$P_{yi}$，$L(P_{yi})$）表示收入不多于 $y_i$ 的人群在全社会人群比重为 $P_{yi}$，相应人群收入占全社会收入的比重 $L(P_{yi})$，这就是洛伦曲线。密度函数 $f(\cdot)$ 和累计收入分布函数 $F(y)$ 等价表示 $P = F(y) = \int_0^y f(z)\,\mathrm{d}z$，可以解释为收入不多于 $y$ 的人口比重，反函数刚好就可以表示为洛伦曲线函数 $L(P) = L(F(y)) = F^{-1}(P)$，如图 5-7 和图 5-8 所示。

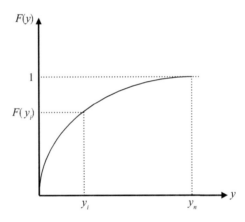

图 5-7　收入分布函数（$F(y)$）

　　全社会人均收入可以表示为 $\mu = \int_0^\infty yf(y)\,\mathrm{d}y$，那么则有：$F_1(y) = \dfrac{\displaystyle\int_0^y zf(z)\,\mathrm{d}z}{\displaystyle\int_0^\infty zf(z)\,\mathrm{d}z} = \dfrac{\displaystyle\int_0^y zf(z)\,\mathrm{d}z}{\mu}$，表示收入不多于 $y$ 的人群的平均收入占全社会平均收入的比重，$F_1$ 取值在 $[0, 1]$，且假设可导，$f(\cdot)$ 连续。$F_1(y)$ 与 $F(y)$ 表示的也是洛伦曲线的关系，所以 $L(P) = F_1(y)$，等式两边对 $Y$ 求导数：

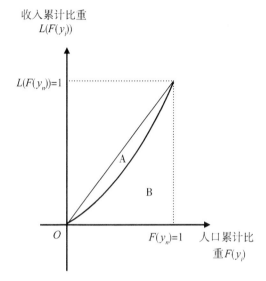

图 5-8 洛伦函数曲线图像基层系数 = A/(A+B)

$$\frac{\mathrm{d}L}{\mathrm{d}y} = \frac{\mathrm{d}L}{\mathrm{d}p} \cdot \frac{\mathrm{d}p}{\mathrm{d}y} = L(P)' \cdot f(y)$$

$$\frac{\mathrm{d}F_1}{\mathrm{d}y} = \frac{yf(y)}{\mu} \tag{5-13}$$

$$\frac{\mathrm{d}L}{\mathrm{d}y} = \frac{\mathrm{d}F_1}{\mathrm{d}y} \Rightarrow L(P)' \cdot f(y) = \frac{yf(y)}{\mu} \Rightarrow L(P)' = \frac{y}{\mu} \Rightarrow y = L(P)'\mu$$

由式(5-13)就可以得出相应比例人口的收入为：

$$y(P) = L(P)'\mu$$

相应百分比例人口的收入增长率就为：

$$g(P)_t = \frac{y(P)_t - y(P)_{t-1}}{y(P)_{t-1}} = \frac{y(P)_t}{y(P)_{t-1}} - 1, \text{ 代入 } y(p)$$

$$g(P)_t = \frac{L(P)'_t \mu_t}{L(P)'_{t-1} \mu_{t-1}} - 1, \text{ 如果令 } R_t = \frac{\mu_t}{\mu_{t-1}} - 1 \text{ 为 } \mu \text{ 的增长率}$$

$$g(P)_t = \frac{L(P)'_t}{L(P)'_{t-1}}(R_t + 1) - 1 \tag{5-14}$$

从公式(5-14)可以看出，如果洛伦茨曲线不发生变化$\left(\dfrac{L(P)'_t}{L(P)'_{t-1}}=1\right)$，那相应 $P$ 个分位点人口收入增长率等于全社会人均收入增长率。$g(P)_t=R_t$。$g(P)$ 是关于 $P$ 的单调函数(递增或递减)。如果 $g(P)$ 是单调减函数，随着 $P$ 的增大，$g(P)$ 减小，说明越是穷人，群体收入增长率越大，社会经济发展过程中穷人收入增长率越快，这样的经济发展是益贫的；如果 $g(P)$ 是单调递增函数，随着 $P$ 的增大，$g(P)$ 增大，说明越是富人，群体收入增长率越大，社会经济发展过程中穷人收入增长率越慢，这样的经济发展是非益贫的。

Ravallion 和 Chen 在此基础上选择 Watts 指数[①]计算穷人收入增长率的平均数，也就是益贫增长率(Pro-Poor Growth Rate，PPGR)。

$$W=\int_0^{H_t}\log[z/y_t(P)] \tag{5-15}$$

其中 $H_t=F_t(z)$ 表示收入在贫困线 $z$($z$ 为常数)以下的人口比重(广义贫困率)，0 到 $H_t$ 表示在穷人群体中，从最穷的到最富裕的，Watts 指数时间变化率(即是对时间求导)有：

$$-\frac{\mathrm{d}W_t}{\mathrm{d}t}=\int_0^{H_t}\frac{\mathrm{d}\log y_t(P)}{\mathrm{d}t}\mathrm{d}P=\int_0^{H_t}g_t(P)\mathrm{d}P \tag{5-16}$$

其中 $g_t(P)=\dfrac{\mathrm{d}\log y_t(P)}{\mathrm{d}t}=\dfrac{\mathrm{d}y_t(P)}{y_t(P)}$ 表示贫困人口收入的总体增长率。

所以贫困人口的平均增长率(益贫增长率)为：$g_t^p=\dfrac{\displaystyle\int_0^{H_t}g_t(P)\mathrm{d}P}{H_t}$，表示贫困线下平均1%的贫困人口收入增长率。

## 5.2.4 减贫等值增长率

在益贫增长指数和益贫增长率的基础上，Kakwani 和 Son(2008)提出减贫等值增长率(Poverty Equivalent Growth Rate，PEGR)。其构建原理是，假设国民收入 $y$ 为随机变量，贫困线为 $z$，$f(x)$ 为收入分布的密度函数，则贫困的发生率为：

---

① Watts 指数是反映收入分布的敏感性且可分解的贫困指数，可以参考：张建华，陈立中. 总量贫困测度研究述评[J]. 经济学(季刊)，2006(2)：675-694。

$$\theta = \int_0^z P(z,\ y)f(y)\,\mathrm{d}y$$

贫困率变化为：$\dfrac{\mathrm{d}\theta}{\theta} = \dfrac{\displaystyle\int_0^z \dfrac{\partial P}{\partial y}\mathrm{d}y f(y)\,\mathrm{d}y}{\theta}$

如果上式用 $y(p)$ 表示第 $P$ 个百分位的人口收入水平，则有：

$$\mathrm{dLn}(\theta) = \dfrac{\mathrm{d}\theta}{\theta} = \dfrac{1}{\theta}\int_0^H \dfrac{\partial P}{\partial y}y(p)g(p)\,\mathrm{d}p \qquad (5\text{-}17)$$

其中 $H$ 为贫困率(贫困人口与总人口之比)，或者解释为贫困线以下人口的比例，由上文益贫增长率构建得知：

$$y(p) = \mu L'(p)$$
$$Ln(y(p)) = Ln(\mu) + Ln(L'(p))$$

等式两边同时取对数且求全微分：

$$g(p) = \dfrac{\mathrm{d}(y(p))}{y(p)} = \dfrac{\mathrm{d}\mu}{\mu} + \mathrm{d}Ln'(L(p)) \qquad (5\text{-}18)$$
$$g(p) = R + \mathrm{d}Ln'(L(p))$$

其中 $R$ 表示社会收入水平的平均增长率，$g(p)$ 表示第 $P$ 个百分位人口收入增长率，将式(5-18)代入式(5-17)有：

$$\mathrm{d}Ln(\theta) = \dfrac{\mathrm{d}\theta}{\theta} = \dfrac{1}{\theta}\int_0^H \dfrac{\partial P}{\partial y}y(p)(R + \mathrm{d}Ln'(L(p)))\,\mathrm{d}p \qquad (5\text{-}19)$$

如果不平等程度不发生变化(即 $Ln'(L(p)) = 0$)，也就是说贫困率的变化完全是由收入增长引起的(减贫的增长效应)，则为：

$$\mathrm{d}Ln(\theta) = \dfrac{\mathrm{d}\theta}{\theta} = R * \dfrac{1}{\theta}\int_0^H \dfrac{\partial P}{\partial y}y(p)\,\mathrm{d}p$$

其中 $\eta = \dfrac{1}{\theta}\int_0^H \dfrac{\partial P}{\partial y}y(p)\,\mathrm{d}p$ 为贫困的收入增长弹性，那么整个社会贫困率变化：

$$\mathrm{d}Ln(\theta) = \dfrac{\mathrm{d}\theta}{\theta} = R * \eta$$

如果社会收入水平不变化($R = 0$)，贫困率变化是来自不平等状况的改善，即洛伦曲线函数 $L(p)$ 发生变化贡献的(减贫的不平等效应)，则：

$$\mathrm{d}Ln(\theta) = \dfrac{\mathrm{d}\theta}{\theta} = \dfrac{1}{\theta}\int_0^H \dfrac{\partial P}{\partial y}y(p)Ln'(L(p))\,\mathrm{d}p$$

社会总体贫困弹性可以表示为：$\delta = \eta + \zeta$，

其中 $\delta = \dfrac{\mathrm{d}Ln(\theta)}{R}$，$\zeta = \dfrac{1}{\theta R}\displaystyle\int_0^H y(p)Ln'(L(p))\,\mathrm{d}p$

减贫等值增长率（PEGR）$R^*$，指增长过程没有引发不平等的任何变化，并能实现与当前现实的增长率 $R$ 一样的贫困减除效果。实际贫困减除比例是由 $\delta R$ 决定的，如果经济增长是分配中性的，那么减贫等值增长率（$R^*$）实现的减贫比例应该与 $\delta R$ 相等，因此减贫等值增长率（$R^*$）可以表示为：

$$R^* = \left(\frac{\zeta}{\eta}\right)R = \phi R$$

其中 $\phi = \dfrac{\zeta}{\eta}$ 相当于前面提到的益贫增长指数。

上式中，如果 $R^* > R$，则是益贫增长，反之是非益贫增长。如果 $R^*$ 是处于 0 到 $R$ 之间，说明经济增长的同时也伴随收入不平等状况的恶化。减贫等值增长率是基于贫困发生率与贫困人口分布基础上得出，它满足益贫增长的单调原则，重点强调了减贫过程中经济增长的重要性。$R^*$ 越大减贫比例越大，在减贫政策制定上，应该实现减贫等值增长率的最大化，而非单纯地实现经济增长率的最大化。

以上介绍了几种对益贫增长判断的方法。第一类增长弹性和贫困发生率分解运用较广泛，基本思路是把贫困的动态变化归为经济增长和收入分配状况改善，并判断各自贡献的大小。第二类益贫增长率和减贫等值增长率，重点是在对不同程度贫困人群增长率的研究，通过收入分布函数与增长率的融合联系，比较不同贫困程度群体人均收入增长率与社会平均增长率，判断整个社会经济增长方式的益贫情况，理论逻辑推导更加完整。但这里的难点是社会收入的分布函数的确定存在很大的争议。下文通过借鉴相对益贫增长和益贫增长率思想，用贫困人群的人均收入增长率 $g(P)_t$，与整个社会（农村或城镇居民）人均收入增长率（$R_t$）比较，若前者大于后者为益贫的，反之为非益贫增长，即：

$$g(P)_t = \frac{L(P)'_t}{L(P)'_{t-1}}(R_t + 1) - 1$$

# 5.3　贵、桂、川、渝益贫式增长评价

本节判定了西南地区经济发展的益贫基本状况,其方法是通过四个省(区、市)统计年鉴公布的不同收入组的人均纯收入,计算各组年人均纯收入增长率,然后通过中等以下收入组人均收入的增长率与整个农村(城镇)人均收入增长率进行比较。如果中等以下收入组人均收入的增长率高于整个农村(城镇)人均收入增长率,则为益贫增长;反之则不是。二是分析在贫困率变动中经济增长和收入分配的贡献,并计算贫困弹性。

在比较不同收入组增长率分析过程中,在收入分组中有的省份采用均等五分法(最低等、中偏低、中等、中偏高、高),有的省份采用的是七等均分法(最低等、低等、中偏低等、中等、中偏高等、高等、最高等)。均等五分法采中等组及中等以下组(不含中等)平均收入增长率与整个农村(城镇)居民收入增长率比较分析,结果如下。

## 5.3.1　贵州益贫增长

表5-1是根据贵州农村居民人均总收入五等分法,计算出的不同收入组农村居民的人均收入增长率。公式为"中等以下人群收入增长率=(最低收入组人均增长率+中偏低组人均收入增长率)1/2",计算中等及中等以下收入组的人均收入增长率与全省农村居民人均收入增长率比较,以判断当年的经济增长是否益贫。

表5-1　　　　贵州农村居民不同收入组纯收入实际增长率比较(%)

| 年份 | 最低收入组 | 中偏低收入组 | 中等收入组 | 中偏高收入组 | 最高收入组 | 中等以下收入组 | 全体农村居民人均收入 |
|------|-----------|-------------|-----------|-------------|-----------|---------------|---------------------|
| 2001 | 4.61 | −2.63 | −0.01 | 0.18 | 3.25 | 0.99 | 0.92 |
| 2002 | 0.27 | 8.39 | 3.32 | 4.75 | 12.11 | 4.33 | 6.60 |
| 2003 | 0.23 | −1.74 | 3.05 | 5.44 | 5.88 | −0.76 | 3.77 |
| 2004 | 7.22 | 9.43 | 8.33 | 6.86 | 4.12 | 8.33 | 5.80 |

续表

| 年份 | 最低收入组 | 中偏低收入组 | 中等收入组 | 中偏高收入组 | 最高收入组 | 中等以下收入组 | 全体农村居民人均收入 |
|---|---|---|---|---|---|---|---|
| 2005 | -3.56 | 4.80 | 7.57 | 8.71 | 11.14 | 0.62 | 7.95 |
| 2006 | 8.89 | 5.63 | 5.12 | 3.70 | 2.95 | 7.26 | 3.97 |
| 2007 | 9.65 | 13.72 | 13.19 | 12.89 | 12.60 | 11.68 | 12.42 |
| 2008 | 1.66 | 2.37 | 6.54 | 11.02 | 13.61 | 2.02 | 9.49 |
| 2009 | 12.92 | 13.81 | 13.02 | 13.46 | 16.45 | 13.37 | 8.87 |
| 2010 | 7.17 | 7.85 | 7.25 | 7.58 | 9.81 | 7.51 | 12.27 |
| 2011 | 18.96 | 18.45 | 17.73 | 15.49 | 7.61 | 18.70 | 13.60 |
| 2012 | 17.34 | 13.50 | 13.06 | 11.75 | 8.74 | 15.42 | 11.64 |
| 2013 | 12.98 | 10.28 | 8.02 | 7.26 | 8.79 | 11.63 | 11.54 |
| 年平均 | 7.56 | 7.99 | 8.17 | 8.39 | 9.00 | 7.78 | 8.37 |

从表 5-1 可以看出，贵州农村居民中等收入以下群体的人均纯收入增长率，在 2001—2013 年中有 6 年(2001 年、2004 年、2006 年、2009 年、2011 年、2012 年)是大于贵州全体农村居民人均收入增长率的，这表明这六年的经济增长是益贫的。尤其是 2008 年金融危机以来，低收入人群的人均收入增速度加快，高于其他群体的收入增长率，都以 10%以上的速度增长，这可能是贵州减贫速度最快的几年。但在这 13 年中，全体农村居民的人均收入年均增长率为 8.73%，而中等以下收入人群的人均纯收入增长率年均为 7.78%，相差近 1%，总体来看，经济增长非益贫。

表 5-2　贵州城镇居民不同收入组人均可支配收入实际增长率比较( %)

| 年份 | 最低收入组 | 低收入组 | 中偏下收入组 | 中等收入组 | 中等偏上收入组 | 高收入组 | 最高收入组 | 中以下人群 | 城镇居民人均收入 |
|---|---|---|---|---|---|---|---|---|---|
| 2001 | -2.61 | -0.91 | -0.83 | 2.13 | 6.77 | 10.82 | 8.65 | -1.29 | 4.55 |
| 2002 | -29.86 | -8.62 | -3.12 | 1.65 | 4.18 | 12.22 | 50.17 | -11.18 | 10.13 |
| 2003 | 23.27 | 10.06 | 9.01 | 7.52 | 7.04 | 8.90 | 3.51 | 12.84 | 9.20 |

续表

| 年份 | 最低收入组 | 低收入组 | 中偏下收入组 | 中等收入组 | 中等偏上收入组 | 高收入组 | 最高收入组 | 中以下人群 | 城镇居民人均收入 |
|------|-----------|----------|-------------|-----------|---------------|---------|-----------|-----------|----------------|
| 2004 | 30.38 | 17.20 | 13.00 | 12.75 | 10.70 | 4.86 | -6.78 | 18.40 | 7.18 |
| 2005 | -3.78 | 1.50 | 5.97 | 8.06 | 13.81 | 15.08 | 13.51 | 2.42 | 10.17 |
| 2006 | 20.40 | 15.78 | 12.58 | 8.32 | 5.15 | 5.22 | 8.17 | 15.33 | 10.03 |
| 2007 | 12.33 | 9.30 | 10.36 | 14.05 | 17.20 | 15.74 | 19.89 | 10.59 | 10.09 |
| 2008 | -7.00 | 5.37 | 6.06 | 5.67 | 2.43 | 6.12 | 2.99 | 2.62 | 2.34 |
| 2009 | 16.15 | 10.52 | 11.77 | 12.22 | 13.20 | 11.38 | 7.82 | 12.56 | 10.83 |
| 2010 | 3.65 | 5.87 | 5.39 | 6.39 | 7.17 | 6.69 | 3.91 | 5.08 | 6.85 |
| 2011 | 8.16 | 8.04 | 8.33 | 9.31 | 8.75 | 12.61 | 13.43 | 8.22 | 10.97 |
| 2012 | 20.09 | 20.00 | 17.42 | 12.73 | 11.35 | 8.99 | 7.59 | 18.73 | 10.39 |
| 年平均 | 7.60 | 7.84 | 8.00 | 8.40 | 8.98 | 9.89 | 11.07 | 7.45 | 8.36 |

表5-2是贵州城镇居民不同收入组收入增速的比较，通过中等及中等以下收入人群的人均收入增长率与全体城镇居民人均收入增长率的比较[①]，可以发现，在2001—2012年中有7年(2003年、2004年、2006年、2007年、2008年、2009年、2012年)中等以下收入人群的人均可支配收入增长速度快于全省城镇居民平均收入的增速，经济增长是益贫的。但是，最低收入组增速不稳定，跌荡起伏，在2001年、2002年还出现负增长。总体看低收入人群的人均可支配收入的增速赶不上全体城镇居民人均可支配收入增速。在这12年中，中下收入人群的人均可支配收入增长率为7.45%，比全体城镇居民人均可支配收入增长率8.36%要低。

图5-9通过贵州全省经济2001—2012年农村居民人均收入、城镇居民收入增速与全省整体的经济增速比较发现，总体上看，从2001年以来，农村居民收入

① 贵州城镇居民中等以下收入组人均增长率=0.25×最低组增长率+0.25×低收入组增长率+0.5×中偏下组增长率，2013年、2014年贵州省城镇居民可支配收入按照五分法，将2012年7等分的最低与低收入组求平均值与2013年的低收入对应，2013年的中偏下对应2012年的中偏下，中等收入对应中等收入，中偏上对应中偏上，将高和最高组的均值与2013年的高收入组对应，然后计算中以下人群人均收入增长率，以下省份类似情况方法相同。

增长就在不断地上升，只在 2006 年、2009 年有跌幅，从 2009 年开始贵州的农村居民人均总收入的增速超过了全省的经济增速，甚至也超过了城镇居民的增速，且从 2006 年以来最低收入组均增速都在 10%以上，超过全省经济增速，但波动较大。而城镇居民收入在 2007 年以前增速较为稳定，但在 2007 年以后受全国宏观经济形势影响波动较大，而全省经济增速都在 10%以上，高于全国的增速。

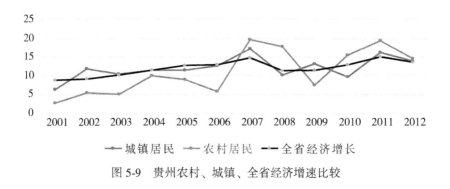

图 5-9　贵州农村、城镇、全省经济增速比较

## 5.3.2　四川益贫增长

通过表 5-3、表 5-4 四川农村与城镇居民不同收入组收入增速发现，2004—2013 年四川农村中等以下收入人群的人均纯收入增长率有 3 年(2006 年、2008 年、2011 年)高于全体农村居民人均纯收入增长率。然而，在 10 年中，中等收入以下人群的人均纯收入的年均增速 7.86%，而整个农村居民的人均纯收入增速 10.36%，前者比后者低了近 2 个多百分点，总体的益贫效果不好。

就城镇居民而言，2001—2014 年中有 12 年(除了 2009 和 2013 年外)城镇居民中的低收入人群的人均收入增长率高于全体城镇居民的人均收入平均增率。整个城镇居民在这段时间人均可支配收入增速 8.55%，而中下收入人群可支配收入增速 10.98%，后者比前者高出 2 个多百分点。

但从城乡总体看，农村居民的人均纯收入增速是要快于城镇居民的人均可支配收入，农村居民 2004—2014 年人均增速 10.36%，城镇居民 2001—2014 人均收入增速 8.55%。但是从中低收入组的增速看，农村低收入人群的增速还是要落后于城镇居民低收入组收入增速，农村中等以下的人均纯收入在 2004—2013 年年均增速 7.86%，而城镇居民可支配收入年均增速在 2001—2014 年为 10.98%。

表 5-3　　　　四川农村居民不同收入组纯收入实际增长率比较(%)

| 年份 | 低收入组 | 中低收入组 | 中等收入组 | 中高收入组 | 高收入组 | 农村人均收入 | 中等以下收入组 |
|---|---|---|---|---|---|---|---|
| 2004 | 9.96 | 10.36 | 10.18 | 10.37 | 10.61 | 10.32 | 10.16 |
| 2005 | 7.08 | 6.43 | 8.31 | 8.35 | 6.21 | 6.85 | 6.76 |
| 2006 | 10.91 | 7.21 | 4.67 | 4.07 | -0.16 | 4.71 | 9.06 |
| 2007 | 9.57 | 12.09 | 12.54 | 13.39 | 11.83 | 11.52 | 10.83 |
| 2008 | 17.05 | 13.85 | 12.53 | 12.10 | 9.33 | 10.59 | 15.45 |
| 2009 | 5.32 | 9.40 | 14.54 | 15.63 | 22.58 | 7.41 | 7.36 |
| 2010 | -4.59 | -0.60 | 1.43 | 3.75 | 9.69 | 11.63 | -2.60 |
| 2011 | 31.70 | 29.08 | 23.35 | 18.72 | 11.53 | 13.24 | 30.39 |
| 2012 | -3.09 | -0.16 | 5.13 | 8.83 | 11.79 | 11.45 | -1.62 |
| 2013 | -2.57 | 8.05 | 7.12 | 7.47 | 10.66 | 9.70 | 2.74 |
| 年平均 | 5.90 | 9.83 | 10.69 | 11.38 | 11.55 | 10.36 | 7.86 |

表 5-4　　　　四川城镇居民不同收入组可支配收入实际增长率比较(%)

| 年份 | 低收入组 | 中低收入组 | 中等收入组 | 中高收入组 | 高收入组 | 中等以下收入组 | 城镇居民人均收入 |
|---|---|---|---|---|---|---|---|
| 2001 | 8.91 | 6.16 | 5.28 | 2.84 | 4.23 | 7.54 | 5.69 |
| 2002 | -9.59 | 25.29 | 30.13 | 36.69 | 96.44 | 7.85 | 4.25 |
| 2003 | 15.75 | 5.77 | 8.24 | 9.32 | -2.02 | 10.76 | 4.77 |
| 2004 | 8.88 | 8.52 | 7.16 | 6.06 | 7.76 | 8.70 | 4.39 |
| 2005 | 14.24 | 10.04 | 7.67 | 4.76 | 5.42 | 12.14 | 6.99 |
| 2006 | 10.42 | 10.57 | 9.89 | 9.24 | 10.85 | 10.50 | 8.99 |
| 2007 | 16.60 | 12.28 | 11.24 | 11.57 | 8.64 | 14.44 | 12.05 |
| 2008 | 13.64 | 11.44 | 10.44 | 11.16 | 8.15 | 12.54 | 8.33 |

续表

| 年份 | 低收入组 | 中低收入组 | 中等收入组 | 中高收入组 | 高收入组 | 中等以下收入组 | 城镇居民人均收入 |
|------|------|------|------|------|------|------|------|
| 2009 | 9.01 | 8.22 | 10.67 | 11.45 | 10.80 | 8.62 | 8.68 |
| 2010 | 14.16 | 12.89 | 8.56 | 5.86 | 0.53 | 13.52 | 8.28 |
| 2011 | 12.63 | 10.12 | 9.66 | 7.15 | 14.55 | 11.37 | 9.94 |
| 2012 | 13.15 | 9.37 | 8.13 | 9.76 | 9.28 | 11.26 | 10.69 |
| 2013 | -0.56 | 7.42 | 8.17 | 5.95 | 4.76 | 3.43 | 7.15 |
| 2014 | 23.72 | 18.33 | 18.57 | 21.56 | 19.10 | 21.03 | 6.64 |
| 年平均 | 10.78 | 11.17 | 10.99 | 10.96 | 14.18 | 10.98 | 8.55 |

## 5.3.3　广西益贫式增长

通过表 5-5、表 5-6 广西农村、城镇居民不同收入组收入增速的比较，可以发现，2001—2013 年广西农村中等收入以下人群的人均纯收入增速高于全区农村居民人均纯收入平均增速的有 5 年(2001 年、2005 年、2009 年、2012 年、2013 年)。在这期间，中等以下收入组人均纯收入年均增速 7.01%，整个农村居民人均纯收入年均增速 7.63%，相差 0.62 个百分点。这表明在经济增长过程中低收入人群的增收能力稍有不足，或者说是非益贫的。

就城镇居民而言，2001—2014 年，有 7 年(2003 年、2004 年、2006 年、2008 年、2009 年、2010 年、2012 年)中等以下收入人群的人均可支配收入增速快于全区城镇居民人均可支配收入增速。但总体来看，在此期间，全体城镇居民人均可支配收入年均增长 8.24%，而中等以下收入人群人均可支配收入增长 7.40%，相差 0.84 个百分点。

城镇与农村比较，中低收入人群人均收入的增速相当，城镇居民中低收入组年均增速 7.40%、农村中低收入组年均增速 7.01%，但整个城镇居民的总体收入增长速度要高于农村整体居民，城镇全体居民 8.24%，农村全体居民增速 7.63%，城镇居民高出农村居民将近 1 个百分点。

表 5-5         广西农村居民不同收入组纯收入实际增长率比较(%)

| 年份 | 低收入人群 | 中低收入人群 | 中等收入人群 | 中高收入人群 | 高收入人群 | 年人均纯收入 | 中以下收入人群 |
|---|---|---|---|---|---|---|---|
| 2001 | 3.29 | 7.62 | 3.33 | 4.38 | 2.42 | 3.66 | 5.45 |
| 2002 | 2.70 | -0.10 | 3.59 | 5.47 | 6.06 | 4.45 | 1.30 |
| 2003 | -0.91 | 2.26 | 3.86 | 4.09 | 3.30 | 2.94 | 0.67 |
| 2004 | 4.83 | 4.91 | 7.34 | 7.29 | 4.83 | 5.42 | 4.87 |
| 2005 | 14.92 | 13.30 | 8.42 | 4.60 | -0.03 | 5.68 | 14.11 |
| 2006 | 2.50 | 7.61 | 7.17 | 9.18 | 17.84 | 9.63 | 5.05 |
| 2007 | 4.83 | 6.42 | 11.11 | 13.44 | 10.39 | 9.68 | 5.62 |
| 2008 | -0.20 | 5.10 | 5.08 | 5.68 | 10.72 | 6.18 | 2.45 |
| 2009 | 22.44 | 11.19 | 9.92 | 9.75 | 7.46 | 10.18 | 16.82 |
| 2010 | 5.04 | 9.84 | 11.06 | 11.26 | 11.47 | 10.82 | 7.44 |
| 2011 | -7.15 | 1.86 | 5.39 | 10.07 | 18.38 | 8.73 | -2.64 |
| 2012 | 16.71 | 16.62 | 12.81 | 11.42 | 8.41 | 11.28 | 16.67 |
| 2013 | 20.10 | 6.58 | 9.23 | 9.12 | 6.56 | 10.61 | 13.34 |
| 年均 | 6.85 | 7.17 | 7.56 | 8.14 | 8.29 | 7.63 | 7.01 |

表 5-6         广西城镇居民不同收入组人均可支配收入实际增长率比较(%)

| 年份 | 最低收入户 | 低收入户 | 中偏下收入户 | 中等收入户 | 中偏上收入户 | 高收入户 | 最高收入户 | 中以下收入 | 全体人均收入 |
|---|---|---|---|---|---|---|---|---|---|
| 2001 | 3.70 | 3.28 | 8.80 | 14.23 | 13.16 | 12.86 | 20.09 | 6.15 | 13.57 |
| 2002 | -21.58 | -4.24 | 0.29 | 2.36 | 8.43 | 18.20 | 46.27 | -6.31 | 10.74 |
| 2003 | 5.22 | 3.91 | 6.80 | 6.23 | 6.02 | 6.52 | 7.47 | 5.68 | 5.26 |
| 2004 | 22.37 | 15.38 | 10.04 | 8.25 | 3.94 | 1.20 | -23.99 | 14.46 | 0.61 |
| 2005 | -1.00 | 2.23 | 1.04 | 1.78 | 8.94 | 11.30 | 17.33 | 0.82 | 6.49 |
| 2006 | 21.65 | 13.53 | 9.35 | 9.22 | 9.00 | 7.98 | 9.51 | 13.47 | 9.59 |

续表

| 年份 | 最低收入户 | 低收入户 | 中偏下收入户 | 中等收入户 | 中偏上收入户 | 高收入户 | 最高收入户 | 中以下收入 | 全体人均收入 |
|------|-----------|----------|-------------|-----------|-------------|---------|-----------|-----------|-------------|
| 2007 | 6.70 | 7.71 | 11.37 | 8.73 | 11.57 | 10.78 | 13.60 | 9.29 | 16.17 |
| 2008 | 13.39 | 12.13 | 14.47 | 15.19 | 6.85 | 7.56 | -0.03 | 13.61 | 7.56 |
| 2009 | 16.00 | 13.25 | 11.87 | 10.21 | 12.08 | 10.80 | 12.35 | 13.25 | 11.57 |
| 2010 | 30.54 | 23.33 | 19.37 | 18.07 | 16.70 | 15.24 | 11.38 | 23.15 | 17.76 |
| 2011 | -15.77 | -9.31 | -8.91 | -6.55 | -8.01 | -6.46 | 1.88 | -10.72 | -5.01 |
| 2012 | 18.93 | 15.56 | 12.74 | 10.17 | 8.92 | 6.20 | 10.31 | 14.99 | 9.18 |
| 2013 | — | — | — | — | — | — | — | 3.62 | 15.29 |
| 2014 | — | — | — | — | — | — | — | 2.13 | —3.46 |
| 年均 | — | — | — | — | — | — | — | 7.40 | 8.24 |

## 5.3.4　重庆益贫式增长

从表 5-7 农村居民不同收入组收入增长率的比较来看。重庆在 2005—2013 年农村贫困人口只有在 2010 年、2011 年和 2013 年，中等收入以下人群的人居可支配收入超过全体农村居民的人均纯收入，有 9 年中等收入以下所有人群的年均纯收入增长率 11.03%，全体农村居民人均纯收入增长率 11.21%，前者略微低于后者，说明农村中低人群收入状况在慢慢地与中等以上农村居民的收入靠近，整个农村居民间的贫富差距在慢慢地改善。

从表 5-8 城镇居民不同收入组人均可支配收入增速的比较来看，城镇贫困人口在 2001—2012 年有 5 年(2003 年、2006 年、2007 年、2010 年、2012 年)中等以下收入人群的人均可支配收入高于全体城镇居民的增长率，在此期间城镇居民年均可支配收入增长速度 8.90%，而中等以下收入人群年均增速 8.99%，两者之间的差距不大，说明长期来看，整个城镇居民的不同收入组收入增速靠近，但城镇居民低收入组收入增速不稳定，忽高忽低，在高的年份 2003 年高达 26.1%，低的年份 2002 年、2011 年为-5.9%。

表 5-7 重庆农村居民不同收入组人均纯收入实际增长率比较(%)

| 年份 | 低收入户 | 中偏下收入户 | 中等收入户 | 中偏上收入户 | 最高收入户 | 低+中偏下收入户 | 农村居民人均纯收入 |
|------|------|------|------|------|------|------|------|
| 2005 | 7.04 | 9.02 | 12.41 | 12.78 | 10.89 | 9.03 | 11.02 |
| 2006 | -0.57 | 0.37 | -1.32 | 0.80 | 0.45 | -0.34 | -0.10 |
| 2007 | 11.65 | 15.92 | 17.95 | 16.63 | 19.30 | 14.14 | 16.63 |
| 2008 | -1.10 | 7.06 | 9.46 | 12.11 | 14.48 | 5.12 | 11.34 |
| 2009 | 7.14 | 9.00 | 9.51 | 9.30 | 12.31 | 8.72 | 10.30 |
| 2010 | 25.92 | 19.98 | 16.98 | 14.54 | 9.77 | 20.05 | 14.17 |
| 2011 | 25.03 | 16.75 | 14.43 | 14.11 | 20.41 | 20.83 | 16.63 |
| 2012 | 2.94 | 5.92 | 10.58 | 13.09 | 18.29 | 6.99 | 11.04 |
| 2013 | 19.60 | 14.50 | 9.20 | 9.17 | 3.61 | 14.74 | 9.88 |
| 年均 | 10.85 | 10.95 | 11.02 | 11.39 | 12.17 | 11.03 | 11.21 |

表 5-8 重庆城镇居民不同收入组人均可支配收入实际增长率比较(%)

| 年份 | 最低收入户 | 低收入户 | 中偏下收入户 | 中等收入户 | 中偏上收入户 | 高收入户 | 最高入收入户 | 中以下所有收入户 | 城镇居民人均收入 |
|------|------|------|------|------|------|------|------|------|------|
| 2001 | -8.67 | -4.19 | 5.82 | 3.01 | 3.60 | 10.30 | 19.17 | -0.31 | 5.30 |
| 2002 | -12.29 | -3.52 | -3.88 | 3.16 | 8.80 | 11.70 | 29.23 | -5.90 | 8.12 |
| 2003 | 36.06 | 23.57 | 22.20 | 21.59 | 16.98 | 7.30 | -18.32 | 26.01 | 11.15 |
| 2004 | 1.24 | 10.87 | 11.35 | 8.53 | 5.66 | 11.18 | 22.41 | 8.70 | 9.86 |
| 2005 | 8.44 | 6.86 | 8.21 | 8.45 | 9.92 | 11.31 | 11.55 | 7.93 | 10.21 |
| 2006 | 15.16 | 15.75 | 13.76 | 10.32 | 7.94 | 6.29 | 8.18 | 14.61 | 10.29 |
| 2007 | 18.35 | 22.08 | 21.58 | 11.95 | 14.30 | 12.76 | 15.90 | 20.90 | 13.22 |
| 2008 | 11.11 | 8.56 | 6.14 | 9.65 | 9.13 | 7.96 | 5.98 | 7.99 | 8.46 |
| 2009 | 11.95 | 7.58 | 7.52 | 10.50 | 9.55 | 12.25 | 5.17 | 8.64 | 11.22 |
| 2010 | 16.56 | 14.39 | 13.75 | 11.51 | 8.65 | 4.21 | 5.05 | 14.61 | 7.66 |
| 2011 | -6.49 | -6.99 | -5.05 | -0.67 | 1.30 | 6.18 | 10.97 | -5.90 | 0.68 |

| 年份 | 最低收入户 | 低收入户 | 中偏下收入户 | 中等收入户 | 中偏上收入户 | 高收入户 | 最高入收入户 | 中以下所有收入户 | 城镇居民人均收入 |
|------|------|------|------|------|------|------|------|------|------|
| 2012 | 8.90 | 8.87 | 12.28 | 12.32 | 11.65 | 9.99 | 2.54 | 10.58 | 10.55 |
| 年平均 | 8.36 | 8.65 | 9.47 | 9.19 | 8.96 | 9.29 | 9.82 | 8.99 | 8.90 |

从贵州、广西、四川、重庆四省(区、市)农村、城镇中等以下收入组收入增长速度比较分析可以看出, 2001 年以来, 贵州、广西、四川、重庆农村中低收入组居民收入每平均年增速都大于零, 说明在此期间, 低收入人群的生活状况越来越好, 如果按照绝对益贫增长理论, "只要贫困人群的收入增速是大于零就是益贫"的判断标准, 就可以判定贵、桂、川、渝的经济增长是益贫的。但如果按照二阶段益贫增长理论"只要贫困人群的整体收入增长率大于非贫困人群的增长率即为益贫增长"判断, 具体到每一年中低收入组收入增速看, 则农村中低收入人群收入增速不稳定, 波动较大。农村中等以下收入人群收入增速高于全体农村居民平均增速的年份较少(贵州测算 13 年中有 6 年、四川测算 10 年中有 3 年、广西测算的 13 年中有 5 年, 重庆测算的 9 年中有 3 年), 从这个角度看贵州、广西、四川、重庆许多年份是非益贫的。其原因可能是低收入人群收入来源不稳定, 具体是农村低收入人群靠农业生产或外出务工获得收入, 这两项收入来源都会随市场行情变化, 尤其是 2008 年金融危机以来, 东部沿海地区对劳动力需求的下降以及国际国内农产品价格走低, 影响了靠务工收入或农业生产收入的低收入人群的收入。

从城镇与农村居民低收入人群收入增速比较来看, 城镇居民中低收入组收入增速比农村较稳定(见图 5-10、图 5-11)。四个省(区、市)城镇居民中低收入人群收入增速都维持在 10% 左右, 而农村中低收入人群收入增速则波荡起伏, 增速有上升的趋势。从四个省(区、市)的比较来看, 在测算的年度期间, 四川、重庆城镇居民中低收入组的年均增速都高于全体城镇居民的增速, 贵州、广西则不同, 说明四川、重庆城镇居民的收入增长更偏向于穷人。

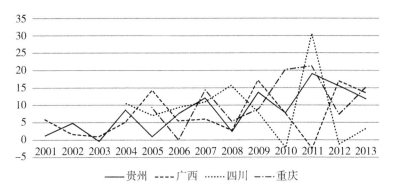

图 5-10　四省(区、市)农村中等以下收入人群人均纯收入增长率

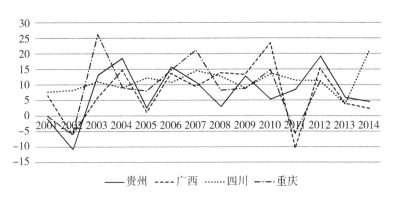

图 5-11　四省(区、市)城镇居民中等以下收入人群人均可支配收入增长率

## 5.4　贵、桂、川、渝贫困指数分解与益贫弹性

上一节分析了西南川、渝、桂、滇不同收入人群组人均收入增长率的差异。其差异来源一方面是经济增长率；另一方面来源于收入分配的不平等，表现为不同收入组收入增速的差异。表 5-9 计算了四个省(区、市)的差异指标基尼系数，其中包含农村内部居民的纯收入(2014 年采用农村居民可支配分组数据计算得出)差异、城镇居民内部可支配收入的差异，计算工具为 POVCAL 软件。

表 5-9 农村、城镇基尼系数(%)

| 年份 | 农村基尼系数 | | | | 城镇基尼系数 | | | |
|------|------|------|------|------|------|------|------|------|
| | 贵州 | 广西 | 四川 | 重庆 | 贵州 | 广西 | 四川 | 重庆 |
| 2000 | 27.51 | 28.16 | — | — | 23.96 | 25.49 | 28.50 | 22.50 |
| 2001 | 27.96 | 27.66 | | | 26.13 | 27.53 | 29.33 | 25.99 |
| 2002 | 29.98 | 28.53 | — | — | 35.04 | 35.62 | 36.90 | 31.95 |
| 2003 | 31.19 | 28.98 | 28.36 | — | 33.73 | 35.85 | 33.80 | 24.32 |
| 2004 | 30.28 | 28.80 | 28.46 | 27.26 | 29.63 | 29.03 | 33.75 | 26.13 |
| 2005 | 32.30 | 26.05 | 28.22 | 27.66 | 31.74 | 31.94 | 32.90 | 26.86 |
| 2006 | 31.46 | 28.70 | 26.29 | 27.86 | 30.34 | 31.30 | 33.05 | 25.52 |
| 2007 | 31.61 | 29.36 | 26.46 | 28.81 | 31.90 | 32.03 | 31.97 | 24.61 |
| 2008 | 33.76 | 31.07 | 25.26 | 30.93 | 31.93 | 29.61 | 31.11 | 24.27 |
| 2009 | 34.45 | 29.44 | 28.09 | 31.76 | 31.17 | 29.49 | 31.19 | 23.95 |
| 2010 | 35.00 | 30.13 | 30.70 | 29.45 | 31.16 | 27.70 | 28.86 | 21.98 |
| 2011 | 32.70 | 34.16 | 27.36 | 29.69 | 32.05 | 29.79 | 29.67 | 25.25 |
| 2012 | 31.41 | 32.73 | 29.96 | 32.26 | 30.24 | 28.79 | 29.35 | 24.07 |
| 2013 | 31.03 | 31.45 | 31.57 | 29.78 | 30.72 | 31.88 | 29.35 | 26.41 |
| 2014 | 32.55 | 32.72 | 35.47 | 29.67 | 31.12 | 31.27 | 29.16 | 26.89 |

如表 5-9 所示,四个省(区、市)农村内部和城镇居民内部的基尼系数差异波动不大。(1)2000—2014 年的 15 年农村居民基尼系数中,贵州 2010 年最大为 0.35,最低 2000 年为 0.2751;广西最高是 2011 年的 0.3416,最低是 2005 年的 0.2605。整体比较,四个省(区、市)中,基尼系数最低的是四川省,多数年份在 0.3 以下。(2)而在 2000—2014 年的 15 年城镇居民可支配收入差异(基尼系数)中,贵州差异最大的年份是 2008 年,基尼系数是 0.3193,2000 年最低,基尼系数为 0.2396;广西最大的是 2003 年的 0.3585,最小的是 2000 年的 0.2549;四川最大的是 2002 年的 0.369,最小的是 2000 年的 0.285;重庆最大的是 2002 年的 0.3195,最小的是 2012 年的 0.2168。(3)从四个省(区、市)的比较来看,城镇居民可支配收入差异最小的是重庆,多数年份基尼系数都在 0.3 以下,而贵州的城镇居民可支配收入的差异较大,基尼系数都在 0.3 以上。从时间段上看,无

论是农村居民还是城镇居民，在2000年、2001年基尼系数都相对较低，而此后都有一个小幅度的上升。（4）基尼系数与人均收入增长的关系如图5-12、图5-13、图5-14、图5-15所示。

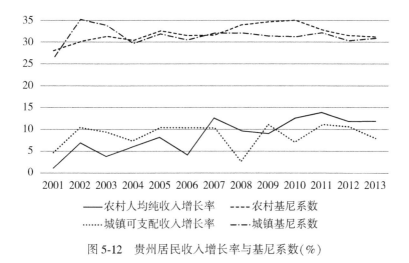

图5-12  贵州居民收入增长率与基尼系数(%)

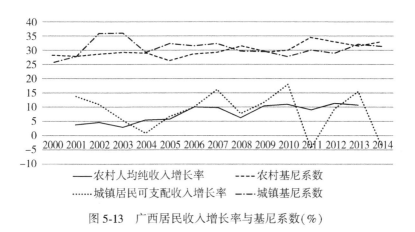

图5-13  广西居民收入增长率与基尼系数(%)

从图5-12至图5-15四个省(区、市)农村、城镇居民人均收入增长率与基尼系数比较来看，无论是农村居民还是城镇居民，随着收入的增长并没有引起收入差异的大幅度变化。虽然过去十几年居民收入快速增长，但基尼系数都维持在0.3左右。在2000年以前由于受计划经济体制影响，西南地区的农村或城镇居民内部的基尼系数应该比现在还要低，而居民的收入则每年都在递增，并不存在经济增长与收入差距的强负相关关系。

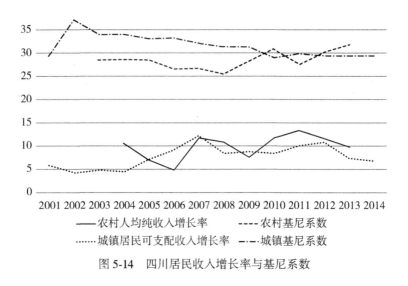

图 5-14　四川居民收入增长率与基尼系数

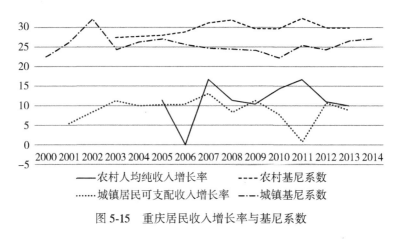

图 5-15　重庆居民收入增长率与基尼系数

## 5.4.1　贵、桂、川、渝农村居民收入增长、收入分配与贫困

根据益贫增长的"经济增长—收入分配—减贫"的三角关系，西南地区 2000 年以来减贫因素可能更多地来自经济增长的贡献。下文根据 Datt-Ravallion（1992）的贫困因素分解，在排除物价波动因素，贫困线不变的情况下，分析农村居民人

均纯收入增长、收入分配改善对绝对贫困率变化的贡献，即"贫困变动总效应 = 经济增长效应+收入分配改善效应"。

$$P(\mu_1,L_1)-P(\mu_0,L_0)=[P(\mu_1,L_0)-P(\mu_0,L_0)]+[P(\mu_0,L_1)-P(\mu_0,L_0)]+R$$

其中 $P$ 为贫困率，等式左边表示贫困变动的总效应，等式右边第一个式子收入增长的减贫效应，等式右边的第二个式子表示减贫的收入分配改善效应，$R$ 残差，表示经济增长与收入分配改善状况的交叉影响。魏众和别雍·古斯塔夫森（1999）认为，这部分残差是由于人口结构因素造成的。$\mu$ 表示人均收入值基期和报告期，$L$ 表示收入分配状况基期和报告期，计算环境为 POVCAL 软件。

$P(\mu_1,L_1)$ 计算的是报告期的贫困率；$P(\mu_0,L_0)$ 计算的是基期的贫困率。$P(\mu_1,L_0)$ 计算的是在保持基期收入分配状况不变条件下，人均收入增长为报告期时的贫困率，在操作过程中用基期的数据拟合收入分布曲线，代入对应报告期的收入均值。$P(\mu_0,L_1)$ 计数的是在人均收入不变的条件下，收入分配状况变为报告期时的贫困率，操作是用报告期的数据拟合收入分布曲线，代入基期的均值。在第四章贫困率的计算基础上，农村贫困线采用 2000 年的绝对贫困线人均 865 元/年，结果具体如表 5-10 至表 5-13 所示，表中负号表示贫困率减少，正号表示贫困率增长。总效应-（增长效应+分配效应）的差值为残差，表示受到经济增长和收入分配共同影响。通常情况下，经济增长减贫效应为负，表示经济增长降低贫困率；分配减贫效应可正可负，为正的时候表示收入分配公平状况恶化，增加了贫困率，说明收入分配对富人有利，为负时说明收入分配公平状况得到改善，对穷人有利，使穷人的收入增加。

表 5-10　　　　　　　　　四川农村绝对贫困变动分解（%）

| 年份 | 贫困广度（贫困人头指数 . H） | | | 贫困深度（贫困距离指数 . PG） | | | 贫困强度（平方距离指数 . SPG） | | |
|---|---|---|---|---|---|---|---|---|---|
| | 总效应 | 增长效应 | 分配效应 | 总效应 | 增长效应 | 分配效应 | 总效应 | 增长效应 | 分配效应 |
| 2003—2004 | -1.59 | -1.68 | 0.09 | -0.31 | -0.35 | 0.04 | -0.08 | -0.12 | 0.04 |
| 2004—2005 | -0.95 | -0.82 | 0.09 | -0.34 | -0.17 | -0.15 | -0.25 | -0.06 | -0.18 |

续表

| 年份 | 贫困广度（贫困人头指数 . H） | | | 贫困深度（贫困距离指数 . PG） | | | 贫困强度（平方距离指数 . SPG） | | |
|---|---|---|---|---|---|---|---|---|---|
| | 总效应 | 增长效应 | 分配效应 | 总效应 | 增长效应 | 分配效应 | 总效应 | 增长效应 | 分配效应 |
| 2005—2006 | −1.53 | −0.46 | −1.73 | −0.41 | −0.10 | −0.52 | −0.22 | −0.03 | −0.26 |
| 2006—2007 | −0.33 | −0.80 | 0.64 | −0.03 | −0.17 | 0.17 | 0.01 | −0.05 | 0.08 |
| 2007—2008 | −0.80 | −0.49 | −1.21 | −0.22 | −0.11 | −0.37 | −0.12 | −0.03 | −0.18 |
| 2008—2009 | 0.29 | −0.25 | 2.55 | 0.08 | −0.06 | 0.58 | 0.05 | −0.01 | 0.21 |
| 2009—2010 | 0.20 | −0.28 | 2.51 | 0.09 | −0.06 | 0.71 | 0.07 | 0.00 | 0.31 |
| 2010—2011 | −0.16 | −0.21 | −2.84 | 0.17 | −0.05 | −0.36 | 0.40 | 0.01 | 0.11 |
| 2011—2012 | −0.33 | −0.13 | 2.85 | −0.28 | −0.03 | 0.37 | −0.44 | 0.02 | −0.11 |
| 2012—2013 | 1.17 | −0.08 | 1.63 | 1.10 | −0.02 | 1.58 | 2.07 | 0.03 | 1.52 |
| 均值 | −0.40 | −0.52 | 0.46 | −0.02 | −0.11 | 0.21 | 0.15 | −0.02 | 0.15 |

表 5-11　　　　　　　　重庆农村绝对贫困变动分解( % )

| 年份 | 贫困广度（贫困人头指数 . H） | | | 贫困深度（贫困距离指数 . PG） | | | 贫困强度（平方距离指数 . SPG） | | |
|---|---|---|---|---|---|---|---|---|---|
| | 总效应 | 增长效应 | 分配效应 | 总效应 | 增长效应 | 分配效应 | 总效应 | 增长效应 | 分配效应 |
| 2004—2005 | −0.62 | −1.26 | 0.78 | −0.20 | −0.26 | 0.09 | −0.13 | −0.09 | −0.04 |
| 2005—2006 | −0.10 | 0.01 | 0.06 | −0.07 | 0.00 | −0.04 | −0.06 | 0.00 | −0.05 |
| 2006—2007 | 0.09 | −1.13 | 1.21 | 0.36 | −0.24 | 0.67 | 0.39 | −0.08 | 0.51 |
| 2007—2008 | 1.31 | −0.47 | 2.39 | 0.67 | −0.10 | 1.05 | 0.57 | −0.03 | 0.72 |
| 2008—2009 | −0.41 | −0.29 | 0.45 | 0.14 | −0.06 | 0.39 | 0.40 | −0.01 | 0.43 |
| 2009—2010 | −1.76 | −0.25 | −1.91 | −0.62 | −0.06 | −0.74 | −0.32 | −0.01 | −0.44 |
| 2010—2011 | −2.34 | −0.35 | −1.36 | −0.67 | −0.08 | −0.72 | 1.96 | 0.06 | −0.61 |
| 2011—2012 | 4.55 | 0.09 | 2.14 | 0.78 | 0.02 | 0.43 | −2.55 | −0.04 | 0.03 |

续表

| 年份 | 贫困广度 | | | 贫困深度 | | | 贫困强度 | | |
|---|---|---|---|---|---|---|---|---|---|
| | （贫困人头指数．H） | | | （贫困距离指数．PG） | | | （平方距离指数．SPG） | | |
| | 总效应 | 增长效应 | 分配效应 | 总效应 | 增长效应 | 分配效应 | 总效应 | 增长效应 | 分配效应 |
| 2012—2013 | -2.86 | -0.06 | -2.36 | -0.83 | -0.01 | -0.82 | -0.44 | 0.02 | -0.46 |
| 均值 | -0.24 | -0.41 | 0.16 | -0.05 | -0.09 | 0.03 | -0.02 | -0.02 | 0.01 |

表 5-12　　　　　　　广西农村绝对贫困变动分解（%）

| 年份 | 贫困广度 | | | 贫困深度 | | | 贫困强度 | | |
|---|---|---|---|---|---|---|---|---|---|
| | （贫困人头指数．H） | | | （贫困距离指数．PG） | | | （平方距离指数．SPG） | | |
| | 总效应 | 增长效应 | 分配效应 | 总效应 | 增长效应 | 分配效应 | 总效应 | 增长效应 | 分配效应 |
| 2000—2001 | -1.45 | -1.10 | -0.56 | 0.13 | -0.25 | 0.35 | 0.52 | -0.09 | 0.59 |
| 2001—2002 | 0.13 | -1.18 | 1.51 | -0.61 | -0.27 | -0.28 | -0.84 | -0.09 | -0.71 |
| 2002—2003 | 0.38 | -0.70 | 1.08 | 0.29 | -0.16 | 0.50 | 0.21 | -0.05 | 0.30 |
| 2003—2004 | -0.76 | -1.13 | 0.71 | -0.35 | -0.25 | 0.04 | -0.27 | -0.09 | -0.11 |
| 2004—2005 | -3.23 | -0.98 | -3.41 | -0.38 | -0.22 | -0.53 | 0.22 | -0.07 | 0.13 |
| 2005—2006 | 0.06 | -1.26 | 1.63 | 0.49 | -0.28 | 0.93 | 0.81 | -0.09 | 0.88 |
| 2006—2007 | 0.31 | -0.91 | 2.31 | -0.35 | -0.20 | 0.30 | -0.78 | -0.06 | -0.37 |
| 2007—2008 | 0.83 | -0.44 | 1.02 | 0.80 | -0.10 | 0.94 | 1.00 | -0.03 | 0.97 |
| 2008—2009 | -3.49 | -0.54 | -1.60 | -1.70 | -0.12 | -1.54 | -1.57 | -0.03 | -1.47 |
| 2009—2010 | 0.84 | -0.40 | 1.00 | 0.47 | -0.09 | 0.72 | 0.44 | -0.01 | 0.57 |
| 2010—2011 | 0.89 | -0.24 | 4.49 | 0.54 | -0.06 | 2.06 | 0.51 | 0.00 | 1.24 |
| 2011—2012 | 6.12 | -0.22 | -2.07 | 2.01 | -0.05 | -0.52 | 1.11 | 0.02 | 0.04 |
| 2012—2013 | -4.19 | -0.15 | 4.10 | -2.51 | -0.03 | -0.18 | -2.10 | 0.03 | -1.19 |
| 均值 | -0.27 | -0.71 | 0.79 | -0.09 | -0.16 | 0.22 | -0.06 | -0.04 | 0.07 |

表 5-13　　　　　　　　　　贵州农村绝对贫困变动分解( % )

| 年份 | 贫困广度 (贫困人头指数 . $H$) | | | 贫困深度 (贫困距离指数 . PG) | | | 贫困强度 (平方距离指数 . SPG) | | |
|---|---|---|---|---|---|---|---|---|---|
| | 总效应 | 增长效应 | 分配效应 | 总效应 | 增长效应 | 分配效应 | 总效应 | 增长效应 | 分配效应 |
| 2000—2001 | 1.49 | -0.56 | 2.09 | -0.49 | -0.16 | -0.31 | -0.70 | -0.06 | -0.63 |
| 2001—2002 | -4.16 | -3.71 | -0.09 | -0.17 | -1.01 | 0.91 | 0.59 | -0.39 | 1.00 |
| 2002—2003 | 1.64 | -1.95 | 3.73 | 0.03 | -0.51 | 0.92 | -0.42 | -0.19 | -0.02 |
| 2003—2004 | -4.71 | -2.70 | -1.91 | -0.99 | -0.68 | -0.34 | -0.17 | -0.25 | 0.07 |
| 2004—2005 | -0.93 | -3.14 | 1.87 | 0.63 | -0.75 | 1.72 | 0.76 | -0.27 | 1.32 |
| 2005—2006 | -2.73 | -1.37 | -1.00 | -0.98 | -0.32 | -0.68 | -0.52 | -0.11 | -0.46 |
| 2006—2007 | -3.68 | -3.30 | -0.51 | -0.51 | -0.73 | 0.28 | 0.24 | -0.26 | 0.50 |
| 2007—2008 | 0.38 | -1.81 | 4.11 | -0.42 | -0.39 | 1.58 | -0.76 | -0.13 | 0.39 |
| 2008—2009 | -1.97 | -1.24 | 0.52 | -0.40 | -0.27 | 0.25 | -0.05 | -0.09 | 0.20 |
| 2009—2010 | -2.18 | -1.16 | 0.42 | -0.47 | -0.25 | 0.20 | -0.08 | -0.08 | 0.16 |
| 2010—2011 | -2.45 | -0.81 | -2.75 | -0.58 | -0.18 | -1.06 | -0.14 | -0.05 | -0.49 |
| 2011—2012 | -1.66 | -0.45 | -1.21 | -0.60 | -0.10 | -0.81 | -0.42 | -0.02 | -0.60 |
| 2012—2013 | -0.85 | -0.30 | -0.83 | -0.19 | -0.07 | -0.62 | 0.01 | 0.00 | -0.35 |
| 均值 | -1.68 | -1.73 | 0.34 | -0.40 | -0.42 | 0.16 | -0.13 | -0.15 | 0.08 |

　　通过表 5-10 至表 5-13 对四个省(市、区)的农村居民绝对贫困变动效应分解得出如下结论。

　　(1)贵州经济增长减贫效应大于其他三个省(区、市)。从 2001 年到 2013 年的三个贫困指标中，贵州经济增长每年平均降低绝对贫困发生率为 1.73%，降低贫困距指数为 0.42%，降低平方距指数为 0.15%。相比之下，重庆的经济增长对绝对贫困率降低效应较小，2004 年至 2013 年，三个贫困指标，经济增长每年减贫效应分别是，降低绝对贫困发生率为 0.52%，降低贫困距指数为 0.11%，降低平方距指数为 0.02%，这主要是重庆作为西南的中心，城镇化率要高于其他省区，农村绝对贫困程度低，目前剩下的是深度贫困，通过市场经济活动很难解决贫困人口。

（2）经济增长减贫效应逐年递减。尤其是从2007年以来贵州、广西、四川、重庆四个省（市、区）经济增长对农村绝对贫困深度和贫困强度降低效应越来越低。贵州三个贫困指标降低的经济增长减贫效应，贫困人头指数从2007年的经济增长减贫3.03%降到2013年的0.3%，贫困距指数从2007年的经济增长减贫0.73%降到2013年的0.07%，平方距指数从2007年的经济增长减贫0.26%降到了2013年为0。

广西三个贫困指标降低的经济增长减贫效应，贫困人头指数从2007年的0.91%降到2013年0.15%，贫困距指数从0.2%降到2013年的0.03%，平方距指数从2007年的降低0.09%到2013年的反而变为增贫0.03%。

重庆三个贫困指标降低的经济增长减贫效应，贫困人头指数从2007年的减贫1.13%降到2013年的减贫0.06%，贫困距指数从2007年的减贫0.24%降到2013年减贫0.01%，平方距指数从2007年的减贫0.08%到了2013年反而增贫0.02%。

四川三个贫困指标降低的经济增长减贫效应，贫困人头指数从2007年的经济增长减贫0.8%降到2013年0.08%，贫困距指数从2007年经济增长减贫0.17%降到2013年减贫0.02%，平方距指数从2007年经济增长减贫0.05%降到了2013年经济增长反而增贫0.03%。

从2009年以来四川、重庆、广西的平方贫困距指数减贫效应为正，也即是说随着地区经济的增长，极度贫困人群贫困加深了，经济增长没有给极度贫困人群带来收入上的增加，反而使他们的境况变差。可能的原因是随着社会经济增长以及农村整体居民的收入增长，物价上涨，而极度贫困人口的收入没有太大变化，致使极度贫困人口的实际收入反而降低，贫困程度加深。

（3）分配状况改善变化的减贫效应在有的年份为负，表示收入分配公平改善增加了穷人的收入，贫困率降低。但多数年份为正表明收入分配恶化减少了穷人的收入，贫困率增加。四个省（市、区）三个贫困指标分配减贫效应在时间系列上没有明显的变化趋势，波动较大，但从三个贫困指标的比较来看，收入分配平方距指数减贫效应，要小于贫困人头指数和贫困距指数。重庆市平方距指数在2004—2013年，收入分配变化（基尼系数）平均每年增加平方距指数0.01%，而人头指数、贫困距指数收入分配(基尼系数)变化减贫效应,平均每年增加贫困率分别为 0.16%、0.03%;四川分配贫困效应平均每年使贫困人头指数提高0.46%,贫困距指数提高 0.21%,平方距指数提高 0.15%;广西分配贫困效应每年使得人头指数平均提高了 0.79%,贫困距指数提高 0.22%,平方距指数提高0.07%;贵州分配效应每年使得人头指数平均提高了 0.34%,贫困距指数提高0.16%,平方距指数提高 0.08%。这说明收入分配状况并没有明显抑制贫困率的降低,收入分配对深度贫困的人口影响较小。

在贫困变动分解为经济增长效应和分配效应的基础上,下文进一步分析经济增长减贫弹性和分配减贫弹性。"经济增长减贫弹性=经济增长减贫效应/经济增长率",表示经济每增长 1% 所引起的贫困率指标的变化。但关于经济增长率 Kakwani、Perni,Ravallion、Chen 有不同的看法,前者强调经济增长益贫弹性是整体经济增长益贫,因此增长率应该采用整个农村居民或城镇居民增长率,正如 Kakwani 和 Perni 提出的减贫等值增长率(PEGR)认为整体收入增长和分配差异的缩小是判断经济增长益贫的前提。而 Ravallion 和 Chen 提出的益贫增长率,关注的重点是穷人群体收入增长率相对于非穷人群体,这里的收入增长率应该是穷人(一般是收入最低 20%),国内林伯强(2003)研究中国经济增长与贫困减少采用了最低收入组(20%)人群的人均收入增长率。其他文献更多用的是整体人均收入增长率,本书采用的是农村居民人均收入增长率。分配减贫弹性=分配减贫效应/收入分配改善情况,收入分配改善状况主要用基尼系数的变动表示每当基尼系数变化一个百分点所引起贫困率指标变化。计算结果如表 5-14 至表 5-17 所示。

表 5-14　　　　　　　贵州农村绝对贫困增长弹性与分配弹性( % )

| 年份 | 贫困人头指数 H | | 贫困距离指数 PG | | 平方距离指数 SPG | |
|---|---|---|---|---|---|---|
| | 增长弹性 | 分配弹性 | 增长弹性 | 分配弹性 | 增长弹性 | 分配弹性 |
| 2000—2001 | -0.612 | 4.647 | -0.173 | -0.678 | -0.068 | -1.397 |
| 2001—2002 | -0.562 | -0.044 | -0.154 | 0.450 | -0.060 | 0.496 |
| 2002—2003 | -0.518 | 3.082 | -0.136 | 0.758 | -0.051 | -0.020 |

| 年份 | 贫困人头指数 H | | 贫困距离指数 PG | | 平方距离指数 SPG | |
|---|---|---|---|---|---|---|
| | 增长弹性 | 分配弹性 | 增长弹性 | 分配弹性 | 增长弹性 | 分配弹性 |
| 2003—2004 | −0.465 | 2.095 | −0.117 | 0.375 | −0.043 | −0.074 |
| 2004—2005 | −0.395 | 0.925 | −0.095 | 0.850 | −0.034 | 0.655 |
| 2005—2006 | −0.346 | 1.191 | −0.080 | 0.808 | −0.028 | 0.545 |
| 2006—2007 | −0.266 | −3.417 | −0.059 | 1.835 | −0.021 | 3.317 |
| 2007—2008 | −0.191 | 1.912 | −0.041 | 0.735 | −0.014 | 0.183 |
| 2008—2009 | −0.140 | 0.746 | −0.030 | 0.357 | −0.010 | 0.294 |
| 2009—2010 | −0.095 | 0.771 | −0.020 | 0.362 | −0.006 | 0.298 |
| 2010—2011 | −0.060 | 1.195 | −0.013 | 0.463 | −0.003 | 0.214 |
| 2011—2012 | −0.039 | 0.934 | −0.009 | 0.630 | −0.002 | 0.466 |
| 2012—2013 | −0.026 | 2.182 | −0.006 | 1.621 | 0.000 | 0.914 |
| 均值 | −0.29 | 1.25 | −0.07 | 0.66 | −0.03 | 0.45 |

表 5-14 所示，在 2000—2013 年，贵州平均经济增长减贫弹性和收入分配减贫弹性差异较大，平均经济每增长 1%，能降低贫困发生率 0.29%，降低贫困距指数 0.07%，降低平方距指数 0.03。但是收入分配减贫弹性是，平均每当基尼系数提高 1%，将造成贫困发生率上升 1.25%，贫困距指数上升 0.66%，平方距指数上升 0.45%，可以看出收入分配公平变化状况对贫困的影响比经济增长要深远。

从时间序列来看，经济增长减贫弹性也是在逐年递减，人头指数经济增长减贫弹性从 2000—2001 年的贫困发生率 0.612% 降低到 2012—2013 年 0.026%，贫困距离指数经济增长减贫弹性从 2000—2001 年的 0.173% 递减到 2012—2013 年的 0.006%，平方距指数增长减贫弹性从 2000—2001 年的 0.068% 降到 2012—2013 年为 0。收入分配减贫弹性波动较大，高的年份贫困发生率指数弹性在 2012—2013 年达到了 2.182%，低的年份 2006—2007 年为 −3.417%。贫困距指数高的年份 2006—2007 年达到 1.835%，低的年份 2000—2001 年为 −0.678%。平方距指数高的年份达到了 2006—2007 年的 3.317%，低的年份达到-1.397%，这说明贫困变化对整个农村收入变化的反应越来越迟钝，尤其是深度和强度贫困人群，而收入分配变化引起贫困变化的敏感性越来越强。

表 5-15　　　　　　　广西农村贫困增长弹性与分配弹性(%)

| 年份 | 贫困人头指数 H | | 贫困距指数 PG | | 平方距指数 SPG | |
|---|---|---|---|---|---|---|
| | 增长弹性 | 分配弹性 | 增长弹性 | 分配弹性 | 增长弹性 | 分配弹性 |
| 2000—2001 | -0.300 | -0.404 | -0.069 | -0.691 | -0.025 | -1.183 |
| 2001—2002 | -0.266 | -0.231 | -0.060 | -0.327 | -0.021 | -0.820 |
| 2002—2003 | -0.239 | 0.000 | -0.054 | 1.122 | -0.019 | 0.673 |
| 2003—2004 | -0.208 | 1.913 | -0.046 | -0.242 | -0.016 | 0.634 |
| 2004—2005 | -0.173 | -0.425 | -0.038 | 0.193 | -0.013 | -0.048 |
| 2005—2006 | -0.131 | -0.114 | -0.029 | 0.352 | -0.009 | 0.330 |
| 2006—2007 | -0.094 | -1.661 | -0.021 | 0.450 | -0.006 | -0.561 |
| 2007—2008 | -0.072 | 0.144 | -0.016 | 0.549 | -0.004 | 0.566 |
| 2008—2009 | -0.053 | 0.824 | -0.012 | 0.943 | -0.003 | 0.901 |
| 2009—2010 | -0.037 | 0.348 | -0.009 | 1.049 | -0.001 | 0.820 |
| 2010—2011 | -0.027 | -0.836 | -0.006 | 0.510 | 0.000 | 0.308 |
| 2011—2012 | -0.020 | -5.883 | -0.005 | 0.361 | 0.001 | -0.029 |
| 2012—2013 | -0.015 | 6.358 | -0.003 | 0.138 | 0.003 | 0.929 |
| 均值 | -0.126 | 0.003 | -0.028 | 0.339 | -0.009 | 0.194 |

　　如表 5-15 所示，2000—2013 年，每年平均广西经济增长减贫弹性三个贫困指数，分别是 0.126%、0.028%、0.009%，相当于经济每增加一个百分点，人头贫困指数下降 0.126 个百分点，贫困距指数下降 0.028 个百分点，平方距指数降低 0.009 个百分点，经济增长减贫弹性相比较贫困距、平方距指数较小，说明

贫困率对经济增长敏感反应不足，在 2007 年以后经济增长对贫困距和平方距弹性几乎为零。分配弹性在贫困距指数和平方距指数上明显居高，2001—2013 年，可以发现每当基尼系数增加 1%，将造成贫困距指数增加 0.339%，平方距指数增加 0.194%，说明当收入分配恶化，越贫困的人受到的影响越大，变得更加贫困。

表 5-16 　　　　　　　　　**重庆农村贫困增长弹性与分配弹性( %)**

| 年份 | 贫困人头指数 H | | 贫困距指数 PG | | 平方距指数 SPG | |
|---|---|---|---|---|---|---|
| | 增长弹性 | 分配弹性 | 增长弹性 | 分配弹性 | 增长弹性 | 分配弹性 |
| 2004—2005 | −0.115 | 1.959 | −0.024 | 0.221 | −0.008 | −0.092 |
| 2005—2006 | −0.100 | 0.314 | −0.020 | −0.215 | −0.006 | −0.244 |
| 2006—2007 | −0.068 | 1.269 | −0.014 | 0.702 | −0.005 | 0.532 |
| 2007—2008 | −0.041 | 1.129 | −0.009 | 0.494 | −0.003 | 0.340 |
| 2008—2009 | −0.028 | 0.539 | −0.006 | 0.467 | −0.001 | 0.517 |
| 2009—2010 | −0.018 | 0.828 | −0.004 | 0.319 | 0.000 | 0.192 |
| 2010—2011 | −0.021 | −5.651 | −0.005 | −3.000 | 0.004 | −2.538 |
| 2011—2012 | 0.008 | 0.832 | 0.002 | 0.167 | −0.003 | 0.012 |
| 2012—2013 | −0.006 | 0.953 | −0.001 | 0.332 | 0.002 | 0.186 |
| 均值 | −0.043 | 0.241 | −0.009 | −0.057 | −0.002 | −0.121 |

表 5-17 　　　　　　　　　**四川农村贫困增长弹性与分配弹性( %)**

| 年份 | 贫困人头指数 H | | 贫困距指数 PG | | 平方距指数 SPG | |
|---|---|---|---|---|---|---|
| | 增长弹性 | 分配弹性 | 增长弹性 | 分配弹性 | 增长弹性 | 分配弹性 |
| 2003—2004 | −0.162 | 0.867 | −0.034 | 0.447 | −0.011 | 0.359 |
| 2004—2005 | −0.120 | −0.390 | −0.025 | 0.621 | −0.008 | 0.762 |
| 2005—2006 | −0.097 | 0.899 | −0.020 | 0.267 | −0.006 | 0.136 |
| 2006—2007 | −0.070 | 3.786 | −0.015 | 1.029 | −0.004 | 0.471 |
| 2007—2008 | −0.046 | 1.005 | −0.010 | 0.304 | −0.003 | 0.153 |

| 年份 | 贫困人头指数 $H$ | | 贫困距指数 PG | | 平方距指数 SPG | |
|---|---|---|---|---|---|---|
| | 增长弹性 | 分配弹性 | 增长弹性 | 分配弹性 | 增长弹性 | 分配弹性 |
| 2008—2009 | −0.034 | 0.901 | −0.008 | 0.203 | −0.001 | 0.075 |
| 2009—2010 | −0.024 | 0.961 | −0.006 | 0.273 | 0.000 | 0.118 |
| 2010—2011 | −0.016 | 0.849 | −0.004 | 0.107 | 0.001 | −0.033 |
| 2011—2012 | −0.011 | 1.095 | −0.003 | 0.143 | 0.002 | −0.041 |
| 2012—2013 | −0.008 | 1.014 | −0.002 | 0.980 | 0.003 | 0.944 |
| 均值 | −0.059 | 1.099 | −0.013 | 0.437 | −0.003 | 0.294 |

从表 5-16 和表 5-17 可以看出，四川、重庆农村经济增长减贫弹性都比较低，平均每年人均收入增长 1%，而绝对贫困发生率降低不到 0.1%，对贫困深度可强度的变化影响更是甚微。重庆人均收入增长 1%分别降低人头指数、贫困距指数、平方距指数 0.043%、0.009%，0.002%；四川农村人均收入增长 1%，绝对贫困发生率降低（人头指数）0.059%，贫困距指数降低 0.013%，平方距指数降低 0.003%。而收入分配状况改善对其影响较大，四川省基尼系数增加 1%，可使人头指数增加 1.099%，贫困距指数增加 0.437%，平方距指数增加 0.294%；重庆市基尼系数每降低 1%，则使贫困人头指数增加 0.241%，降低贫困距指数 0.057%，降低平方距指数 0.121%。这现象与贵州、广西的情况相似，收入增长变化对引起贫困变化敏感性较弱，而收入分配变化引起贫困变化的敏感性较强。

## 5.4.2　贵、桂、川、渝城镇居民收入增长、收入分配与贫困

根据农村贫困率分解的方法，下文对贵州、广西、四川的城镇居民绝对贫困变动分解，以 2000 年为基期，贫困线为年人均可支配收入 1875 元。由于在第四章已计算出重庆城镇居民绝对贫困率较低，数字动态变化不明显，所以在此不作进一步分析。贫困变动经济增长效应与分配效应分解如表 5-18、表 5-19、表 5-20所示。

表 5-18                       贵州城镇居民绝对贫困变动分解( % )

| 年份 | 贫困人头指数 H | | | 贫困距指数 PG | | | 平方距指数 SPG | | |
|---|---|---|---|---|---|---|---|---|---|
| | 总体效应 | 增长效应 | 分配效应 | 总体效应 | 增长效应 | 分配效应 | 总体效应 | 增长效应 | 分配效应 |
| 2000—2001 | 0.581 | -0.431 | 1.011 | -0.162 | -0.092 | -0.078 | -0.292 | -0.028 | -0.265 |
| 2001—2002 | 3.492 | -0.713 | 5.710 | 2.265 | -0.154 | 2.901 | 2.281 | -0.043 | 2.454 |
| 2002—2003 | -2.314 | -0.456 | -1.047 | -1.224 | -0.101 | -0.933 | -1.236 | -0.023 | -1.084 |
| 2003—2004 | -2.622 | -0.267 | -2.745 | -1.115 | -0.060 | -1.280 | -0.910 | -0.009 | -0.967 |
| 2004—2005 | 0.431 | -0.278 | 2.933 | 0.053 | -0.063 | 0.775 | -0.039 | -0.002 | 0.260 |
| 2005—2006 | -1.265 | -0.197 | -2.381 | -0.218 | -0.045 | -0.603 | 0.015 | 0.009 | -0.172 |
| 2006—2007 | -0.470 | -0.146 | 1.290 | -0.244 | -0.033 | 0.097 | -0.236 | 0.019 | -0.115 |
| 2007—2008 | 0.923 | -0.029 | 0.557 | 0.634 | -0.006 | 0.806 | 0.764 | 0.006 | 0.772 |
| 2008—2009 | -0.705 | -0.108 | -0.115 | -0.396 | -0.023 | -0.302 | -0.457 | 0.034 | -0.355 |
| 2009—2010 | -0.159 | -0.055 | 0.413 | -0.076 | -0.011 | 0.095 | -0.077 | 0.028 | 0.006 |
| 2010—2011 | -0.245 | -0.069 | 0.605 | -0.100 | -0.011 | 0.112 | -0.084 | 0.055 | 0.003 |
| 2011—2012 | -0.121 | -0.051 | -1.945 | 0.091 | -0.006 | -0.422 | 0.300 | 0.066 | -0.052 |
| 2012—2013 | -0.220 | -0.032 | 0.230 | -0.162 | -0.001 | -0.101 | -0.254 | 0.060 | -0.159 |
| 2013—2014 | 0.369 | -0.023 | 1.359 | 0.340 | 0.001 | 0.795 | 0.620 | 0.059 | 0.596 |
| 均值 | -0.166 | -0.204 | 0.420 | -0.022 | -0.043 | 0.133 | 0.028 | 0.017 | 0.066 |

表 5-19                       四川城镇居民绝对贫困变动分解( % )

| 年份 | 贫困人头指数 H | | | 贫困距指数 PG | | | 平方距指数 SPG | | |
|---|---|---|---|---|---|---|---|---|---|
| | 总体效应 | 增长效应 | 分配效应 | 总体效应 | 增长效应 | 分配效应 | 总体效应 | 增长效应 | 分配效应 |
| 2000—2001 | -1.094 | -0.639 | -0.460 | -0.304 | -0.128 | -0.192 | -0.148 | -0.042 | -0.114 |
| 2001—2002 | 5.453 | -0.399 | 6.381 | 3.155 | -0.079 | 3.491 | 3.151 | -0.026 | 3.205 |
| 2002—2003 | -2.096 | -0.375 | -1.046 | -2.092 | -0.074 | -1.824 | -2.622 | -0.024 | -2.421 |
| 2003—2004 | -0.803 | -0.287 | -0.477 | 0.008 | -0.057 | 0.087 | 0.184 | -0.019 | 0.212 |
| 2004—2005 | -1.508 | -0.360 | -1.483 | -0.250 | -0.072 | -0.288 | 0.100 | -0.024 | 0.039 |

续表

| 年份 | 贫困人头指数 H | | | 贫困距指数 PG | | | 平方距指数 SPG | | |
|---|---|---|---|---|---|---|---|---|---|
| | 总体效应 | 增长效应 | 分配效应 | 总体效应 | 增长效应 | 分配效应 | 总体效应 | 增长效应 | 分配效应 |
| 2005—2006 | -0.492 | -0.332 | -0.073 | 0.024 | -0.067 | 0.134 | 0.262 | -0.022 | 0.229 |
| 2006—2007 | -1.280 | -0.290 | -0.982 | -0.651 | -0.061 | -0.641 | -0.681 | -0.019 | -0.624 |
| 2007—2008 | -0.679 | -0.137 | -0.702 | -0.323 | -0.030 | -0.401 | -0.315 | -0.009 | -0.327 |
| 2008—2009 | -0.466 | -0.104 | 0.120 | -0.211 | -0.023 | -0.209 | -0.190 | -0.006 | -0.208 |
| 2009—2010 | 0.097 | -0.073 | -1.124 | 0.123 | -0.017 | -0.024 | 0.179 | -0.003 | 0.122 |
| 2010—2011 | 0.110 | -0.065 | -0.088 | 0.188 | -0.015 | 0.174 | 0.435 | -0.001 | 0.247 |
| 2011—2012 | -0.379 | -0.050 | -0.945 | -0.299 | -0.012 | -0.487 | -0.523 | 0.002 | -0.415 |
| 2012—2013 | 0.598 | -0.026 | 1.660 | 0.852 | -0.006 | 1.068 | 2.606 | 0.003 | 1.137 |
| 2013—2014 | -0.595 | -0.048 | -1.037 | -0.810 | -0.010 | -0.871 | -2.479 | 0.012 | -1.025 |
| 均值 | -0.224 | -0.227 | -0.018 | -0.042 | -0.047 | 0.001 | -0.003 | -0.013 | 0.004 |

表 5-20　　　　　　　　广西城镇居民绝对贫困变动分解(%)

| 年份 | 贫困人头指数 H | | | 贫困距指数 PG | | | 平方距指数 SPG | | |
|---|---|---|---|---|---|---|---|---|---|
| | 总体效应 | 增长效应 | 分配效应 | 总体效应 | 增长效应 | 分配效应 | 总体效应 | 增长效应 | 分配效应 |
| 2000—2001 | 0.119 | -0.646 | 1.123 | 0.113 | -0.115 | 0.312 | 0.100 | -0.036 | 0.166 |
| 2001—2002 | 2.496 | -0.292 | 4.545 | 1.253 | -0.055 | 1.846 | 1.173 | -0.017 | 1.350 |
| 2002—2003 | -0.301 | -0.101 | 0.198 | -0.017 | -0.020 | 0.119 | 0.097 | -0.006 | 0.116 |
| 2003—2004 | -1.856 | -0.011 | -2.835 | -0.978 | -0.002 | -1.300 | -1.006 | -0.001 | -1.060 |
| 2004—2005 | -0.117 | -0.093 | 1.499 | -0.208 | -0.019 | 0.135 | -0.257 | -0.006 | -0.125 |
| 2005—2006 | -1.334 | -0.097 | -1.580 | -0.386 | -0.021 | -0.647 | -0.211 | -0.006 | -0.350 |
| 2006—2007 | -0.065 | -0.098 | 0.710 | 0.018 | -0.022 | 0.251 | 0.027 | -0.004 | 0.122 |
| 2007—2008 | 0.104 | -0.031 | -0.848 | 0.121 | -0.007 | 0.031 | 0.159 | 0.000 | 0.136 |
| 2008—2009 | -0.277 | -0.035 | -0.538 | -0.118 | -0.008 | -0.230 | -0.105 | 0.001 | -0.148 |
| 2009—2010 | -0.254 | -0.034 | -1.673 | -0.113 | -0.008 | -0.494 | -0.108 | 0.006 | -0.242 |

续表

| 年份 | 贫困人头指数 $H$ | | | 贫困距指数 PG | | | 平方距指数 SPG | | |
|---|---|---|---|---|---|---|---|---|---|
| | 总体效应 | 增长效应 | 分配效应 | 总体效应 | 增长效应 | 分配效应 | 总体效应 | 增长效应 | 分配效应 |
| 2010—2011 | 0.328 | 0.008 | 1.582 | 0.221 | 0.002 | 0.622 | 0.323 | −0.002 | 0.395 |
| 2011—2012 | −0.063 | −0.014 | −0.908 | 0.022 | −0.003 | −0.174 | 0.160 | 0.004 | −0.026 |
| 2012—2013 | −0.080 | −0.018 | 0.846 | −0.077 | −0.003 | 0.108 | −0.170 | 0.009 | −0.030 |
| 2013—2014 | 0.124 | 0.004 | 1.132 | 0.080 | 0.001 | 0.364 | 0.103 | −0.003 | 0.194 |
| 均值 | −0.084 | −0.104 | 0.232 | −0.005 | −0.020 | 0.067 | 0.020 | −0.004 | 0.036 |

通过表 5-18 至表 5-20 对 2000—2014 年贵州、广西、四川城镇居民绝对贫困变动的经济增长效应和收入分配效应分解发现:

一是贫困发生率(人头指数: $H$)。四川的经济增长的减贫效应要高于贵州、广西。贵州城镇居民绝对贫困年均减少 0.166%, 其中经济增长贡献了 1.104%, 收入分配不平等恶化抑制了贫困率的降低, 使得贫困率年均增长 0.42%; 四川年均城镇居民贫困率降低 0.224%, 其中经济增长贡献了 0.227%, 收入分配改善贡献了 0.018%; 广西年均贫困率降低 0.084%, 其中经济增长贡献 0.104%, 收入分配恶化抑制贫困率降低 0.232%, 经济增长减贫效应低于收入分配抑制效应。

二是贫困深度(贫困距指数: PG)。四川年均降低 0.042%, 其中经济增长贡献了 0.047%, 收入分配改善使得贫困率降低 0.001%; 广西年均贫困率降低 0.005%, 其中经济增长贡献 0.2%, 收入分配恶化反而使贫困率增加 0.067%; 贵州年均贫困率降低 0.022%, 其中经济增长贡献了 0.043%, 收入分配恶化反时贫困年均增长 0.133%。

三是贫困强度(平方距指数: SPG)。四川年均降低 0.003%, 其中经济增长贡献 0.013%, 收入分配抑制使得贫困强度指数上升 0.004%; 广西平方距指数净值反而年均增长 0.02%, 经济增长贡献 0.004%, 收入分配恶化降低 0.036%; 贵州平方距指数净值反而年均增长 0.028, 经济增长使得贫困强度指数年均增长 0.017%, 收入分配使得贫困强度指数年净增加 0.066%。

通过对三个省城镇居民绝对贫困变动的经济增长和收入分配效应的分解, 可以发现经济增长对降低深度和顽固性贫困功效越来越弱，而收入分配对贫困的影响越来越强烈。

下面进一步计算三个省收入增长和分配变化的减贫弹性，方法与计算农村贫困弹性方法一致，计算结果如表 5-21、表 5-22 和表 5-23 所示。

表 5-21 　　　　　　　　　　　　贵州城镇居民贫困弹性

| 年份 | 贫困人头指数 H | | 贫困距指数 PG | | 平方距指数 SPG | |
|---|---|---|---|---|---|---|
| | 增长弹性 | 分配弹性 | 增长弹性 | 分配弹性 | 增长弹性 | 分配弹性 |
| 2000—2001 | −0.095 | 0.4657 | −0.0201 | −0.0361 | −0.0061 | −0.1220 |
| 2001—2002 | −0.070 | 0.6409 | −0.0152 | 0.3256 | −0.0043 | 0.2754 |
| 2002—2003 | −0.050 | 0.7994 | −0.0109 | 0.7124 | −0.0025 | 0.8271 |
| 2003—2004 | −0.037 | 0.6694 | −0.0084 | 0.3123 | −0.0013 | 0.2359 |
| 2004—2005 | −0.027 | 1.3901 | −0.0062 | 0.3673 | −0.0002 | 0.1233 |
| 2005—2006 | −0.020 | 1.7009 | −0.0045 | 0.4308 | 0.0009 | 0.1231 |
| 2006—2007 | −0.014 | 0.8319 | −0.0033 | 0.0625 | 0.0019 | −0.0741 |
| 2007—2008 | −0.012 | 13.9175 | −0.0027 | 20.1375 | 0.0026 | 19.3025 |
| 2008—2009 | −0.010 | 0.2946 | −0.0021 | 0.7751 | 0.0031 | 0.9105 |
| 2009—2010 | −0.008 | −1.0882 | −0.0015 | −0.2500 | 0.0041 | −0.0147 |
| 2010—2011 | −0.006 | 0.6797 | −0.0010 | 0.1260 | 0.0050 | 0.0030 |
| 2011—2012 | −0.005 | 1.0746 | −0.0005 | 0.2331 | 0.0064 | 0.0289 |
| 2012—2013 | −0.004 | 0.4788 | −0.0002 | −0.2102 | 0.0077 | −0.3308 |
| 2013—2014 | −0.003 | 3.3980 | 0.0001 | 1.9872 | 0.0089 | 1.4890 |

表 5-22 　　　　　　　　　　　　广西城镇贫困弹性

| 年份 | 贫困人头指数 H | | 贫困距指数 PG | | 平方距指数 SPG | |
|---|---|---|---|---|---|---|
| | 增长弹性 | 分配弹性 | 增长弹性 | 分配弹性 | 增长弹性 | 分配弹性 |
| 2000—2001 | −0.0476 | 0.5505 | −0.0085 | 0.1530 | −0.0026 | 0.0812 |
| 2001—2002 | −0.0272 | 0.5618 | −0.0051 | 0.2282 | −0.0016 | 0.1668 |

续表

| 年份 | 贫困人头指数 H | | 贫困距指数 PG | | 平方距指数 SPG | |
|---|---|---|---|---|---|---|
| | 增长弹性 | 分配弹性 | 增长弹性 | 分配弹性 | 增长弹性 | 分配弹性 |
| 2002—2003 | −0.0192 | 0.8613 | −0.0037 | 0.5161 | −0.0012 | 0.5043 |
| 2003—2004 | −0.0172 | 0.4157 | −0.0034 | 0.1906 | −0.0010 | 0.1554 |
| 2004—2005 | −0.0143 | 0.5151 | −0.0029 | 0.0464 | −0.0009 | −0.0430 |
| 2005—2006 | −0.0101 | 2.4680 | −0.0021 | 1.0109 | −0.0006 | 0.5475 |
| 2006—2007 | −0.0061 | 0.9725 | −0.0013 | 0.3436 | −0.0003 | 0.1666 |
| 2007—2008 | −0.0041 | 0.3504 | −0.0010 | −0.0126 | 0.0000 | −0.0561 |
| 2008—2009 | −0.0030 | 4.4817 | −0.0007 | 1.9200 | 0.0001 | 1.2292 |
| 2009—2010 | −0.0019 | 0.9347 | −0.0004 | 0.2757 | 0.0003 | 0.1353 |
| 2010—2011 | −0.0017 | 0.7571 | −0.0004 | 0.2978 | 0.0005 | 0.1891 |
| 2011—2012 | −0.0015 | 0.9083 | −0.0003 | 0.1742 | 0.0004 | 0.0260 |
| 2012—2013 | −0.0012 | 0.2737 | −0.0002 | 0.0349 | 0.0006 | −0.0095 |
| 2013—2014 | −0.0011 | −1.8557 | −0.0002 | −0.5974 | 0.0008 | −0.3187 |

表 5-23　　　　　　　　　　　　　　四川城镇贫困弹性

| 年份 | 贫困人头指数 H | | 贫困距指数 PG | | 平方距指数 SPG | |
|---|---|---|---|---|---|---|
| | 增长弹性 | 分配弹性 | 增长弹性 | 分配弹性 | 增长弹性 | 分配弹性 |
| 2000—2001 | −0.112 | −0.554 | −0.022 | −0.231 | −0.007 | −0.138 |
| 2001—2002 | −0.094 | 0.843 | −0.019 | 0.461 | −0.006 | 0.423 |
| 2002—2003 | −0.079 | 0.338 | −0.016 | 0.588 | −0.005 | 0.781 |
| 2003—2004 | −0.065 | 9.540 | −0.013 | −1.748 | −0.004 | −4.236 |
| 2004—2005 | −0.051 | 1.745 | −0.010 | 0.338 | −0.003 | −0.046 |
| 2005—2006 | −0.037 | −0.488 | −0.007 | 0.895 | −0.002 | 1.529 |
| 2006—2007 | −0.024 | 0.910 | −0.005 | 0.594 | −0.002 | 0.577 |
| 2007—2008 | −0.016 | 0.816 | −0.004 | 0.467 | −0.001 | 0.380 |
| 2008—2009 | −0.012 | 1.505 | −0.003 | −2.617 | −0.001 | −2.594 |

续表

| 年份 | 贫困人头指数 H | | 贫困距指数 PG | | 平方距指数 SPG | |
|---|---|---|---|---|---|---|
| | 增长弹性 | 分配弹性 | 增长弹性 | 分配弹性 | 增长弹性 | 分配弹性 |
| 2009—2010 | −0.009 | 0.482 | −0.002 | 0.010 | 0.000 | −0.052 |
| 2010—2011 | −0.006 | −0.109 | −0.002 | 0.215 | 0.000 | 0.305 |
| 2011—2012 | −0.005 | 2.953 | −0.001 | 1.523 | 0.000 | 1.297 |
| 2012—2013 | −0.004 | 0.000 | −0.001 | 0.000 | 0.000 | 0.000 |
| 2013—2014 | −0.007 | 5.460 | −0.002 | 4.585 | 0.002 | 5.393 |

通过表 5-21 至表 5-23，发现贵州、广西、四川三个省（区）的城镇居民人均收入增长减贫弹性逐年递减，尤其是在 2008 年以后，四川三个贫困指标的增长弹性几乎为零，即是全体城镇居民人均收入每增长一个百分点，贫困的变化几乎为零，说明贫困对经济增长的敏感性越来越弱。广西贫困深度和强度指标增长弹性也近似为零，只有贵州的增长弹性略微偏高，但贵州在 2004 年以后经济增长的平方距指数减贫弹性为正，说明经济每增长 1%，不但没有降低贫困平方距指数，反而使平方距指数增加。平方距指数主要是强调极度性贫困人口的贫困率，也即是说全体城镇居民收入的增加反而加重极度贫困人群的贫困程度。分配减贫弹性绝对值大于增长减贫弹性值，并且波动较大，说明收入分配平等的改善对绝对贫困人群的贫困影响较大。

## 本章小结

通过对益贫式增长理论和判断方法梳理，且借鉴其思想方法，对贵州、广西、四川、重庆西南地区农村居民和城镇居民不同收入组增长率的比较分析，发现农村或城镇居民收入最低的 40% 人口（中等以下收入组人群）的增长速度集中在 2000 年以来，多数年份是低于整体居民人均纯收入的增长的，按照相对益贫（Ravallion 和 Chen）思想，西南地区的增长是非益贫的。但如果按照"只要贫困人口的收入增长率是大于零就是益贫的"，或者考虑同等增长率条件下，低收入人群收入增长外部效应要比高收入人群强(假设高收入人群和低收入人群的收入都增长 1%，但收入增长 1% 给穷人带来的影响要远比对富人带来的影响要大)，2000 年以来西南西区的增长是益贫的，因为通过测算低收入组人均收入的增长率与社会人均收入增长率差距较小。通过人均收入增长率与基尼系数的比较发现，在贵州、广西、四川、重庆四个省区市中，并没有出现人均收入的增加引起基尼系数的大幅度增长，四个省区市的基尼系数多数年份维持在 0.3 左右。

进一步对农村绝对贫困经济增长效应和收入分配效应的分解，以及增长益贫弹性和分配益贫弹性测算，发现人均收入增长在 2008 年以前对绝对贫困的减贫效应较大，西南地区大幅度降低贫困率主要因素来自人均收入的增长。而之后则大幅度降低，人均收入增长对减少绝对贫困发生率(贫困广度)效应要大于贫困深度和强度度效应，贫困弹性也得出类似的结论。农村绝对贫困的增长弹性越来越低，也即通过提高全体农村居民收入增长形式降低贫困越来越困难。但是分配弹性和分配减贫效应越来越大，贫困变动对调整收入差异越来越敏感。对于城镇居民绝对贫困，经济增长的减贫效应和弹性越来越低，在 2008 年以后，人均收入的增长对降低贫困的作用几乎为零，而收入分配的变动对贫困率的影响较大。

经济增长对绝对贫困益贫效率越来越低，其根本的原因是，当前的贫困重点不是绝对贫困，按照 2015 年 11 月中央农村工作领导小组对当前 7000 多万农村贫困人口(2014 年底数据)的扶贫工作思路，3000 万通过发展生产脱贫、1000 万通过异地搬迁脱贫、1000 万通过用过转移就业脱贫、2000 多万需要政府社会保障兜底。那么西南地区当前农村绝对贫困人口有一部分应该属于需要社会保障兜底之一，主要是丧失劳动力，或者没有劳动能力(老弱病残)的人群，这类人群经济活动的参与率低，是属于深度贫困的人群，经济增长对其脱贫的功效甚微，只有通过社会二次收入分配、社会保障等形式帮助其脱贫。

总体来看，过去依靠经济增长(人均收入增加)能够帮助西南地区大幅度地减贫，实现了益贫式的增长。但现有的益贫增长对深度贫困人群影响不够，通过现有的经济增长形式减贫的效率越来越低，而收入分配差异的变化对贫困的影响越来越深入。因此当前脱贫攻坚完全依靠市场经济活动是不够的，必须依靠政府的干预，或者说是现有的经济发展方式对减贫的影响小，要想到达理想的减贫效果，必须转变经济发展方式。

# 第6章　西南地区益贫式增长路径
## ——基于特色农业视角

益贫式增长路径的核心在于提高贫困人口经济活动的参与程度，这里的参与或指经济活动过程参与（就业），或者是参与投资入股，最终参与分享成果；或者说在产业发展过程中劳动越密集，实现益贫的效果越好，反之如果贫困人口参与经济发展的程度不高，则经济增长的益贫性就差。

## 6.1　西南地区益贫增长的发展方式

过去西南地区减贫主要通过非农就业形式，实现农业剩余劳动力的转移获得工资性的收入，这种思想源于刘易斯二元经济结构和费景汉-拉尼斯模型。20 世纪 90 年代以来农村劳动力转移的实践，也已证实剩余劳动力转移确实是有效的减贫路径。郭志仪、祝伟(2009)以贫困人口工资性收入占总收入的比重代替市场参与率指标，采用 2003 年国家统计局 592 个国家扶贫开发重点县数据通过虚拟变量普通最小二乘法回归，发现山区、少数民族地区与其他地区相比，少数民族集聚的地区市场参与率(工资性收入比重)最低；岳希明、罗楚亮(2010)通过对 2007 年、2008 年 9 个省(市)微观住户调查数据研究外出务工就业对缓解贫困的贡献发现，外出务工就业能明显降低贫困发生，且对不同贫困率指标都有明显的稳定下降趋势。从全国农村贫困监测报告(表 6-1)2000 年、2005 年、2010 年来看贫困农户工资性收入的比重不断扩大，三年分别为 13%、16%、32%。但收入的主要来源还是家庭经营收入和农业收入，且从 2008 年金融危机以来，东部沿海省份产业结构升级，对初级劳动力需求越来越少，通过劳动力转移减贫的功效将会越来越弱。同时由于农村青壮年劳动力的转移，留下农村"空巢老人""留守儿童"和妇女，整个农村发展凋零，出现了许多的社会问题。

表 6-1　　　　　　　　　贫困农户收入来源(单位：元)

| | 2000 年 | | 2005 年 | | 2010 年 | |
|---|---|---|---|---|---|---|
| | 全国 | 贫困农户 | 全国 | 贫困农户 | 全国 | 贫困农户 |
| 人均纯收入 | 2253 | 707 | 3255 | 740 | 5919 | 2003 |
| 工资性收入 | 702 | 160 | 1175 | 200 | 2431 | 681 |
| 家庭经营收入 | 1427 | 517 | 1845 | 490 | 2833 | 1100 |
| 农业收入 | 1091 | 464 | 1470 | 457 | 2231 | 1020 |
| 非农收入 | 336 | 54 | 375 | 33 | 602 | 80 |
| 财产性收入 | 45 | 8 | 88 | 12 | 202 | 34 |
| 转移性收入 | 79 | 22 | 147 | 39 | 453 | 188 |

数据来源：《中国农村贫困监测报告 2011》。

西南地区的益贫发展，从政府干预角度来说，20 世纪 80 年代后就提出对贫困地区实行开发式扶贫，通过项目开发、科技培训、专业合作社等形式提高农村社会的生产力，增强贫困者的造血机能，由"输血"改为"造血"，将扶贫的"主动权"交给贫困地区，调动贫困主体的积极性和主动性，改变贫困地区的"等""靠""拿"的消极思想，实现"要我脱贫"向"我要脱贫"的观念转变。正如邓大才教授所说，扶贫开发先后经历了 5 个版本：1.0 版本是给钱，2.0 版本是给项目，3.0 版本是做好服务，4.0 版本是建设组织，5.0 版本是能力培育，① 当前很多地方的发展还处于 2.0 版本。

政府在益贫式增长方面的职能在于，给贫困人口发展消除发展制度、公共设施基础障碍。2013 年国家主席习近平在湖南湘西考察时，首次提出"精准扶贫"，对贫困地区、贫困人口扶贫做到精准管理、精准识别、精准帮扶。对西南地区来说制约发展的是居住生活的环境，所以在近两年各省市都在轰轰烈烈地开展"异地搬迁扶贫""挪穷窝""拔穷根"，将居住在山高谷深，交通、就医、就学不便的

———————————

① 参见中国农村研究网，http：//www.ccrs.org.cn/。

散居农户家庭集中搬迁到易于生产、就医、就学，交通便利的地方，方便集中提供公共产品服务。除此之外，还有许多地区实施了农村金融扶贫，对贫困户提供低息、免息的贷款服务。但这些帮扶的政策最终都要落实到产业发展上来，精准识别出一个地区的益贫产业，以产业为依托，这些政策才能体现出来，减贫发展才可持续。

### 6.1.1　益贫式增长与产业发展方式

Montalvo(2010)在讨论经济增长与减贫时，提出"经济发展方式假说"，认为经济增长部门和劳动密集程度对减贫有重大影响。这是因为经济增长部门之间的差异，将改变收入分配结构以至影响到贫困的发生。如果经济增长集中于那些贫困人群难于受益的部门，那么整个经济增长将会抑制贫困人口的所得；如果穷人收益在初始分配中份额较低，那么随着经济增长，这种穷人收入低份额的格局将会持续下去。林毅夫教授的新结构经济学(2014)认为一个国家要实现快速包容性可持续发展最优方式，必须按照该国每一时点给定的要素禀赋结构所决定的比较优势，来选择所要发展的产业和所要采用的技术，由此将会获得最低要素成本、最大的竞争、最大的经济剩余，产业结构和技术的升级也会加速。但是在这过程中，政府要完善相应的软硬件基础设施，给予产业升级、技术创新的先行者外部性的补偿，实现"有效市场"与"有为政府"的协调统一。

关于三次产业发展与益贫的关系，世界银行(1990，2000)的研究发现，第一产业，即农业的发展是最益贫的。Ravallion(1997)和Burguinon(2003)的实证研究发现，中国第一产业增长对农村贫困缓解的贡献相当于第二、第三产业增长影响的4倍。Ravallion、Chen(2007)通过对中国1980—2001年的时间系列数据整理，发现在益贫发展方面，农业的重要性要远超过其他非农产业。Thorbecke和Jung(1996)通过20世纪80年代印度尼西亚的数据，测评不同行业部门对贫困减缓的影响，研究结果表明农业和服务业的贡献要大于工业部门。国内学者张萃(2011)认为，第一产业、第三产业的减贫效应较大，第二产业的减贫效应较弱。李小云等(2010)通过2000年、2008年的省际面板数据研究经济增长对减贫的效果分析，发现农业产业的减贫效果高于第二产业和第三产业。金艳鸣、雷明(2006)由贵州1997年的产业结构数据、1998年、2000年的贫困监测数据得出，在益贫发展中,农业贡献第一,制造业和服务业排第二、第三,电子通信等高科技产业减贫贡献最低。不过,也有一些不同的观点,张凤华、叶初升(2011)运用9个省区 1994—2008 年的面部数据,得出的结论与前面的文献结论不一样,他们认为目前第二产业的减贫效果要好于第一产业。李萌、杨龙(2014)借鉴张凤华、叶初升的方法加入城镇化率指标得出,城镇化率的提高有利于减贫。

## 6.1.2 贵、桂、川、渝农村产业结构与贫困率关系实证分析

本书基于以上研究,用 Montalvo"经济发展方式假说"以及林毅夫等人的思想,借鉴张凤华、叶初升等人的研究方法(保持贫困线不变,测算出每一年各省的贫困率指数),重点考察贫困率与地区产业结构的关系,同时也加入控制变量:地区的收入差距指标基尼系数、公共预算的投资对贫困率的影响,贵州和广西用 2000—2013 年,四川用 2003—2013 年、重庆用 2004—2013 的省际面板数据构建模型,具体如下:

$$Hit = \text{Constant}_{it} + \alpha \cdot \text{finance}_{rate(it)} + \beta \cdot \text{GDP}_{rate(it)} + \gamma \cdot \text{gini}_{it} + \sum_{j=1}^{3} \beta_j \cdot \text{ind}_{jit} + \varepsilon_{it}$$

$$(6-1)$$

$$PG_{it} = \text{Constant}_{it} + \alpha \cdot \text{finance}_{rate(it)} + \beta \cdot \text{GDP}_{rate(it)} + \gamma \cdot \text{gini}_{it} + \sum_{j=1}^{3} \beta_j \cdot \text{ind}_{it} + \varepsilon_{it}$$

$$(6-2)$$

$$SPG_{it} = \text{Constant}_{it} + \alpha \cdot \text{finance}_{rate(it)} + \beta \cdot \text{GDP}_{rate(it)} + \gamma \cdot \text{gini}_{it} + \sum_{j=1}^{3} \beta_j \cdot \text{ind}_{it} + \varepsilon_{it}$$

$$(6-3)$$

其中 $i=0$,1,2,3 代表广西、贵州、四川、重庆,$t=2000\cdots\cdots2013$,$j=1$,2,3 代表第一、二、三产业,$\varepsilon_{it}=\mu_t+\eta_i+\zeta_{it}$,$\varepsilon_{it}$ 为综合误差,$\mu_t$ 为时间效应,$\eta_i$ 为地区固定效应,$\varepsilon_{it}$ 为随机扰动项。

模型 6-1—6-3 分别表示财政公共预算总支出增长率、地区经济 GDP 增长率、基尼系数、三次产业分别占总 GDP 比重对贫困人头指数($H$)、贫困距指数(PG)、平方距指数(SPG)的影响。三个贫困指数的贫困线按照当前人均年收入2300 元扶贫标准,依据各省消费价格总指数折算为 2000 年的实际扶贫线,且保

持贫困线不变计算得来；政公共预算总支出增长率、地区经济 GDP 增长率数据来源于各省历年统计年鉴数据整理。自变量 Constant 表示截距项，$GDP_{rate}$ 表示每个省每年经济增长率，ind 表示每个省每年三次产业结构比例，$finance_{rate}$ 表示每个省公共财政预算支出增长率，gini 表示每个省每年的基尼系数。因为数据为非均衡的面板数据，估计方法采用的是固定效应估计法（Fixed-effects Model，FE）中最小二乘虚拟变量法（Least Squares Dummy Variable Method，LSDV）回归结果如表6-2 所示。

表6-2　　　　　桂、贵、川、渝三次产业结构与贫困率模型回归结果

| 变量 | H(贫困发生率) | | | PG(贫困距指数) | | | SPG(平方距指数) | | |
|---|---|---|---|---|---|---|---|---|---|
| | 模型 1 | 模型 2 | 模型 3 | 模型 4 | 模型 5 | 模型 6 | 模型 7 | 模型 8 | 模型 9 |
| ind1(桂) | −1.741*** | | | −0.419* | | | −0.128 | | |
| | (0.572) | | | (0.220) | | | (0.173) | | |
| ind1(贵) | 0.415*** | | | 0.618*** | | | 0.42*** | | |
| | (0.258) | | | (0.114) | | | (0.0749) | | |
| ind1(川) | −2.03 | | | −2.07*** | | | −0.353** | | |
| | (0.225) | | | (0.0997) | | | (0.0953) | | |
| ind1(渝) | −2.38* | | | −0.784** | | | −0.299* | | |
| | (0.366) | | | (0.141) | | | (0.0920) | | |
| ind2(桂) | | 1.272*** | | | 0.688*** | | | 0.381*** | |
| | | (0.157) | | | (0.0823) | | | (0.0499) | |
| ind2(贵) | | 0.392 | | | 0.042 | | | −0.013* | |
| | | (1.011) | | | (0.408) | | | (0.223) | |
| ind2(川) | | 1.3565 | | | 0.7615 | | | 0.4366 | |
| | | (0.147) | | | (0.0687) | | | (0.0559) | |
| ind2(渝) | | 1.55 | | | 0.889 | | | 0.511* | |
| | | (0.275) | | | (0.132) | | | (0.0676) | |
| ind3(桂) | | | 0.0849 | | | 0.00816 | | | 0.00424 |
| | | | (0.477) | | | (0.189) | | | (0.0952) |

续表

| 变量 | H(贫困发生率) | | | PG(贫困距指数) | | | SPG(平方距指数) | | |
|---|---|---|---|---|---|---|---|---|---|
| | 模型1 | 模型2 | 模型3 | 模型4 | 模型5 | 模型6 | 模型7 | 模型8 | 模型9 |
| ind3(贵) | | | −1.7711** | | | −0.946*** | | | −0.515*** |
| | | | (0.761) | | | (0.294) | | | (0.140) |
| ind3(川) | | | −0.4211 | | | −0.3818** | | | −0.2338** |
| | | | (0.370) | | | (0.155) | | | (0.114) |
| ind3(渝) | | | −0.0306 | | | −0.07704 | | | −0.1388 |
| | | | (0.600) | | | (0.250) | | | (0.155) |
| finance_rate | −0.0270 | −0.0506 | −0.0223 | −0.000186 | −0.0147 | 0.00214 | 0.00920 | −0.000669 | 0.00508 |
| | (0.0322) | (0.0429) | (0.0490) | (0.0141) | (0.0193) | (0.0198) | (0.0124) | (0.0117) | (0.0131) |
| gdp_rate | −0.294 | −0.687 | −0.513 | −0.00802 | −0.188 | −0.101 | 0.100 | −0.0152 | −0.0157 |
| | (0.408) | (0.496) | (0.507) | (0.160) | (0.231) | (0.211) | (0.102) | (0.141) | (0.143) |
| gini | 1.165*** | 0.941*** | 1.474*** | 0.544*** | 0.349*** | 0.644*** | 0.373*** | 0.241*** | 0.385*** |
| | (0.181) | (0.273) | (0.331) | (0.0847) | (0.115) | (0.145) | (0.0765) | (0.0792) | (0.0971) |
| Constant | 61.22*** | −17.22 | 4.813 | 8.978 | −17.52*** | −4.155 | −2.446 | −13.50*** | −5.070 |
| | (17.93) | (12.68) | (19.50) | (7.218) | (5.976) | (8.508) | (6.045) | (3.752) | (5.178) |
| R−squared | 0.995 | 0.992 | 0.993 | 0.993 | 0.987 | 0.992 | 0.987 | 0.981 | 0.986 |

注：Observations 49, Robust standard errors in parentheses, ***$p<0.01$, **$p<0.05$, *$p<0.1$。

通过分析表 6-2 中的回归结果，可以看出广西、四川、重庆增加第一产业的比重能降低贫困率，而贵州增加第一产业的比重不能降低贫困率，反而会增加贫困率，这与四个省(区、市)的农业资源条件有很大的关系。相比较下来，四川、重庆发展第一产业，增加第一产业的比重减贫效果较好。四川每增加第一产业 1个百分点，能降低贫困发生率 2.03 个百分点，降低贫困深度(贫困距离指数) 2.07 个百分点，贫困强度(平方距指数)0.353 个百分点。重庆每增加第一产业的比重 1 个百分点，能降低贫困发生率 2.38 个百分点，贫困深度(贫困距离指数) 0.784 个百分点，降低贫困强度(平方距指数)0.299 个百分点。广西每增加第一产业的比重 1 个百分点，能减少 1.741 个百分点的贫困发生率，能减少贫困距离指数 0. 419 个百分点, 能减少平方距指数 0. 128 个百分点。

除了贵州增加第二产业的比重能减少贫困强度(平方距指数)外, 其他三个省(区、市)增加第二产业的比重反而会增加贫困率。广西每增加第二产业的比重 1 个百分点, 贫困发生率增加 1. 272 个百分点, 增加贫困距离指数 0. 688 个百分点, 增加平方距指数 0. 381 个百分点。贵州、四川、重庆虽然统计指标不显著, 但是从系数看, 增加第二产业的比重都会导致贫困率的上升。重庆每增加第二产业的比重 1 个百分点, 能增加贫困发生率 1. 55 个百分点, 贫困距离指数上升 0. 889 个百分点, 平方距指数上升 0. 511 个百分点。四川每增加第二产业的比重 1 个百分点, 能导致贫困发生率上升 1. 3565 个百分点, 贫困距离指数上升 0. 7615 个百分点, 平方距指数 0. 4366 个百分点。贵州每增加第二产业的比重 1 个百分点, 能使贫困发生率上升 0. 392 个百分点, 贫困距离指数上升 0. 042 个百分点, 平方距指数下降 0. 013 个百分点。

贵州、四川、重庆第三产业的减贫效果较好, 而广西第三产业比重增加反而会加重贫困率的上升。贵州第三产业的比重每增加 1 个百分点, 能降低贫困发生率 1. 7711 个百分点, 降低贫困距指数 0. 946 个百分点, 降低平方距指数 0. 515 个百分点。四川每增加第三产业的比重 1 个百分点, 能降低贫困发生率 0. 4211 个百分点, 降低贫困距指数 0. 3818 个百分点, 降低平方距指数 0. 2338 个百分点。重庆每增加第三产业的比重 1 个百分点, 能降低贫困发生率 0. 0306 个百分点, 降低贫困距离指数 0. 07704 个百分点, 降低平方距指数 0. 1388 个百分点。

从四个省(区、市)三次产业结构与减贫效果关系看, 广西应该选择发展第一产业, 增加其比重, 这有利于减贫。贵州应该选择第三产业的发展, 增加其在国民经济中的比重, 能起到有效减贫的效果。四川和重庆第一产业和第三产业的发展都能减贫, 但第一产业的减贫弹性要大于第三产业。

## 6. 2　西南地区发展特色农业产业益贫条件与可行性

通过对四个省(区、市)的实证分析发现, 增加第二产业比重都不能降低贫困率, 反而会增加贫困率。就四省(区、市)来看, 发展第一产业, 就是发展农业; 发展第三产业, 重点应该是旅游业。

## 6.2.1    西南地区发展特色农业产业的优势条件

第一和第三产业之间存在紧密联系，这里第一产业主要就是农业（农林渔牧），而第三产业主要就是乡村旅游业。两者之间，一是只有对农业资源的合理开发利用才能保存好旅游资源。西南地区的旅游资源主要是以自然风光、民族文化为核心。例如，贵州的黄果树和西江苗寨、四川的九寨沟、七彩云南、广西的桂林山水等。如果沿袭传统的刀耕火种，对自然资源进行掠夺式的开发，那么自然资源的旅游优势迟早也会失去，我们已从过去的发展方式中得到了教训。如四川省在改革开放初期的森林覆盖面积为 1200 多万平方米到现在的 870 多万平方米，云南森林覆盖率从改革开放初期的 50% 下降到现在的 24%，贵州的森林覆盖率从改革开放初期的 34.8% 下降到现在的 12.6%，云南、贵州的水土流失面积占全省面积分别为 38.1% 和 40.5%。[①] 从"十一五"期间开始，国家提出绿色经济的发展理念，旨在环境保护、环境友好、节约资源、清洁低碳可持续发展。二是旅游服务业的发展给西南地区大量的剩余劳动力提供了转移的空间，创造就业机会。

对于农业发展，西南地区如果走传统农业的发展道路，生产传统的大米、小麦、玉米，与华北、东北地区相比，产量低，质量差，在市场上竞争力弱，没有优势。同时云贵高原农业耕地少，生态环境脆弱，土地生产力低下，发展传统农业必然得不偿失。如表 6-3 所示，云、贵、川、渝、桂的粮食作物的亩产量均低于全国的平价水平，油料作物除广西外其余省土地亩产都低于全国平均水平，烤烟除四川外其余省的亩产也都低于全国平均水平，但是作为对生态环境要求高的茶叶生产，五个省（区、市）的产值总和可以占全国的 37%。因此必须走出一条有异于传统种养殖业的现代特色农业。其实早在 2002 年，国家农业部发布《关于加快西部地区特色农业发展的意见》指出，"特色农业是指具有独特的资源条件、明显的区域特征、特殊的产品品质和特定的消费市场的农业产业，特色农业产业化是将特色农业以市场为导向，满足特有消费人群，进行规模化发展的过程，是

---

① 袁久和，祁春节. 西部特色农业产业化进程中农民经济合作组织成长研究[J]. 河南大学学报（社会科学版），2011(5)：47-50.

增加西部地区农民收入的主要途径"。2016年国家农业部、国家发展改革委等九部委联合印发《贫困地区发展特色产业促进精准脱贫指导意见》指出，发展特色产业是提高贫困地区自我发展能力的根本举措，发展教育、异地搬迁、生态保护等脱贫形式，最终都要通过产业发展实现贫困人口的增收。国内学者也给出了很多定义，特色农业产业在一定的区域范围内，以市场为导向，优势资源为依托，科学技术为指导，实现环境生态友好发展，规模化生产出具有地方特色、优质、市场竞争力强的无公害绿色农产品，让农民快速增收。特色农业产业涵盖了特色农业生产、加工、贸易等方面，将产前、产中、产后诸环节联结为一个完整的产业系统，而核心是特色农业生产，具体包括林木业、畜禽业、水产业、低等生物业生产等五个部门(谷树忠、杜杰2000)。

表6-3　　　　　　　**2014年贵、桂、川、渝、云主要农作物产量比较**

| | 粮食作物 | 油料作物 | 甘蔗 | 烤烟 | 茶叶 | 水果 |
|---|---|---|---|---|---|---|
| | (单位：公斤/亩) | | | | (单位：万吨) | |
| 贵州 | 242 | 112 | 4029 | 109 | 10.71 | 196.38 |
| 广西 | 333 | 175 | 4902 | 103 | 5.88 | 1560.60 |
| 四川 | 348 | 156 | 2709 | 139 | 23.40 | 759.66 |
| 重庆 | 340 | 127 | 2581 | 118 | 3.78 | 347.61 |
| 云南 | 291 | 120 | 4142 | 129 | 33.55 | 669.02 |
| 全国 | 359 | 167 | 4757 | 135 | 209.57 | 26142.24 |

数据来源：根据各省及全国2015年统计年鉴相关资料整理得出。

西南地区发展特色农业产业的优势主要在于：(1)特有的气候和自然资源。西南地区气候多变，如四川盆地是湿润的北亚热带季风气候，云贵高原是低纬高原型中南亚热带季风气候，高原丘陵横杂期间呈现"十里不同天"景象，全年无严寒酷暑，雨量充沛，适合于多种动植物的生长，且全区的山地丘陵草地面积为4213.5万公顷，占据全国的10.7%；有林地3724.7万公顷，占全国林地资源的21.9%。同时还拥有大量非耕地的山坡、水库、人工湖泊等优质的水资源。(2)物种资源丰富。特有的气候和自然环境造就了不同动植物种生长繁育。如贵州野生植物有 3800 多种，药用的有 3700 多种，野生动物有 1000 多种，全省中药材种类占全国 80%，五大名药"杜仲、天麻、吴茱萸、石斛、黄连"享誉中外。(3) 浓郁民族文化。西南地区农村贫困区域都是少数民族聚居地。不同的民族风俗文化形成了不同的生活方式给发展特色生态农业和民族特色产品提供了基础条件。

西南省份也将特色农业产业发展提到了区域经济发展的战略高度，贵州省提出的六大特色产业就包含了生物资源和特色农业发展领域，打造贵州特色的五张名片：烟、酒、茶、多彩贵州旅游和中药材产业。云南发展高原特色农业，集中打造烟、糖、茶、胶、菜、花、薯、果、药、畜、渔等十二大品牌，形成关联度高、带动能力强、影响深远的云南高原特色农业产业和品牌。四川也将"十三五"扶贫的重点放在特色农业产业上，在特色农业产业上加大资金投入力度。

## 6.2.2 西南地区发展特色农业产业益贫的可行性

关于西南地区农业特色产业"特"点与益贫之间的关系，它主要体现在如下几个方面。

一是中国特色的农村经济制度与特色农业产业化。在我国，农业产业化的核心问题是农村土地的集体所有制，《中华人民共和国土地管理法》对土地的权属界定为所有权和使用权，明确规定"农民集体所有的土地依法属于村农民集体所有"，"农民集体所有的土地由本集体经济组织成员承包经营⋯⋯土地承包经营权期限为三十年"。这就注定了农户对农业产业生产资料(土地)不具有完整产权基础，只有承包经营使用权，而没有所有权。产业化生产经营的基础必须以户为单位，产业化规模化必须得依托农户，把散状的农户拧紧成团，联合起来。让农村土地资源变成资产，农民变成股民、农户资金变股金，[①] 把农村资源整合到产业发展平台上来成为产业发展要素，参与生产获得回报。同时，西南地区人均可耕地少，分散零碎化经营，效率低下，走向联合成为了必然趋势；人多地少，大量的剩余劳动力也为产业化发展提供了丰富的人力资源。

二是特色农产品的"特"点能赢得市场竞争力，贫困农户参与的积极性高。特色农业产业除了生产传统农产品种类外，还在于生产具有鲜明的地域性，产品

---

① 这是贵州省六盘水市在 2015 年以来实践的农村"三变"改革模式。

具有独特的品质。许多农特产品具有鲜明的民族特色和传统风味,产品非大宗商品,满足的是人们个性化的需求(张克俊,2003)。例如云贵的茶叶、四川的肉制品、广西的糖等,只有在特定的环境气候下才能生产。同时,相关的特色产业都具有较高的经济效益,特有的地域和品质保证了特色农业产品市场的竞争力,高收益能吸引大量的农户参与。

三是特色农业产业具有"现代化农业"的特色,利润率高。现代农业与传统农业的本质区别,一方面是更强调"科学技术的贡献",传统农业更多的是在技术水平不变的条件下,增加生产要素(土地、劳动力)的供给以实现产值的增加。正如舒尔茨说的"传统农业应该被作为一种特殊类型的经济均衡状态"[1],这里的"均衡状态"一是技术水平相对不变,二是生产要素的供需也相对不变,而现代农业要求科技贡献的份额越来越重,科学技术对劳动、土地等传统生产要素替代越来越强。另一方面是现代农业不再仅满足"从田野到餐桌",满足"温饱"的简单过程。现代农业在最大化地增加其附加值,向第二、第三产业延伸,农业产业链条在尽可能地被拉长。实现农业初级产品的深加工,成了"观光农业""休闲农业""都市农业"的载体。因此现代特色农业产业在生产过程中除了"稀奇"的产品外,更多的是以市场为导向科学生产、科学管理。具体如"互联网+"下"农村淘宝"等越来越多地成为贫困地区推广农特产品的主要渠道。农业采摘园、"农家乐"越来越成了人们休闲娱乐的主要场所,类似的经营方式会不断地提高农业利润率。

四是发展特色农业有利于生态环境的保护,符合中央提出的"绿水青山就是金山银山"的精神,和守住生态和发展的底线指示。过去西南许多贫困地区,因为人口的增长对粮食的需求增加,但耕地的产量低,所以就不断地砍树开荒种地扩大对耕地的面积,呈现出越穷越垦,越垦越穷,"烧一山,种一坡,收一箩,煮一锅"的现象,对自然环境野蛮式的开发不仅没有解决贫困问题,反而遭到环境的惩罚,而发展特色农业产业是因地制宜种植特色精品果林,生态养殖等对环境的破坏小,尤其像类似果林的种植能涵养水土、防沙固土,对石漠化地区有很好的生态修复效果。

---

① 舒尔茨.改造传统农业[M].梁小民,译.北京:商务印书馆,2007:26.

## 6.3　特色农业产业组织行为与风险

如何组织和实现西南贫困地区特色农业的产业化，参与主体的行为特征偏好起到了关键性的作用。

### 6.3.1　特色农业产业参与者行为特征

(1)农户，既是特色农业产业化扶持的直接对象，也是特色农业产业化的主要参与者，生产收益的直接获得者，决定农户的参与行为有多种因素。

第一是特色产业的收益和风险。特色农业产品的收益一般都高于传统产业，因此对农户有吸引力；风险主要来自生产和市场。生产风险主要来自自然灾害，往往难于规避，虽然通过购买农业保险可以降低损失，但西南贫困地区农业保险市场欠发达。市场风险主要是因为特色农业产品的非刚性需求特点，需求不稳定、价格波动大。对于这种风险，农户通常是根据自有土地、劳动力等，进行要素资源组合配置以分散风险，不把鸡蛋放一个篮子里。例如，在土地配置方面，部分用于栽种特色农业产品，部分用于种植传统的玉米、水稻以保证一家基本的生计；在劳力配置方面，男的外出打工，妇女留在家耕种。有的家庭农忙季节过后，家庭主要劳动力都外出务工，在劳动力的时间支出上进行调配。从理论上讲，这是农户"自我理性"下平衡调节资源组合以规避风险的行为。所以，如何减少特色农业产业化预期的不确定性是特色农业规模化、产业化的关键。

第二是特色农业产业的技术门槛要低，越低参与的农户就越多；技术难度越大，农户参与的积极性就越低，参与的人群就越少。这是因为西南地区尤其是西南的贫困地区，大多数农民文化素质偏低，对复杂的技术接受起来比较困难。

第三是农业产业生产投资越大，农户参与的积极性越低，参与人数越少。这就要求特色产业要"接地气"。当前西南地区特色农业往往是地区的传统优势产业，许多的生产工艺具有"祖传"痕迹，这是西南地区发展特色产业的优势之一。

第四是西南贫困地区多为少数民族地区，农户行为具有的"民族"性，体现在其民俗宗教信仰上。特有的民族文化会形成自我封闭生活的圈子，以及沉淀下来的民俗制度(非正式制度)会与正式制度(或社会大众文化价值)产生冲突,比如西南少数民族地区的市场意识普遍淡薄、重情义、组织纪律意识淡薄与现有的市场企业制度、价值、管理方式不相符,如果能让外来文化与当地民族文化有效地融合将使产业化"软制度"发挥很大的功效。

(2)地方政府。地方政府是西南地区特色农业产业化的主要推手。实现农业产业化扶贫,一方面可以树立政绩,二是农业产业化可以带来税收收入,对地方政府有利。但是,在推行农业产业化过程中,政府要把一个一个"原子"状的农户凝集成一团,形成特色农业产业集群,将耗费大量的精力,组织成本与交易成本太高。因此,通过中介组织(农民专业合作、农贸公司、农民协会等)与分散的农户联系,或者扶持农业大户,树立带头致富的典型,政府通过监管中介组织及其农业大户达到发展农业产业化的目的,可以节约组织成本与交易成本。所以,在许多地方,地方政府发展特色农业产业都有引进龙头企业的偏好。如果政府、龙头公司(中介组织)、农户,三者的目标一致、利益平衡时,整个链条组织结构就达到最优状态,反之政府可能成为整个组织链条失败"兜底"的人,不管是农户,还是中介组织都认为造成此问题的原因是政府政策的失误,或者是政府与一方合谋坑害了另一方。笔者在贵州、广西等地调查过程中,出现农民或企业(组织)到政府信访部门上访的情况不在少数。

(3)特色农业产业化组织。在农业产业化过程中,从农产品的生产到销售呈现出无数的组织机构。一是生产组织除了个体生产农户外,还有农业生产企业(组织),该类组织从农产品的生产、加工到销售都独立运作完成;二是农产品流通组织,包括农产品经纪人(小商贩)、农产品物流公司、农产品批发(零售)市场等;三是农产品生产服务型组织,包括农业生产工具租赁公司、农业生产技术服务机构、融资服务机构(农村信用社、农村小额贷款公司等)、农村土地产权交易机构(土地承包经营权流转市场、农村集体产权交易市场)。产业组织体系层级的发展壮大,一般是由生产组织到服务组织层层推进(如图6-1所示),是在生产组织具备一定的规模后,产业体系的分工进一步深入,才可能出现专职流通、服务领域的组织和机构。西南贫困地区农村产业组织还处于发展起步阶段,壮大生产规模是当前的主要任务,但仅仅依靠现有农户的单打独斗那行程将很"漫长",要实现跨越式发展,需要架构在市场与农户、政府与农户之间的中介组织，形成战略联盟，也即"政府+中介组织+农户"形式。这里的中介组织可能涵盖农业公司、农业技术科研单位、市场销售平台等。具备资本、技术、营销能力的中介组织将众多小的、分散的农户生产凝集在一起，实现小生产与大市场的对接。方便提供技术指导，保证收购农产品质量，稳固产业链的前端，扩大生产规模。而对于农业公司等盈利性机构，赚取农产品市场销售价与农户收购价之间的价差或者通过深加工，获得更多的利润是其行为的目的，利润的多少又来源于对农户"压榨"得多少，在这过程中，公司往往因与政府、农户之间利益不协调产生冲突。而要真正实现特色农业产业的益贫，对公司的过度压榨农户利润的行为要给予限制，而对于壮大产业的行为要给予激励。

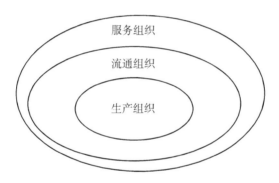

图 6-1　特色农业产业化组织体系

　　农户、政府、农业产业化组织构成了特色农业产业化链条的三大主体，三者之间的利益平衡及相关维护机制是农业产业化健康发展的关键。农业产业化的组织模式在国内的实践进程中呈现出多样化的特征与趋势。在理论上，学者对农业中介组织+农户的产业组织模式进行了总结，张晓山(2009)将其分为"公司+农户""合作社(公司)+农户"和"龙头企业+合作社+农户"；黄祖辉等(2002)从生产加工不同阶段的投资决策出发，将其分为农户支配型("合作社+农户""专业协会+农户")、加工者(公司)支配型(公司办农业)和各自支配型("公司+农户")；郭晓鸣(2007)从产业组织带动主导力量的角度，将其分为企业带动型、中介组织联动型、合作社一体化三种农业产业化模式；苑鹏(2013)从农户福利改善的视角将合作社分为"公司领办合作社与农户生产者对接""公司与农户合办合作社、农户自办合作社与公司对接、农户自办合作社，合作社自办加工企业"。但是，无论何种形式，核心点都在公司与农户的利益链条上，拉动整个产业发展壮大是外部市场的需求和内部组织利益的分配，据此可以根据农业产业组织内部利益的关系将盈利性农业公司组织与农户间的关系分为以下三大类。

(1)纯粹的贸易关系(公司+农户)。这种组织模式，公司(或批发市场)与农户是纯粹的买卖关系。公司通过收购农户的产品加工、销售获得利润，对产业剩余价值索取与控制权力量微弱，享受到的是市场的平均利润，而农户通过生产获得产业剩余价值的大部分，农贸公司与农户之间没有实现利益共享风险共担的格局，这种组织模式严格讲不算是产业组织模式，只能说是产业链的中间环节，是不"牢固"的，市场需求旺盛时，会激励农户的生产行为，繁荣产业，反之农户就会出现"转行"的可能，这种状况尤其是在生产设备投资较低的情况下最容易发生，比如种植业，农户"转行"的成本低，若生产投资成本较高的，农户会"静观"市场行情再决策，这种模式对农业产业的"蛛网模型"没有任何的触动，不利于整个产业的规模化。

(2)合约关系，合约关系是一种生产要素的合约关系或商品合约的关系。生产要素合约通常是农贸公司通过租用农户的土地或劳动力(雇佣农民)进行自我生产加工销售，即常说的"公司+基地+农户"模式，这种组织模式准确地说是属于企业化运营。公司获得了产业全部剩余利润，承担了整个行业的所有风险，农民获得的是土地承包经营权的货币化利润收益，以及劳动的工资收入。但企业在雇佣农民时增加了对农民的监管成本，对农民的劳动积极性没有激励，农民其实已经转化成企业的员工。这种运作模式虽然有利于政府对促进地方农业产业发展的管理，对农户的预期收益风险没有担忧，但其实把繁荣一个地方农业产业的兴衰完全寄托于一个企业，潜在的风险更大，企业(或寡头垄断企业)一旦控制了整个行业将会左右产业政策的制定，损害农民的利益，对于贫困地区来说，它没有真正起到带动农民致富的效果，尤其是在产业形成初期，公司在流转农村土地的租金、农民的工资上出现拖欠的情况时有发生。另一种合约关系是农贸公司与农户签订一份远期现货合约，合约的内容涵盖了在农产品生产过程中为农户提供技术、资金帮扶，最终产品按照一定的价格品质销售给农贸公司，也即是"公司+(家庭农场/种养殖大户、农业中介组织)+农户"模式,该种农业产业组织模式是农贸公司通过与大的家庭农场或种养殖大户建立合作契约关系,通过家庭农场、种养殖大户的示范效应联系更多的农户,或者是通过农村的公益组织、乡贤理事会在农村中的威望,拉拢聚集农户,企业把与农户的关系维护通过家庭农场、种养殖大户维系、激励而达到对整个农业产业链前端的控制。家庭农场主、种植大户、乡贤理事会成了公司与农户关系维护的代理人,减少与农户的交易成本,这种产业组织模式本质上来说没有改变农贸公司对农业剩余索取权的控制和获取,只是减少前端产业链组织的管理,加长了整个产业代理链条(但并未加长产业生产加工的链条),拉长了公司与农户的距离,并且在这过程中农贸公司往往会给予中间的代理组织"特权",信息不透明,农贸公司与代理组织之间有合谋的嫌疑,出现侵占个体农户的利益,为大农户与小农户之间"不和睦"埋下伏笔。

(3)合作联合一体化关系(农民专业合作社+农户)。这是近些年发展起来的组织模式,这种模式中,农贸公司已经化身为与农户同等身份,共同组建合作社,都属于专业合作社的成员(农户比重须达到80%以上),共同面对市场,同时按照合作社的"二次分利"的原则,农户将产品销售给合作社,合作社将农产品(或进行加工)销售到市场获得利润再进行分成,公司不再对产业剩余索取、控制有绝对权力,合作社的治理"一人一票"成员共同参与治理,其实这过程中农户与公司已经成为合作社的"股东",产业内部信息公开透明,但这种组织模式的缺点在于,合作社内部的大户和公司凭借自己的技术和资本实力会对小农户的利益构成侵害,也即是"大股东"对"小股东"的利益损害,使得农民专业合作社偏离了《农民专业合作社法》的本质规定,出现了漂移,并且在实践中许多的公司借中小农户之名组成农民专业合作社骗取国家的惠农补贴和税收减免,并且现农民专业合作社在我国特有的地位(不具有完全的法人地位)可以避过许多的监管,这也是当前中国大量假合作社存在的理由,同时许多农户实力较弱,通过专业合作社组织获得的回报不高,参与的积极性不高,在思想上把合作经济混同于集体经济,这也是欠发达地区农民合作社发展滞后的问题。不同组织模式下的农头公司与农户合作的关系如表6-4所示。

表 6-4　　　　　　　不同组织模式下的农头公司与农户合作的关系

| | 典型形式 | 公司与农户关系 | 产业剩余价值 | 公司与农户紧密程度 | 关系维护的手段 |
|---|---|---|---|---|---|
| 买卖关系 | 公司+农户 | 买卖关系 | 平均分配 | 松散 | 无 |
| 合约关系（订单农业） | 公司+基地+农户 | 雇佣/租赁关系 | 公司全占有 | 较为紧密 | 雇佣合同 租赁合同 |
| | 公司+中介组织+农户 | 合作关系 | 公司全占有 | 较为松散 | 订购合同 |
| 一体化合作关系 | 合作社（公司与农户共建） | "股东"关系 | 平均分配 | 紧密 | 合作社协议 |

农户与公司之间从纯粹的贸易关系到合作一体化的关系是在利益协调下，以诱致性为主，强制性为辅的产业制度变迁的过程。表现出从环境变化诱发主体行动和政府参与共同推动组织形成的路径(蒋永穆、高杰，2012)。从产业组织体系内部来说为减少治理成本，保留更多的市场成分，内部个体之间更应该走向合作化，而出于节省外生交易费用的考虑，组织边界向企业方向移动，龙头企业带动的组织模式更能增加产业链的价值(杨明洪，2002)。从产业组织演进方向看，纵向完善优化了产业链，降低各经营主体之间的交易费用并提高整个产业链的资源配置效率；横向上通过合理的方式适度扩大经营规模，发挥要素规模优势，从而提高农业生产效率和规模收益(蔡海龙，2013)；在契约关系上，以商品买卖为主的契约关系更优于以要素交易的契约关系，更能稳固公司与农户之间的联系(周立群、曹利群，2002)。

## 6.3.2　特色农业产业发展与组织风险的防范

### 1. 西南地区特色农业产业规模化发展方向

从 1994 年国家实施农业产业化战略至今已接近 20 多年的历程，产业组织模式不断演化革新摸索前行，用曹阳教授的话说，当代中国农村经济组织呈现的是"多元共生"，体现在一是发展的多样性、复杂性、不均衡性，如西南贫困地区的发展与珠江三角洲之间的发展差异存在有近 1 个世纪的差距，二是不同经济组织(经济个体)间的利益共生互补、和谐共生包容发展。① 但不同的农业产品生产选择不同的模式，没有一成不变的模式，只有因地制宜探索适合的模式才可能取得应有的效果，目前西南地区特色农业产业化组织目标要实现特色农产品生产规模效益让农民增收，而扩大市场销量是问题的关键。西部地区特有的民族文化、秀丽的山河风景引来了更多人的关注，特色农产品成了民族文化的符号，解决市场波动的风险问题可以借助旅游产品开发的途径，打上民族性、地标性的印记，标准化生产，借助互联网，进行线上与线下互动的营销模式，扩大影响，树立品牌。

将特色产业的规模可以看成纵向上的和横向上的规模。(1)横向的规模化。在于扩大参与农户数量，扩大生产的区域面积，但由于特色农产品的"特"点，西部地区特色农产品都有"祖传"工艺特点和对区域生产环境条件的严格要求，致使许多特色农业产品不可复制、具有很强的稀缺性(如许多民族特色产品、地标商品)。如果要实现大面积推广，其最终产品品质得不到保证，反而会形成特色产品市场种类繁杂、质量参差不齐而失信誉于消费者，所以在规模上应该在保证质量的前提下适度规模化形成品牌、地理标志的商品，并且横向规模的扩张只是扩大了特色农产品的规模，并没有增加其附加值，农民获得的产业剩余价值利润分成较少。(2)纵向上的规模化。在于对特色农产品的深加工，例如贵州黔西南州的薏仁米，由初级的薏仁米开发出了薏仁米酒、薏仁米小吃、薏仁米面条等产品，贵州的老干妈辣椒酱开发出了数十种不同风味的产品，这其实是在对特色农产品的深度开发，细化品种满足不同的消费人群，使得附加值增加了，产业的总利润增加了，这是中国特色农业产业的发展方向。但从全国看农产品加工附加值不高，吸纳劳动力有限，技术经费的投入较少。我国价值单位初级农产品，加工处理后可增值增值38%，美国372%，日本为220%。② 发达国家农产品加工劳动力是从事农业生产的5倍，而我国还不到1/5，我国大中型农产品加工业研究开发投入只占销售收入的0.71%，投入技术引进和消化吸收的经费比例仅为

---

① 曹阳. 当代中国农业生产组织现代化研究[M]. 北京：中国社会科学出版社，2015：159-162.

② 中华人民共和国农业部. 中国农业年鉴(2008)[M]. 北京：中国农业出版社，2008：12.

1：0.15，而日本、韩国技术引进和消化吸收的经费比例为 1：5.8，[①] 而我国西部地区，2007 年全国农副产品加工企业有 18140 家，西部 12 个省区农产品加工企业只有 2965 家，占全国总数的 16. 34%。[②]

**2. 南地区特色农业产业扶贫的组织功能、风险与防范**

(1)功能定位。特色产业的规模化在于产品的深加工，所以培育和扶持龙头企业成为政府和社会的重心，而实现规模生产的组织目的在于"益贫"，能让特色农业产业带动农民致富，让更多的特色农业产品生产最大限度地惠及于民，但所有以公司主导下的农业产业组织都会偏离这个目标。"公司+中介组织+农户"模式，龙头企业过度地掌控剩余价值，使得利益分配不公。近些年，政府、社会大力推进的农民专业合作社实现了农民自我管理、自我发展目标，但谁主导合作社成了一个问题，无论是种植大户还是公司，本质上都要求充当"好人+能人"的角色，既要产业规模效益也要产业利润公平分配，农户有平等的权利，追求农民专业合作社"理想类型"，实现成员角色同一性、资格同质性、治理结构耦合性，农民专业合作已经类似于准公共产品性质的组织(黄祖辉、吴彬、徐旭初，2014)。因此对于农民专业合作社组织的领导者，一是应以政府主导的龙头企业领导合作社。二是要推荐(选拔)具有服务意识，有复兴乡村情怀，有才能的"村中能人"领导组织好农民专业合作社。西南农村地区多是少数民族聚集地，拥有共同的民族信仰和以村落聚集为单位的熟人社会，建立农民专业合作社，成员的同质性和耦合度更高，组织内部的治理成本更低，但反过来社员之间同质，社会关系高度重叠，所构成的参与式网络组织，在获取组织外部信息能力明显不够。所以吸纳有别于大多数社员的"异质性"的龙头企业加入，可以为合作社改善原有的组织结构，很多学者担心核心骨干社员与非骨干社员的区别，大农吃小农，合作社内部人控制的治理问题。合作社内部治理的困境本质就是效率和公平的问题，若要追求绝对的公平，对核心骨干成员没有激励会打击其服务的积极性。但

---

[①] 黄杰. 黄河水源地的经济难题[N]. 中国经营报，2010(7).

[②] 中华人民共和国农业部. 中国农业年鉴(2008)[M]. 北京：中国农业出版社，2008：12.

利益分配差异太大会导致小农用脚投票，这可以借鉴现代企业的管理制度，政府通过合理的干预，完善股东社员大会、监事会、独立董事会，作为龙头企业、核心社员等在合作社作出重大贡献的，其"企业家才能"应该给予合理的回报和相应的激励。

(2)市场与组织风险。当前中国农业产业化发展迅速，但在"公司+农户"的合作同盟关系中，公司与农户之间违约的案例频频发生，其本质的原因是在于市场波动引发的机会主义或者说是契约双方信誉的缺失，同时又由于合约的不完备性给违约提供了可能性。具体地，当市场价格高于合约价格时，农户就会产生违约倾向，如果违约的成本足够低，选择公开(或隐蔽)违约对其有利，会将农产品转卖给市场或者不按合约规定的数量和质量交付；当市场价格低于合约价格时，农户、公司就会产生违约的倾向，公司会找出各种理由拒收或少收合约规定的农户产品。而在这种机会主义下，因为合约本身的不完备性和农户的违约成本低进一步加剧了这种现象的发生，对于合约双方，公司处于强势地位，对市场行情、合约知识、规范掌控的信息要明显强于农户，合约双方信息不对称造成合约在制定时就存在不完备性(刘凤芹，2003)。当市场出现不利于公司利益时，公司会利用合约的不完备点进行违约规避损失，而对于农户违约，公司对一个一个的农户进行起诉困难较大，诉讼成本较高，况且对农户来说本身抗风险的资产实力较弱，即使公司诉讼农户赔偿，农户也没实力承担，同时在道义上农户属于弱势群体，政府更偏向于农户。以上对于公司和农户之间的违约现象，在特色农业产业发展阶段"公司+农户"产业组织形式上最容易发生，对于规避违约风险一方面就在于提高公司与农户的违约成本(货币成本、信誉成本)，另一方面是转化市场风险。

对于提高违约成本：学术理论和实践过程中通常的建议，一是增加自利性专用投资(Selfish-Investment)和利他性专用投资(Cooperative-Investment)①(赵西亮、吴栋，2005)，在合约中具体表现为公司提供的种子、技术等服务是一种混合性

---

① 专用性投资(Specific In-vestments)或资产专用性(Asset Specificity)的概念最早是由威廉姆森提出来的，专用性投资在契约关系内使用所产生的价值比在关系外产生的价值更大(Chen 和 Hausch，1999)，从而使进行专用性投资的双方在投资后，相互具有一定的锁定作用。

专用投资，一旦违约，自利专用投资和利他专用投资将转化为沉没成本无法回收，这样增加公司对农户的依赖，但这样的结果又会增加农户"敲竹杠"的动力，增加农户的违约概率。反过来企业通过迫使农户增加专用投资，比如购买必要的设备和培训费，或者企业通过增收农户的合约保证金增加农户的违约成本，比如2009年贵州烟草公司对每户烟农增收200元的保证金(胡新艳、沈中旭，2009)。温氏集团向农户提供种苗时预收每只鸡4元(每头猪400元)的生产成本费，但这种做法会增加农户的生产成本，打击农户的生产积极性。这种做法适用于一些成熟的企业或农业产业，但对于刚起步的特色农业实施起来很有困难。二是对农户的信誉进行惩罚，许多龙头企业对农户来说属于"外乡"人，双方之间的信任度很低，监督双方合约的社会舆论更偏向于农户，如果双方的合作关系仅仅限于一两次，农户的违约对自己的信誉几乎没有损失，如果是长期合作，公司可以对农户的履约情况进行评级，信誉低的在下次合作过程中对农产品生产和收购上给予惩罚，减少对其的帮扶和限收农产品数量。

对于转化市场风险：一是通过引入农业保险的机制，将风险外化疏散，但实践中保险公司承保的是农业的生产风险(如遇天灾，或生产失误造成的生产损失)对于市场风险的承保很难实施。

二是引入金融衍生品工具，因为本质上来说公司+农户(订单农业)的模式是一种远期现货合约，可以采用"先卖后买""现卖后种"的形式确定市场量和价格，公司或种植大户(农民专业合作)与农产品最终的需求方签订销售合约，确定与农户签订收购(种植)农产品的规模，公司可以根据市场行情通过金融衍生品市场进行合约的转让(何嗣江、滕添，2007)。同时农户也可以直接与期货市场对接锁定销售价格，进行定量生产(按图6-2中1—4的顺序操作)。引入金融工具分散和规避市场风险从理论上说是可行的，但是在实践中操作起来困难较大，因为实施期货产品的标的物必须是可量化(标准化)、易存、量大。而特色农业产品特质往往因地域差异、市场量小，尤其是鲜活农产品不易存放，很难标准化。

三是农民专业合作社(公司与农户合办)，被看成有效解决违约问题的有效路径，农户与龙头公司形成一体化共同面对产业的市场风险，这虽然提高了公司与农户间的履约率，但由于存在龙头企业或者种植大户侵占小农户利益，出现内部人控制，导致小农户用"脚投票"的行为。

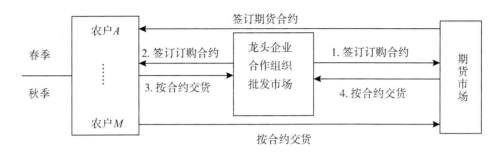

图 6-2　金融衍生品市场与农业产业风险化解

　　四是政府补贴差价，在许多欠发达地区，政府为了扶持特色农业产业化，往往采取补差价的方式。当市场价高于合约价时，农户按合约交付产品，农户的亏（价差）损由政府承担，当市场价格低于合约价格时，公司按规定收购农产品，政府补贴给龙头公司差价。但这种做法在许多地方最后还是行不通，因为虽然政府补贴了差价，但往往因为市场行情差，有价无市，龙头公司收购的农产品滞销，政府补贴越多，企业收购越多，亏损就越大，这里的根本原因是特色农产品不是市场的"刚性"需求产品，像玉米、大米、小麦等农业产品它有稳定的市场需求，属于"主食"，而特色农业产品往往是"副食品"，需求受到外界因素的影响较大。

　　（3）风险防范对策建议。对于解决特色农业产业，由于市场风险（价格波动）造成损失，以至于形成整个产业组织内部成员合约的难以履行问题，多数情况是由于农业产业的"蛛网模型"造成，农户对农产品本期生产规模的预期是由上期的农产品市场价格确定，当上期价格高时，会增加对本期的种植规模预期，而结果使得本期的产量超出了市场需求，价格下跌"谷贱伤农"，反之出现农产品短缺，供不应求。问题的原因除了农户"短期理性"外，还有就是农产品的市场需求弹性低，市场需求量对价格的反应不敏感。解决问题的关键还是要在于农业产业组织——农民专业合作社，农民专业合作的"集体理性"对市场信息的判断更准确，农民抱团行动胜过单打独斗，在市场营销、技术改进上具有优势，能增强市场抗风险能力。

　　另外对组织内部农户与公司间的违约风险防范还在于要让"公司+农户"的农民专业合作社的产业组织真正地成为应对市场竞争，成为有抗风险能力的主体。

增强公司与贫困农户的"黏性",而将"原子"状的农户黏在一起的是"利益",因此可以按照《农民专业合作社会计制度》建立总账、明细账、设立成员账户等。首先农户将产品按协议价格销售给合作社,合作社统一贴牌(商标)销售,合作社销售所得收入扣除进购成员的产品成本,以及销售加工管理的费用后即为合作社的盈利所得。其次从合作社盈利所得中依次提起"三金"——盈余公积金、盈余公益金、盈余风险金。盈余公积金主要用于合作社的扩大经营、弥补亏损或者转化为成员出资,提起比例在 10%~20%;盈余公益金主要用于成员的技术培训、合作社知识教育、文化、福利事业及互助互济,提起比例为 5%;盈余风险金主要用于预防未来的亏损,提起比例为 5%,若三年内风险金有结余,则按照成员社的交易额按比例返还。在弥补上年亏损、提起"三金"后的余额按照成员社的交易额比例返还给成员社。返还比例占最后盈余的 60%以上。最后,按照出资额、成员享有的公积金份额、国家财政补贴及他人捐赠,量化为成员的份额向成员分配剩余盈余,入社不满一年的成员根据实际出资额和入社时间,按时间段比例分配。对于农户的入社和退社充分尊重,退社是对合作社中"积极"社员对"懒惰"社员不作为的变相惩罚,也是激励合作社更进一步地优化管理的鞭策。

## 6.4　传统农业向特色农业调整的路径依赖与修正

传统农业向特色农业转型升级是有效的减贫途径,而农业产业结构调整的目的是要让农业生产的商品种类、产量与市场的需求结构相一致,从资源配置的角度说,就是要让农业生产资源达到最优配置,投入产出的效率最大化。具体来说农业结构调整就是农林渔牧业之间的生产比例的调整(小农业视角是指粮食作物与经济作物的生产比例结构调整),产业调整的最终目的是要能使农民增收,人们的生活改善,农业生态环境进一步优化。结构调整被认为是经济增长的第三个动力,因为当产业结构适应市场需求结构变化时,生产要素从低效率部门调整到了高效率部门,由此带来"结构红利"助推经济增长。① 西部地区是国家脱贫攻坚

---

① 何里文,刘伟. 中国农业发展存在"结构红利"吗? [J]. 西北农林科技大学学报(社会科学版),2015,15(4):79-86.

的重点区域，各省都在调整农业产业结构助推脱贫攻坚上下足了工夫，都想获得农业产业调整的"结构红利"，将传统农业产业向特色农业产业方向进行调整，但效果始终不理想，譬如 2017 年贵州省委省政府大力推进农业产业结构调整减少玉米的种植规模，但是一年下来仍然还有 1110.48 万亩玉米的种植规模，只比 2016 年减了 37.57 万亩。2018 年年初在网上热议的"贵州不让种玉米"话题，引起了不少人的关注，因此也有贵州官员学者感叹"为什么贵州农业产业结构调整如此困难"。然而实施产业结构调整升级的困难是与我国西部地区农业发展的历史有密切联系的，产业结构的调整是一个动态演化的过程，而并非一蹴而就，这就涉及一个重要的理论——路径依赖。

路径依赖最早来源于生物学，是用来解释某些偶然随机因素会影响物种的进化。1975 年美国经济学家 David 在其著作《技术选择、创新和经济增长》将其引入经济学研究范式，开始是用来解释技术变迁，后来诺思又将技术变迁的路径依赖问题引入制度变迁的研究，认为技术变迁的机制也同样适用于制度变迁。在经济学理论里路径依赖是指一个具有正反馈机制的体系，在外部偶然历史性事件的干扰影响下，系统会沿着一定的路径发展演进，而很难为其他潜在的甚至更优秀的体系所取代。它强调系统发展的"惯性"，以及初始条件(偶然因素)对系统发展的现在和未来轨迹的影响，系统发展的路径被"锁定"在某种状态上，这中"锁定"可能是有效率，也可能是一种无效率的。[1] 在诺思看来路径依赖是政治、经济、文化遗产交互影响的结果，制度的变迁比技术变迁更复杂。[2] 政治经济制度的变迁过程可能进入良性循环轨道并迅速优化，这种情况称之为诺思路径依赖 I；也可能沿着错误的(低效率)路径下滑，这被称之为路径依赖 II。国内学者邓大才(2004)[3]认为我国的农业产业结构调整陷入了诺思路径依赖 II，所谓的诺思路径依赖 II 是指在制度变迁中，无效的现有制度会自我强化，在非竞争性市场和企业组织无效的情况下，这种无效的制度会阻碍经济的发展。形成诺思路径依赖 II 的原因主要是由于存在特有的利益集团或组织，它们为了维护特有的利益，只会加

---

① 时晓虹，耿刚德，李怀."路径依赖"理论新解[J].经济学家，2014(6)：53-64.

② NORTH D. C. The Contribution of The New Institutional Economics to an Understanding of the Transition Problem[J]. WIDERAnnual Lectures，1997(1)：1-18.

③ 邓大才.论农业结构调整的路径依赖与修正[J].中州学刊，2004(1)：35-38.

强这种无效制度继续延续下去。

## 6.4.1 贫困地区农业产业结构调整的路径依赖

贫困地区按理说农业生产条件较差，走传统农业发展路子没有竞争优势，理应发展具有地域优势的特色农业，但现实却对传统的农业产生了依赖，这可以从路径依赖的形成和路径发展的自我强化两个方面解释。

### 1. 产业结构路径依赖的形成

路径依赖的形成是由于受到历史上的某种偶然因素（政策）影响，以及经济主体的"有限理性"，制度转换的高成本等。中国的贫困地区主要集中在西南喀斯特岩溶地区和西北的陕甘宁黄土高原。这些地区农业产业结构调整，根据比较优势理论和要素禀赋论，发展传统农业是没有优势的。如果进行转型发展现代农业，则基础设施开发成本高，自然资本折旧严重。因此从技术变迁的视角看，农业产业结构调整从一开始就因受发展环境的影响被"锁定"只能选择对环境条件要求低的产业，以及劳动密集型的产业。因为走科技密集型规模化发展的农业产业，要开山扩土，修建灌溉水渠，则开发成本太高，加之在中华人民共和国成立初期国力薄弱，仅仅依靠农民自身的条件是不可能承担如此高的农业开发成本的。同时谷物的种植在中国历史久远，小麦在中国至少从西周就已有种植，稻谷在商代就有种植，玉米始产于美洲，明代传入中国，经过上千年的种植传承，种植技术已经相对熟练，而对于非谷物种植基本上就属于"自然生长"，许多种植技术都要慢慢学习接受。因此农民选择传统产业也是环境条件和技术约束下的"理性选择"。

除环境因素外，西部地区对传统农业发展的依赖，一方面是因为在中华人民共和国成立初期，国家为了发展工业需要大量的资金和原料，大力打压农产品价格，在工业与农业价格间形成"剪刀差"的形势。这使得农业产业结构调整中对高效率的农业技术人财物的扶持明显不足，让农业产业一开始在政策扶持上就受到了"不公"的待遇，国家政策上对农业的"歧视"，直到在现在还有部分行政部门和投资者对农业有偏见，轻农、弃农、厌农思想仍然存在。另一方面西部地区农户之所以选择传统农业，即使是非传统农产业收益高，也愿意种粮食不愿意种植其他农作物，这受到"民以食为天"的思想影响，不管种植什么，家中有粮，心里才不慌。这种烙在心里的印记，来自在封建社会农民因粮食饥荒而饿死留下的阴影。即使是在今天中央对农业产业结构调整还是要保证在"粮食安全"的基础上，国家粮食安全新目标就定为"谷物基本自给，口粮绝对安全"。虽然今天大多数农民已经接受了市场经济思想，开始种植其他的高利润的经济作物，但是在土地资源配置的过程中，其还是要留一部分种植玉米、水稻，要将"饭碗"牢牢地抓在自己手里。

再有就是国家对粮食流通价格的保护支持制度，让农民种植传统粮食作物，比非传统作物的风险小。因为农业生产的企业或农民沿着传统农业产业发展的路径前行，要比选择自己不熟悉、不确定的产业风险要小，特别是在农民对市场信息不了解的情况，农民更不会随意地调整自己的农业种植结构，因为一旦冒险种植新品种作物，出现滞销或者降价，给农户带来的损失是他们无法承受的，因此他们宁愿选择这种低效率低利润的农业生产也不愿意改种其他新品种作物。对粮食种植与非粮食种植情况的比较可以发现，从改革开放以来前者就获得了制度保护上的先机。十一届三中全会以后，农村土地承包经营权下放给农户，为了支持粮食生产，国家对粮食实施高于市场价格统一收购，使得粮食的生产成了一种有固定销路"旱涝保收"的产业。从 1978 年至今粮食流通体制改革经历了六个阶段，第一阶段是 1978 年至 1984 年在"统购统销制度"下稳步放活粮食经营；第二阶段是 1985 年至 1992 年取消粮食统购、实行合同订购方式；第三阶段是 1993 年至 1997 年，放开粮食价格和经营，实行"两条线"运行；第四阶段是 1998 年至 2003 年，采取放开销区、保护产区、积极推进粮食购销市场化改革；第五阶段是 2004 年至 2012 年，全面放开粮食收购市场、实行粮食支持保护政策；第六阶段是 2014 年至今，实施"价补分离"，推进粮食收储制度改革、推动粮食产业高质量发展，实践一路探索，改革不断深入。从中华人民共和国成立至 2004 年，中国粮食产量价格始终在波峰波谷间处于两三年一轮回的"周期"状态，而从 2004 年至今粮食连续增收，打破了以往周期性圈套，但过去国家对粮食市场的兜底相当于是给农户加上了一个保险。而对于当下许多贫困地区发展的特色农业，贵州特色的五张名片：烟、酒、茶、多彩贵州旅游和中药材产业，云南发展高原特色农业，集中打造烟、糖、茶、胶、菜、花、薯、果、药等，它们则没有粮食种植那么"幸运"了，国家没有成套的政策保障，且市场对特色农产品需求是非"刚性需求"，消费人群有限，农户种植收益不确定性风险较大。改革开放以来粮食收购价格政策演变如表6-5所示。

表6-5　　　　　　　　　改革开放以来粮食收购价格政策演变

| 时间 | 文件名称 | 政策内容 |
|---|---|---|
| 1953 年 | 《关于实行粮食的计划收购和计划供应的命令》 | 在农村按国家计划进行粮食收购，向城镇和缺粮地区统一配给，严格控制粮食价格，禁止私商囤积贩卖 |
| 1955 年 | 《关于农村粮食统购统销暂行办法》《关于市镇粮食定量供应暂行办法》 | 对粮食流通实施"定产、定购、定销"，解决了在自然灾害年代粮食危机，农民不愿意将粮食卖给国家的困境，该政策持续了30年 |
| 1985 年 | 《中共中央、国务院关于进一步活跃农村经济的十项政策》 | 粮食统购改为合同定购，定购外的粮食可自由上市交易，粮食统购统销走向了双轨制 |
| 1993 年 | 《关于加快粮食流通体制改革的通知》 | 粮食销售价格基本放开，为解决农民"卖粮难"的问题，初步建立中央和省两级为主的多层次粮食储备体系，强化粮食定购政策 |
| 1994 年 | 《关于深化粮食购销体制改革的通知》 | |
| 1998 年 | 《关于进一步深化粮食流通体制改革的决定》 | "三项政策、一项改革"：国有粮食购销企业按保护价敞开收购农民余粮；粮食收储企业实行顺价销售；农发行粮食收购资金封闭运行；加快国有粮食企业自身改革 |
| 2004 年 | 国务院《粮食流通管理条例》《关于进一步深化粮食流通体制改革的意见》 | 粮价主要由市场决定，当粮食供求发生重大变化时由国务院决定在主产区对短缺重点粮食品种实行最低收购价政策；放开主产区的粮食收购市场和价格，鼓励规范多种市场主体参与粮食经营 |
| 2015 年 | 中共中央国务院《关于推进价格机制改革的若干意见》 | 执行并完善稻谷、小麦最低收购价政策，改革完善玉米收储制度，继续实施大豆目标价格改革试点，完善补贴发放办法 |

资料来源：作者根据相关文献资料整理得出。

国家对粮食流通价格强势干预是由于粮食具有"社会性"和"经济性"，粮食是社会民众的"口粮"，当一个社会出现粮荒时必然会威胁到社会稳定波及国家政局，同时它也是一个国家的"战略物资"，当一个国家的粮食出现短缺依靠进口时，其在国际上将受制于他国，国家储备粮食正是为了防备对粮食进口国的过度依赖。粮食的经济性体现了粮食的商品属性，它的供求关系需按照市场规律运行。粮食"社会性"与"经济性"的强弱表现与国家粮食存量密切相关，一般来说当人均占有粮食低于300公斤时，粮食体现出了"社会性"，粮食流通价格必须通过政府给予宏观调控；当人均占有粮食量在300—500公斤时主要表现为它的"经济性"，粮食流通价格以市场调整为主，社会性服从于经济性；当人均粮食占有量大于500公斤时粮食流通价格完全依靠市场机制形成（邓大才，2001）。我国由于人口多耕地少，粮食安全问题在每个省都是"省长负责制"，据国家统计局预测，我国粮食短缺在2000—2020年缺口在2000万—4000万吨，2020年之后在3000万—5000万吨。国家对粮食流通价格调控和粮食种植补贴，促使农业产业结构调整的政策效果表现为中部和北方粮食主产区反映要强于西部地区。原因是西部地区粮食生产率低，如在2014年贵州的亩产量低于全国平均产量100多公斤，像云南、贵州、广西部分贫困地区即是所有的土地都用于种植粮食也很难保证"口粮"，在没有任何外部政策保障"吃饭"的情况下，要让贫困户将"口粮地"换种其他的作物几乎不可能。而对于粮食主产区来说，他们是粮食的输出地，不为"吃饭"问题犯愁，种植结构根据市场行情变化调整，如在1997—1999年全国粮食大丰收，市场供大于求，2000年粮食种植减少了333.33万公顷，而减少的区域主要在中部和北方地区。

### 2. 产业结构路径依赖的自我强化

一般地，产业结构在调整过程中，如果自我强化机制越有力，那么产业调整的路径依赖就越严重，David和Arthur提出自我强化机制的五种情况，即产业间转换成本高、规模报酬递增、网络外部性、学习效应和适应性预期。在西部贫困地区产业结构调整为什么会持续地沿袭传统农业产业模式路径发展？原因与David和Arthur提出的五种自我强化机制相类似。

西部地区传统农业要向特色农业产业转换，则需要大量的资金成本和人力资本的投入，虽然说贫困地区的资本投资回报率高，但由于农业基础设施较差，比如许多特色"山货"要想运出山则成本太高，尤其是一些生鲜农特产品，则需要冷库等设备，比如从云南的边界的河口运输一车生鲜农产品到重庆来回要两个星期；进行大棚蔬菜种植，则相关的设备价格较高。与种植传统农作物相比，传统农作物资金的投入较低，对技术的要求低。

传统农作物种植规模报酬递增，也进一步激励农户对粮食的种植。这主要体现在十一届三中全会以后，国家实施了土地承包责任制，制度改革的红利被体现了出来，农民生产的积极性被调动起来，粮食种植的产量年年递增，从中华人民共和国成立初期的粮食供给不足，到现在的粮食生产过剩。2013 年以来全国粮食总产量连续 5 年超过 12000 亿斤，而在 1978 年的我国的粮食产量只有 3 亿吨，人均占有粮食 1977 年 297.7 公斤，到 2017 年为 444 公斤，增加了 49%。① 随着粮食产量的逐年提高，加之农民的种植决策信息来源有限，种植规模和品种的选择，许多时候是跟自己身边农户和自己过去的种植行为进行比较，对市场上其他特色农产品的市场价格利润了解少，总还是认为种植传统粮食作物收入预期稳定、风险小，即使粮食销售不出去，还可以喂养牲畜进行"粮食转换"，这种决策的"有限理性"和对风险的规避意识，进一步自我强化走传统粮食农业生产的路径依赖。

在网络和学习效应方面，造成这种现象的原因，一是由于在西部贫困地区都是少数民族村寨和传统的村落，而许多传统民族村寨农户间表现为村民间构成相对稳定的网络组织，比如许多的民族村寨中由寨老、族长（村长）领导构成了一个自治的小社会组织，在这个小组织中，传统低效率技术容易传播，尤其几千年传承下来的粮食种植方式，和以稻谷、玉米、小麦为主食的生活方式早已被"锁闭"在低效率水平上，要想短时间内调整转换是很难的。反过来传统低效率技术向高效率技术转换，则成本高没有人愿意去使用，要让新技术在农户网络社会中传播开来，迅速地被学习认可是一个漫长的过程。二是当下从事农业生产的农民文化素质不高，学习新技术能力不够，农业产业结构调整的积极性不高。国内著名学者贺雪峰在国内调查发现，当下在农村从事农业生产的多数是 50 岁以上的

---

① 数据来源：作者根据历年《中国统计年鉴》资料整理计算得出。

人群，这部分人群从事农业生产并不是为了给家里创造多大的农业收入，主要是为了给子女照看小孩，顺带做点"农业副业"照顾好家，以使外出务工的子女一旦在外面出现什么风险，在老家还给其留下一个保底的农业产业。这部分人群要让他学习新技术，种植新品种进而调整产业结构，则积极性明显不足，除非免费使用新技术且给予补贴。

"搭便车"行为、机会主义也强化了传统农业发展的路径。在科斯制度经济学理论里有著名的"公地悲剧"，其核心思想是只要存在公共产权，只要有对自己的行为不承担全部成本且有利可图，人们就会有机会主义倾向去行动。而"搭便车"行为正是一种机会主义倾向，是指不付出任何代价，而能从别人那里得到好处的行为。在农业产业结构调整过程中，率先进行农业产业结构调整，引进新技术新设备新品种的农户或农业企业，调整自己的种植结构，开始的时候获得的收益率要高于社会农业产业的平均收益率，但这种现象不会持续太久，率先进行产业调整获得市场优势很快就会消失，原因是农业生产结构调整的信息是公开的，也没有办法申请专利，其他农户和企业要获取新农业品种和技术，很多情况下是不需要任何成本的，这就会诱使其他农户在产业结构调整中"搭便车"，跟随率先进行产业调整的农户企业获得产业调整利益，致使率先进行产业结构调整风险的边际回报就会越来越低，久而久之就会没有企业(农户)愿意冒风险率先进行产业结构调整。

## 6.4.2 西南贫困地区农业产业结构调整的路径修正

贫困地区农业产业结构一旦陷入了路径依赖，仅靠农民自己是无法逃脱其依赖的陷阱，必须依靠外力的作用。外力作用一方面是要提供有效的制度供给，另一方面是通过外部的技术渗入和组织引导改变农户的种植行为。

传统农业向特色农业调整，要增加有效的制度供给。从上文分析发现特色农业产业低效和弱质并非先天的，而是长期制度压制积累的结果。解决农业产业结构的调整难问题，应该要跳出农业结构看问题，将农业产业结构——农村经济结构——国民经济结构进行系统化的认识规划，从农业产业结构"外围"提供有效的政策制度供给。一是省级以上政府和相关部门要引导金融企业支持农业产业结构调整，为产业转换过程中技术研发和基础设施建设提供融资帮助。在产业发展过程中农产品生产、加工、销售环节会有赊销预购等信用活动，金融企业可依托农业产业链上的核心企业，凭真实交易记录为产业链上下游企业提供产业链金融，促使产业链上的"资金流"的顺畅，活跃产品交易。二是对于高科技农业产业要给予有效的激励政策，尤其是对于一些技术创新风险较大的农业产业，要给予风险补贴。比如在2018年贵州黔西南州政府出台"农业产业结构调整'农调扶贫险'实施方案"，为100万亩调优的替代农业产业提供保险保障，保费比例分别由州财政、县财政、农户承担30%、60%、10%，保险费补贴资金实行"分批预拨、按季补贴、年度结算"，这就是一项有效的制度供给，在落实到微观企业（农户）主体上时，更强调激励微观主体的技术创新。三是要提供有效的法制监督，在产业转换过程中，牵涉到用地规划和产业发展基金申请使用，税收减免等要有法可依，有章可循。产业转换过程中将调整主体交给农户，根据市场和资源状况调整结构，避免地方政府在产业调整过程中"过度服务""服务不到位"和"服务缺位"的乱象发生。在某些地方产业结构出现"逼农调整"而不是"引农调整"，具体种什么"农民听书记（镇长）的，效益听市场的"，最后种什么赔什么打击了农户的积极性。

对于企事业单位技术研究人员的有效科研成果，可以按照成果市场收益标准给予奖励，激发技术创新的积极性。现在具备科研创新的主要群体不是农业企业，更不是农民，而是就职于行政事业单位，尤其是高校和科研院所的科技人才，这部分人才的科技创造的边际回报较低。通俗地说，很多时候他们的科技贡献与收入报酬不成正比，因为行政事业单位奖惩体制相对固定，对科技人才的激励不够，他们的技术创新很难等同于市场收益的回报，久而久之科技人才创新的积极性受到了压制，而这部分人也不太愿意离职创业，主要是担心有风险、怕失败。如果能够放开这部分人的"手脚"，让他们参与到特色农业科技创新中去，成功了所有的收益归个人所有，失败了行政事业单位的"公职"继续为他们保留，为他们的科技创新创业提供风险担保和利益激励，这样能从产业体系外围提供技术创新支撑，破除低效率技术的路径依赖。目前虽然各地区对科技人员都出台了相应的科技创新激励机制，但效果始终不理想，原因在于科技创新在市场转换过程中要突破一系列的科技难关，如优良品种育种、农产品储藏保鲜和加工、科技成果市场推广等要协同合力才能产生效果，这是各地区科技创新激励工作的方向。

深化农村土地"三权分置"改革,创新农业产业组织模式。贫困地区传统农业向特色农业转型助推脱贫攻坚,则必须要做好两方面的连接,一产业发展要连接好贫困户,二要连接好市场。对此应该实施特色农业产业规模化、标准化、组织化,它能拉伸产业链条,提高农户抵御风险的能力,减少整个产业发展的交易成本,提高扶贫的效率。而要实现这一切就必须要让土地资产的权益"动起来",土地的三权分置改革的目的是要形成所有权、承包权、经营权三权分置,经营权流转的格局。所谓三权,所有权是指土地归村集体(国家)所有,这是保证中国农村经济生产资料公有制的基础;承包权是农民的"身份证",也即只有是本村从事农业生产的村民才有承包土地的权利。而真正活跃起来的是经营权,即实际耕种利用土地的权利,相对于前面两个权利经营权更能给拥有者带来实际利益。经营权通过流转,让不愿意(或不能)从事农业生产的村民将土地流转给相应的农业生产主体,从事规模化的农产品生产。但要让土地经营权流转起来,则必须要让土地的所有权和承包权明确,因此对土地的颁证确权是基础保障。当下农民专业合作社是对农业产业组织模式的有效创新,"龙头公司+农民专业合作社的+…"的产业模式将分散的农户集中起来"抱团取暖",抵御市场的风险,同时也利益技术的传播。

## 6.5 贵州黔西南州特色农业产业扶贫实践案例

贵州黔西南布依族苗族自治州地处滇黔桂三省(区)结合部,贵州省西南隅、云贵高原东南端,辖兴义市、兴仁市、安龙县、贞丰县、普安县、晴隆县、册亨县、望谟县和顶效开发区。全州地处石漠化地区,经济发展环境差,不沿边不沿海,以布依族、苗族为主的多民族混居地区,开发较晚,1982年才正式成立为专州,属于滇黔桂石漠化连片特困地区,是国家扶贫攻坚中的硬骨头。在实施精准扶贫攻坚战以来取得的成效显著,在2017年全州减少农村贫困人口10.53万人,比计划的8.01万人超出了2.52万人,贫困人口减少到24.21万人,贫困发生率下降至7.66%,2018年兴仁市脱贫摘帽通过国家验收。但从目前来看,全州脱贫工作仍然很艰巨,全州的贫困面大,贫困程度深,全州9县市区中,7个县是国家扶贫开发工作重点县，贵州省 4 个同步小康最困难县中黔西南有 3 个，分别是望谟、册亨和晴隆，全省由省领导牵头帮扶的 20 个极贫乡镇中黔西南有 4 个。

## 6.5.1　黔西南农业产业结构调整现状

（1）黔西南农业产业结构调整历史演进。从 1982 年建州至今，黔西南农业产业结构调整就一直在推进，1981 年家庭承包责任制在全州推广，中共兴义地委提出"调整农业产业结构和农村所有制结构"；1988 年为了稳定家庭承包责任制，提高农业种植的规模化，提出"突出特色，建设商品基地"。1990 年黔西南作为"星火计划，科技扶贫试验区"，经过专家论证选出了 11 个特色农业项目，包括粮食、烤烟、茶叶、蔗糖、水果、茶叶、芭蕉芋、早菜、食草牲畜、药材、用材林、油桐等，形成一个基础十个支柱（以粮食为基础，其余十个为支柱产业）农业产业体系，同时产业结构调整与农业综合开发、扶贫、农业产业服务体系建设、生态建设相结合，从过去的政策可以看出，全州对农业产业化的认识指的是农业种植业，也即小农业（大农业通常指农林渔牧产业），这种产业体系思想一直延续至今。

2004 年黔西南州委州政府提出农业产业主攻"八个产业"，包括优质稻、烤烟、蔗糖、茶叶、草地畜牧业、无公害蔬菜、油桐油茶、干鲜果等；[①] 强调"六结合"，即农业产业结构调整与农民增收，财政增收，可持续发展，特色农业，合作经济组织市场化体系，农村劳动力非农化相结合。注重两个基础：粮食基础和群众基础；两个保障：林业生态保障和基础设施保障。至 2006 年年末，初步建成粮、畜、烟、菜、林、蔗、药、茶 8 大农产基地，总面积达 327 万亩，农产品注册商标 113 种，在产业方面，2010 年年末，全州培育省级龙头企业 20 家，州级龙头企业 50 家，各龙头企业资产总额 35.64 亿元，主营产品产量 40.97 万吨，年销售收入 28 亿元，年利润 3.26 亿元，年上缴税金 3.66 亿元。已建立农民专业合作经济组织 122 个，社员 7328 户，实现产值 5.52 亿元、利

---

①　十大产业包括优质水稻、甘蔗、优质茶、无公害蔬菜、板栗、油桐、优质牧草、油茶、烤烟、金银花。

润 0.12 亿元。通过省级以上认定的无公害农产品生产基地 19 个、无公害农产品 16 个。在政策支持方面十二五期间州委州政府出台了《关于加快农业特色优势产业发展的意见》《关于推进"三化"兴"三农"的意见》等产业政策指导性文件。

2018 年，贵州省委孙志刚书记指出要在贵州进行一场深刻的振兴农村经济的产业革命，提出农业产业革命的"八要素"，即产业选择、培训农民、技术服务、资金筹措、组织形式、产销对接、利益联结、基层党建。州委州政府先后出台了《黔西南州调整优化 2018 年玉米种植结构实施方案》(州府办函〔2018〕2号)、《关于进一步加强全州 2018 年调整优化玉米种植结构工作的通知》(州委办字〔2018〕3 号)以及《黔西南州 2018 年产业结构调整行动计划》(州府办发〔2018〕9 号)文件。为了应对农业产业结构调整的风险，2018 年农业产业结构调整"农调扶贫险"出台了《州人民政府办公室关于印发黔西南州 2018 年农业产业结构调整"农调扶贫险"实施方案的通知》(州府办函〔2018〕97 号)。全州农业产业结构调整经历了由过去的"粮食生产不足，劳动力过剩"，到 20 世纪 90 年代的劳动力过剩，粮食生产也过剩的状态，再到今天农业产业发展呈现多处开花的局面，全州的农业种植业除了粮食谷物种植外，薏仁米、中草药、甘蔗、香菇、精品水果、蔬菜等农业种植产业慢慢地成了黔西南州的支柱产业，生态水产养殖，畜牧养殖等产业也初见成效。

(2)黔西南农业产业结构现状。从大农业的产业结构看，2017 年全州的农林渔牧产值 215.05 亿元，其中种植业 128.4 亿元、林业 13.01 亿元、畜牧业 53.98 亿元、渔业 8.69 亿元、农林渔牧服务业 10.97 亿元，从 2011 年至 2017 年，全州的各种农业产业产值有了大幅度的提高(见表 6-6)，农林渔牧总产值从 2011 年的 60.1 亿元到 2017 年的 215.05 亿元，增长了 3 倍多；种植业、林业、畜牧业产值增长了 4 倍多，渔业增长了 2 倍多，尤其是农林渔牧服务业从 2011 年的 1.11 亿元到 2017 年达到了 10.97 亿元，增长了近十倍。从产业结构来看，种植业产值比重居高不下，稳定在 60% 左右，林、渔、牧产业的产值比重结构变化不大，唯一变化的是农林渔牧服务业的比重在 2015 年以后有一个大幅度的提升，2014 年只占总产值的 1.35%，2016 年、2017 年达到了 5% 左右。

表6-6 黔西南州2011—2017年农林渔牧产值与结构(单位:亿元,比重:%)

| 指标名称 | 2011 | 2012 | 2013 | 2014 | 2015 | 2016 | 2017 |
|---|---|---|---|---|---|---|---|
| 农林渔牧总增加值 | 60.1 | 75.43 | 88.46 | 119.42 | 168.3 | 199.2 | 215.05 |
| 种植业增加值 | 32.18 | 44.3 | 54 | 76.01 | 102.02 | 118.7 | 128.40 |
| (比重) | (53.54) | (58.73) | (61.04) | (63.65) | (60.62) | (59.59) | (59.7) |
| 林业增加值 | 3.93 | 3.96 | 4.56 | 5.6 | 8.75 | 10.35 | 13.01 |
| (比重) | (6.54) | (5.25) | (5.15) | (4.69) | (5.2) | (5.2) | (6.05) |
| 畜牧业增加值 | 19.8 | 22.17 | 23.67 | 30.6 | 42.58 | 52.07 | 53.98 |
| (比重) | (32.95) | (29.39) | (26.76) | (25.62) | (25.3) | (26.14) | (25.1) |
| 渔业增加值 | 3.08 | 3.81 | 4.79 | 5.61 | 6.63 | 7.72 | 8.69 |
| (比重) | (5.12) | (5.05) | (5.41) | (4.70) | (4.0) | (3.88) | (4.05) |
| 农林渔牧服务业增加值(比重) | 1.11 | 1.18 | 1.36 | 1.61 | 8.33 | 10.36 | 10.97 |
| | (1.85) | (1.56) | (1.54) | (1.35) | (5.0) | (5.2) | (5.1) |

资料来源:根据黔西南州2011—2017年社会经济发展公告整理(比重为该产值占当年总产值比例)得出。

从近7年黔西南农业产业结构的现状可以看到,全州农业产业还是以种植业为主,单从2017年来看,种植业占据了全州农业产值的60%,其次是畜牧业占了25%,两大产业总计占了85%的份额。如果从小农业角度(即种植业,见图6-3)来看,全州粮食作物的种植面积占了全州耕地面积的53%。其次是蔬菜的种植面积,占了所有耕地面积大的18%,这两类作物的种植面积占了全州耕地面积的71%。2010年到2016年全州的农作物种植面积增长了近100千公顷,而粮食作物的种植面积增长近20千公顷,说明农业种植结构调整取得了一定的成效。但是粮食作物的种植面积比重还相对较大,虽然说粮食的产量在增加,而高产量并没有带来高产值,原因是农产品的加工附加值较低,据统计部门的数据显示,2017年全州农产品加工转化为41.4%,比全省低了6.6个百分点。①

---

① 姜仕坤.聚焦产业扶贫助推黔西南振兴农村经济[EB/OL].(2017-8-19)[2020-7-13]. http://www.gzswzys.gov.cn/.

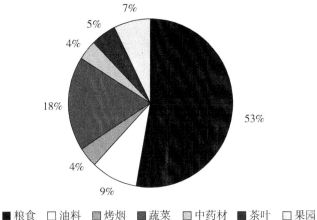

图 6-3 2017 年黔西南州主要种植物耕种面积结构

图 6-4 黔西南 2010—2016 年耕地总面积与粮食种植面积关系(单位：千公顷)

(3)黔西南州农业产业结构合理化和高级化。产业结构合理化测度是指产业之间的耦合协调情况，反映农业资源有效利用的程度，也即要素投入结构和产出结构之间的耦合，产业结构不合理表现出的要么是产业生产产品供给过剩，要么是产品供给不足，出现任何一种情况，都不利产业的发展和资源的有效利用，目前主要用下面的公式计算。

$$TL = \sum_{i=1}^{n} \left(\frac{Y_i}{Y}\right) \ln \left(\frac{\dfrac{Y_i}{L_i}}{\dfrac{Y}{L}}\right) \tag{6-4}$$

其中 $Y$ 代表农业产业的产值，$L$ 代表农业从业人员，$Y_i$ 代表农业产业中的某种具体产业 $i$ 的产值，$L_i$ 代表具体某产业 $i$ 的就业人数，如果产业结构调整合理 TL 为零，如果产业结构不合理 TL 就不为零，TL 值越大代表产业结构越不合理。农业产业结构越合理越有利于农业产业市场参与者对市场形成稳定的预期，减少农产品价格的波动。由于缺乏种植业就业人员的数量以及种植业产值的数据，因此本书没对全州农业产业的合理进行量化研究。

产业结构的高级化是产业发展升级的一种衡量标准，现有的文献资料一般都是根据克拉克定理，用非农产业产值的比重代表产业升级程度。但是在 20 世纪 70 年代以后西方发达国家产业结构都呈现"经济服务化"的趋势，高级别的产业结构形式从三次产业结构来看，第三产业的发展速度要快于第二产业。借鉴于"经济服务化"的思想，本书对于农业产业结构高级化程度采用农林渔牧服务业的产值与整个农业产值的比重代表（简写为 TS），也有的学者用农业服务业增加值与种植业的比值代替农业产业结构的高级化程度，[①] 如果 TS 在上升表明农业产业结构在朝着好的方向发展，农业产业在升级革新。农业产业结构高级化程度的提高，表明农业产业服务部门能够准确地给市场参与者提供有效信息服务，如果农业产业市场是有效的，政府功能行为不缺位，农业产业市场参与者就会有稳定的预期，不会出现盲目生产的行为，就可以规避农业产业的"蛛网模型"，市场的波动就会被拉平。农林渔牧产业服务业占整个农业的比重，可以看出全州农业产业高级化的程度，以此发现黔西南农林渔牧服务业占整个农业产值的比重较小。从表 6-6 可以看出，2017 年黔西南州农林渔牧服务业产值 10.97 亿元，只占整个农业产业产值的 5.1%，2016 年全州的农林渔牧服务业产值 10.36 亿元，占全州农业总产值的 5.2%，贵州省 2017 年的农林渔牧服务业产值占农业总产值比重的 5.06%。从"经济服务化"的思想看全州甚至全省的农业产业结构高级化进

---

① 周传豹. 农业部门内的结构红利：基于增长和波动效应的研究[J]. 经济经纬，2017，34(1)：44-49.

程比较慢。国际成功的实践经验表明，农业发达的国家，为农业服务的人口比重高于农业生产性人口比重。譬如美国农业生产人口占全国人口比重只有2%，而为农业服务的人口比重高达17%~20%，相当于一个农民身边平均有八九个人为他服务。像美国种子业，全美涉及种子企业有700多家，既有孟山都、杜邦先锋、先正达、陶氏等跨国公司，也有从事专业化经营的小公司或家庭企业，还有种子包衣、加工机械等关联产业企业200多家。①

(4)黔西南农业产业结构调整能力和方向。一个地区产业结构转换速度快慢与不同产业的发展速度有关，当不同产业发展速度差异过大，则必然导致生产要素在不同产业之间转换，反之当不同产业之间的发展速度相当，则该地区产业结构转换速度较慢。关于产业结构转换速度可以构建产业转换系数来衡量，见式(6-5)、式(6-6)：

$$\delta = \sqrt{\sum (X_i - X_p)^2 R_i / X_p} \tag{6-5}$$

$$X = \sqrt[n]{\left(\frac{Y_1}{Y_0}\right) * \left(\frac{Y_2}{Y_1}\right) \cdots\cdots \left(\frac{Y_n}{Y_{n-1}}\right)} - 1 = \sqrt[n]{\frac{Y_n}{Y_0}} - 1 \tag{6-6}$$

公式(6-5)中$\delta$代表地区产业结构转换系数，$X_i$代表第$i$产业(具体指农、林、渔、牧产业)的年平均增长速度，$X_p$代表整个农业产业年平均增长速度，$R_i$表示第$i$产业产值在整个农业产业中的比重。平均增速用几何平均增长速度测算，如公式(6-6)中，$Y_i$代表是第$i$年的增加值(或者总产值) $n$代表年份数。虽然各国地区的产业结构都在转换，但方向却各异，有些向高级化和合理换转换，有些地区则表现出"退化"的现象。对此可以构建产业转换方向系数，具体如下式：

$$\beta_i = (1 + X_i)/(1 + X_p) \tag{6-7}$$

公式(6-7)中$\beta_i$代表产业结构转换方向系数，其余参数含义与公式(6-5)相同。类似产业结构量化研究的国内学者有李腊生②、贺灿飞③，研究结论表明中国产业结构转换能力与经济发展水平呈强烈的正相关关系，地域分布上东、中、

---

① 刘奇. 现代农业规模化的五大着力点[J]. 中国发展观察，2013(3)：46-48.

② 李腊生. 产业结构转换能力测定[J]. 统计研究，1993(2)：35-39.

③ 贺灿飞. 中国地区产业结构转换比较研究[J]. 经济地理，1996(3)：68-74.

西呈现逐渐递减趋势，产业结构的合理化高级化有利于产业结构的转换。罗吉①，汤丹②认为中国农业产业结构调整转换的速度较快，但存在区域性差异，东部和东北高于全国水平，中部和西部低于全国。下文根据产业结构转换系数和转换方向系数，对贵州省八个地州市的调整情况进行计算，为了排除物价因素的影响，所有农林渔牧产业产值都折算为 2010 年相同价格水平下产值，增速为实际增速，具体见表 6-7。

表 6-7　　2010—2016 年贵州八个地州市农业产业结构调整比较

| 地区 | 产业年均增速(%) | | | | | 整个农林渔牧产业增速(%) | 产业结构转换系数(%) |
|---|---|---|---|---|---|---|---|
| | 种植业 | 林业 | 牧业 | 渔业 | 服务业 | | |
| 六盘水 | 16.46 | 38.03 | 7.00 | 25.64 | 25.55 | 14.47 | 1.887 |
| 遵义 | 4.83 | 11.72 | 5.29 | 15.29 | 26.53 | 5.98 | 1.420 |
| 安顺 | 9.86 | 11.98 | 21.74 | 2.33 | 29.20 | 4.67 | 1.979 |
| 铜仁 | 3.80 | 14.52 | -0.93 | 18.36 | 10.03 | 3.36 | 2.322 |
| 黔西南 | 13.56 | 14.01 | 5.30 | 12.54 | 36.33 | 11.5 | 1.647 |
| 毕节 | 9.07 | 42.18 | 2.53 | 17.68 | 30.07 | 8.39 | 2.506 |
| 黔东西 | 4.00 | 8.40 | 5.90 | 10.05 | 14.97 | 5.55 | 0.982 |
| 黔南 | 6.40 | 5.96 | -0.9 | 13.52 | 18.86 | 4.89 | 1.957 |

表 6-8　　贵州省八个地州市农业产业结构调整方向系数

| | 种植业 | 林业 | 牧业 | 渔业 | 农林牧渔服务业 |
|---|---|---|---|---|---|
| 六盘水 | 1.13 | 2.52 | 0.52 | 1.72 | 1.72 |
| 遵义 | 0.84 | 1.82 | 0.90 | 2.33 | 3.94 |
| 安顺 | 1.20 | 2.09 | 0.31 | 2.78 | 0.52 |

① 罗吉. 基于主成分分析的我国西部地区间产业结构转换能力评价[J]. 统计教育，2004(5)：39-43.
② 汤丹. 我国农业结构调整对农民收入影响的区域差异[J]. 经济问题探索，2016(2)：180-184.

续表

|  | 种植业 | 林业 | 牧业 | 渔业 | 农林牧渔服务业 |
|---|---|---|---|---|---|
| 铜仁 | 1.10 | 3.56 | 0.02 | 4.44 | 2.53 |
| 黔西南 | 1.16 | 1.20 | 0.50 | 1.08 | 2.99 |
| 毕节 | 1.07 | 4.60 | 0.38 | 1.99 | 3.31 |
| 黔东南 | 0.76 | 1.44 | 1.05 | 1.69 | 2.44 |
| 黔南 | 1.26 | 1.18 | 0.02 | 2.47 | 3.37 |

根据贵州省八个地州市 2010—2016 年种植业、林业、牧业、渔业、服务业平均增速看，黔西南州总体情况仅仅次于六盘水，近 7 年来整个农林渔牧产业实际平均增速达到了 11.5%。但是从农林渔牧产业结构转换系数看，黔西南州农业结构的转换能力却处于八个地州市靠后第六的位置，为 1.647%，也即是说全州整个农业产业增速很快，但结构调整能力不强，调整的速度较慢。根据美国著名经济学家罗斯托提出的"产业扩散效应"理论，认为经济增长是主导产业不断扩大的过程，地区各产业增速存在差异，差异越大产业结构转换就快，反之产业增速差异越小，产业结构转换就慢，据此全州产业结构调整慢的根本原因是全州农业产业中的三个核心产业：种植业、林业、渔业的增速相当，分别是 13.56%、14.01%、12.54%，主导产业利润对其他产业资本、劳动力流动的吸引力不足，致使产业结构调整能力不强。产业结构调整的方向系数大于 1 说明某一产业的增速大于农业整体增速，说明产业可往该方向调整，从表6-8看，其中种植业只有黔东南和遵义低于 1，林业产业都大于 1，畜牧业只有黔东南大于 1，渔业都大于 1，农林渔牧服务业只有安顺是低于 1 的。说明贵州农业产业结构调整可以往种植业、林业、服务业的方向调整。对黔西南州产业结构调整方向，除了畜牧业外，可往其他行业方向调整，尤其是向农林渔牧服务业产业方向调整，因为近年来由于黔西南乡村旅游的发展，带动了对特色农业产品的需求，也促使了农林渔牧服务业的发展，通过测算发现，在过去七年中，农业服务业的增速最快，黔西南的年均增速达到了 36.33%，其他地区也是两位数以上的增速。

### 6.5.2 黔西南农业产业结构调整扶贫的实践路径

要解决当前的贫困问题，调整农业产业结构，助推脱贫攻坚是一种必然的选择。特色农业产业要想对贫困人口实现有效的减贫，做大做强，则必须要做好两方面的连接，一是产业发展要连接好贫困户，二是要连接好市场。结合贵州黔西南州特色农业扶贫实际经验，可将特色农业扶贫路径概括为"三化"——规模化、标准化、组织化。

(1)规模化。黔西南州9县(市、区)基本形成了"一县一业"特色扶贫产业布局，兴义矮脚鸡、兴仁薏仁米、安龙食用菌、贞丰糯食、普安茶叶、晴隆"晴隆羊"、册亨特色林、望谟板栗八大产业形成了各具特色的扶贫产业，除此之外，有蔬菜、核桃、桉树、蔗糖、火龙果等特色农业也粗具规模。

薏仁米产业。2016年黔西南州薏仁种植面积达60万亩，亩平均产量在250公斤以上，总产量达15万吨，薏仁原料市场份额占全国70%，"薏仁精米""薏仁精油""薏仁即食速溶粉""薏仁谷壳碳""薏仁保健酒""薏仁化妆品"6大系列20多种产品，销往全国30多个省(市、区)，出口美国、欧洲、日本、东南亚等地。

蔗糖产业，是南、北盘江低热火谷沿岸蔗农10万人赖以生存的产业，黔西南州适宜种植甘蔗的土地有60多万亩，每年平均种植面积在25万亩左右，规划种植30亩。全州的生产主要分布在贞丰、望谟、册亨、兴义四个县(市)。①

表6-9 黔西南甘蔗产业种植分布

|  | 贞丰 | 望谟 | 册亨 | 兴义 |
|---|---|---|---|---|
| 适宜种植耕地面积<br>(单位：万亩) | 11.6 | 16.7 | 16.5 | 9.3 |
| 适宜种植乡镇 | 白层、鲁容鲁贡、沙坪 | 复兴、新屯、大观、昂、武、石屯、蔗香、纳夜 | 者楼、坡妹、丫他、巧马、双江、岩架、八渡、庆坪、弼佑、百口、冗渡、达秧、秧坝 | 巴结、泥凼、三江口、沧江、仓更、洛万、捧乍 |

———————————

① 参见《黔西南州"十二五"蔗糖产业发展规划》。

食用菌产业。2015 年安龙县通过招商引资引进贵州安庆菌农业科技有限公司，投资 9000 万元建设集食用菌标准化种植、菌包和菌棒生产、干品加工及观光旅游等多项功能于一体的安龙县食用菌产业园一期核心区项目，主要生产香菇、灰树花等有机食用菌。当年，建成年产 3000 万菌棒加工厂房及相关配套设施设备，建成标准化食用菌生产大棚 407 个、养菌棚 159 个，解决精准扶贫户、青年创业军和返乡农民工入棚创业 100 余户。其在距安龙县易地搬迁扶贫城北安置点 3 千米的钱相街道钱相村打造"蘑菇小镇"，占地面积 500 亩，建生产大棚 500 个，入驻菇农 200 户，解决就业 1000 人。①

普安、晴隆的茶产业。黔西南州是低纬度、高海拔、寡日照，具有"山高雾重出好茶"得天独厚的地域、土壤、气候环境，是我国野生茶最丰富的地区之一。在普安县境内的江西坡、新店、雪浦等地发现茶树 2 万余株，分布面积上千亩，其中，树龄上千年的就有上百株。黔西南已开发的品牌有"普安红""普安明前茶""四球古树茶""七舍毛尖""晴隆碧螺春""兴仁白茶""高山绿茶"等。②

表 6-10                                    黔西南茶叶种植区域

| 产业带 | 种植品种 | 种植区域 |
|---|---|---|
| 早生绿茶、红茶、花茶胚产业带 | 大中叶茶品种为主 | 晴隆县：砂子、碧痕、大厂、安谷、紫厂；普安县：江西坡、地瓜、新店、高棉、罗汉 |
| 高山有机绿茶产业带 | 小叶茶品种种植为主 | 兴义市：七舍、捧乍、猪场坪、雄武、白碗窑、泥凼 |
| 特色绿茶产业带 | 发展中小叶茶品种为主 | 安龙县：龙广、新桥、洒雨、海子、兴隆 |

中草药种植。黔西南州有地道的中药资源近 2000 种，其中植物药 190 多科 1800 多种，动物药 163 种，矿物药 12 种。据统计资料显示，2015 年全州已培育

---

① 参见《黔西南州食用菌产业发展扶持政策(试行)》。
② 参见《黔西南州"十二五"茶产业发展规划》。

种植中药材 118 个品种，种植面积达到 106.2 万亩，其中山银花 26 万亩，名贵中药材白及 3000 亩，铁皮石斛 8000 亩，天麻 5000 亩，三七 2000 亩。

（2）标准化。农业标准化是在"统一、简化、协调、优选"原则下，制定统一标准对农产品产前、产中、产后的生产和检查。特色农产品不同于传统农产品有国家质检标准和行业发展规范要求，而为了防止劣质产品充斥市场，扰乱产业持续健康发展，特色农业产业必须标准化。标准化建设有利于品牌形成，同时也只有农特产品质量标准过硬才能赢得市场的青睐，树立起在消费者心中的形象。

现今国家在大力提倡新型农业现代化，而过去的农业现代化常被称之为"石油农业"，以借助外力打破农业封闭内循环系统，通过使用大量化肥和农药提高产量，但随之而来出现的农药残留、土壤酸化、地表水污染、农产品安全等问题日益严重。许多专家学者对农业现代化进行了反思，认为农业现代化的发展趋势应该向"后现代农业"转变。①②③ 后农业现代化的明显特征就是绿色生态，它继承了农业现代化中"现代科技"的成分，用先进的科学技术、科学的管理办法来生产经营农业，将第二、第三产业融入第一产业，后现代农业更尊重自然规律，保护环境，使农产品成为绿色有机产品。黔西南州发展特色农业，借助后农业现代化的绿色发展时机，树立绿色生态农业的产业标准，特此州人民政府出台了《关于农业标准化工作的意见》。推进农业标准化示范区建设，建成了如册亨油茶种植标准化示范区、兴仁薏苡种植标准化示范区、普安茶叶种植标准化示范区等。守住生态和发展两条底线是上级党和政府对黔西南州发展的根本要求。同时，由于黔西南州属于南北盘江流域，而整个流域又是珠江上游重要生态屏障的保障，因此黔西南的生态建设对珠江水系的生态至关重要。

（3）组织化。黔西南州在特色农业助推脱贫攻坚产业组织问题上，紧紧围绕

---

① 檀学文. 现代农业、后现代农业与生态农业——"'两型农村'与生态农业发展国际学术研讨会暨第五届中国农业现代化比较国际研讨会"综述[J]. 中国农村经济，2010（2）：92-95.

② 张显龙. 后现代农业：包容性增长理念下中国现代农业发展的新趋势[J]. 改革与战略，2012（4）：93-95.

③ C.D. 弗罗登伯格，筼筼. 后现代农业[J]. 国外社会科学，1993（4）：71-74，49.

薏仁、烟叶、食用菌、蔬菜、茶叶、生态畜禽、精品水果、中药材等特色优势产业，建立农民专业合作社支持培育其发展壮大。在 2017 年新增农民专业合作社 304 个，成功创建 14 个国家级农民合作示范社。黔西南州政府制定规划了《黔西南州发展农民专业合作社助推脱贫攻坚三年行动方案》(2017—2019 年)，坚持农民主体地位、分类指导、示范引领的原则，重点培育组建合作社，完善合作社运行机制，强化合作社服务功能，推进合作社示范创建，增强营销能力，强化合作社利益联结。并计划到 2019 年全州共建专业合作社 4500 个，带动贫困人口 15.5 万人，合作社发展基金规划投入 3 个多亿(具体见表 6-11 和图 6-5)。[1] 通过合作社的产业组织模式将贫困户纳入整个产业发展中来，实现抓产业发展就是在扶贫的利益联动机制。

表 6-11 　　　　　　　　黔西南州农民专业合作社规划

| 专业合作社数量(个) | | | 带动贫困户(户) | | | 带动贫困人口(万人) | | |
| --- | --- | --- | --- | --- | --- | --- | --- | --- |
| 2017 | 2018 | 2019 | 2017 | 2018 | 2019 | 2017 | 2018 | 2019 |
| 3852 | 4170 | 4500 | 97557 | 78757 | 45725 | 34.8 | 26.2 | 15.5 |

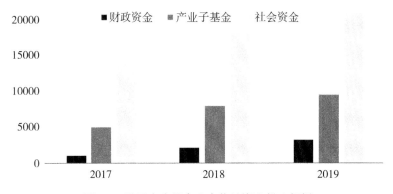

图 6-5　黔西南农民专业合作社资金投入规划

---

① 参见黔西南州人民政府颁发的黔西南州发展农民专业合作社助推脱贫攻坚三年行动方案(2017—2019 年)。

### 6.5.3　黔西南州大数据与农业产业融合助推脱贫攻坚

#### 1. 大数据特征与脱贫攻坚的融合机制

关于大数据的定义，美国咨询公司麦肯锡（McKinsey）认为大数据指那些数据规模超出了典型的数据库软件工具的能力来进行捕获、存储、管理和分析的数据集。① 与传统的统计学意义上的数据相比，大数据的"大"体现在体量上的扩充，数据的结构、形式、粒度、组织等各方面都更加复杂。过去收集到的数据更多是研究对象一方面或者两方面的数据，比如农村居民家庭情况数据，传统意义上的数据资料仅仅是收入、教育、年龄、性别等一些基本的统计，而大数据统计可能还包含家庭成员的兴趣偏好、饮食习惯、社会交往等一些尽可能的数据资料。M. Grobelink（2012）对大数据的特征归纳为 3V：数据类型的多样性（Variety）；规模性（Volume），巨量数据规模；高速性（Velocity），快速的数据流转。在此基础上国际数据公司（IDC）认为有价值密度低（Value），国际商业机器公司（IBM）认为有真实性（Veracity），以实际真实社会活动为基础产生的数据。

舍恩伯格和库克耶（2013）认为大数据时代要有三个思维方式的转变。一是获取的数据从少向多的转变，大数据时代获取的数据不是过去通过抽样获得的随机样本，而是社会经济活动产生的全体数据。二是获取的数据类型由简单变得更复杂，过去通过抽样获得的数据是研究或关注的某一方面具体的精准数据，其他的数据由于受到收集成本或收集方法的限制无法获得，而在大数据时代，由于计算机技术的普及能获得与研究对象相关的系列数据，数据更具有混杂性。三是获得的数据对分析相关问题变得更好，过去收集数据是因为有因果联系而去收集相互关联的数据，而现在只要存在相关都要收集且也能收集。

精准扶贫从 2011 年习近平总书记提出以来，对各地区扶贫工作信息化和数据支撑系统建设提出了更高的要求，2015 年习近平总书记在中央政治局会议上提出"以数据目标诠释精准扶贫开发理念，充分发挥数据精准定位、开发共享的

---

① Manyika J, Chui M, Brown B, et al. Big Data: The Next Frontier for Innovation, Comptetition, and Productivity[J]. Analytics, 2011(3): 73-77.

应用价值"的重要指示，大数据助力脱贫攻坚体现在精准扶贫的逻辑中。精准扶贫逻辑可以概括为，宏观层面的"四个关键问"，即扶持谁，谁来扶，怎么扶，如何退。

"关键四问"接下来对于谁来扶和怎么扶，通过"五个一批"和"六个精准"解决，即发展生产脱贫一批，异地搬迁脱贫一批，生态补偿脱贫一批，发展教育脱贫一批，社会兜底脱贫一批；扶贫对象精准、措施到户精准、项目安排精准、资金使用精准、因村派人精准、脱贫成效精准。

对于如何退出按照"一达标两不愁三保障"标准落实，"一达标"是按照国家贫困标准线为贫困户扶贫标准，现行国家扶贫标准为农民人均纯收入 2300 元（2010 年不变价）。贵州省的"一达标"指农村建档立卡贫困户家庭年人均可支配收入稳定超过贵州省当年公布的脱贫标准线（2018 年为 3535 元）。

"两不愁"一是不愁吃。二是不愁穿，其中不愁吃是指吃饭不愁，农户根据居住地饮食习惯，有能力通过自产或自购，满足口粮需求及补充一定的肉、蛋、豆制品等必要营养食物。标准为农户不缺粮、能吃饱。吃水不愁，饮水有保障为基本达到中国水利协会发布的农村饮水安全评价标准（T/CHES18—2018）。供水方式可以是集中式供水、自引山泉水、自取井水、自取河水、自取水窖水、钻取地下水等。小水窖建设规模户均不低于 5 立方米，备有沉淀池、过滤池，水体保持清洁，积雨面（坪）无污染，水窖整体有土壤覆盖，避免阳光直射造成水质变化，取水往返水平距离不超过 1 千米，垂直距离不超过 100 米，单次取水往返时间不超过 20 分钟，人均日用水量不低于 35 公斤（升）。

不愁穿是指农户根据居住地环境，农户有力自主购买或通过亲属购买（含捐赠），做到四季有换季衣服、日常有换洗衣服。标准为有换季衣服，夏天有单衣，冬天有棉衣，有换洗衣服，有御寒被褥。

"三保障"一是安全住房保障。贫困户脱贫退出的新要求为具备安全住房，并搬迁入住。国家保障贫困人口基本居住条件，确保住上安全住房。安全住房保障基本质量要求为选址安全，地基坚实；基础牢靠，结构稳定，强度满足要求；抗震构造措施齐全、符合规定；围护结构和非结构构件与主体结构连接牢固；建筑材料质量合格。保障标准为经县级住房与城乡建设部门评定为 A 级、B 级的为安全住房，不需改造。就地改造危房是经县级住房与城乡建设部门评定为 C 级、

D 级的为危房，必须进行加固维修和改造，改造后必须达到《农村危房改造基本安全技术导则》标准。易地扶贫搬迁安置房是采取集中安置的，安置住房质量合格且具备入住条件，并与农户签了协议、分了房屋、向搬迁对象正式交付住房钥匙，视为达到搬迁入住标准。

二是义务教育有保障。依据《中华人民共和国义务教育法》，保障贫困家庭的孩子接受九年义务教育，确保有学上、上得起学。保障标准为贫困家庭子女依法接受义务教育，不因家庭经济困难失学辍学。贵州省近年还实施了高中(中职)及以上"两助三免"等教育精准扶贫政策。

三是基本医疗有保障。依据国家卫生计生委等 15 个中央部门联合发布关于《实施健康扶贫工程指导意见》，保障贫困人口基本医疗需求，确保大病和慢性病得到有效救治和保障。保障标准为落实健康扶贫医疗保障救助政策，建档立卡贫困人口参加基本医疗保险应保尽保，在定点医疗机构住院费用报销比例达到 90%以上，大病和慢性病实现应治尽治，签约医生做到应签尽签。根据 2018 年 9 月 30 日省卫生计生委、省扶贫办、省财政厅、省民政厅下发《关于深入推进精准健康扶贫工作的通知》(黔卫计发〔2018〕54 号)文件要求：医疗保障既不随意变通，降低标准，影响贫困群众利益，也不擅自加码，提高标准，影响项目执行可持续性，"四重医疗保障政策"提法规范为"健康扶贫医疗保障救助政策"。

"关键四问"明确了扶贫客体(扶持谁)，扶贫主体(谁来扶)，扶贫载体(怎么扶)，扶贫成效(如何退出)的相互逻辑关系。①"五个一批""六个精准"回答了"关键四问"中谁来扶和怎么扶的问题，抓住了扶贫的关键。"两不愁""三保障"进一步回答了达到什么样的标准可以退出贫困的问题，整个扶贫的逻辑体系紧密连接、层层推进，扶贫逻辑体系中任何一个环节出了问题，都可能导致扶贫工作目标靶向偏离，决策偏差重踏过去扶贫的老路，大数据融入整个扶贫体系中则能解决好这一问题。

扶贫牵涉千万贫困人口，投入的扶贫资源数以万计，各种资源形形色色，联

---

① 汪磊，许鹿，汪霞．大数据驱动下精准扶贫运行机制的耦合性分析及其机制创新——基于贵州、甘肃的案例[J]．公共管理学报，2017，14(3)：135-143，159-160．

系千丝万缕，这恰好跟大数据 5V 特征相吻合，通过建立大数据信息系统平台实现了数据信息共享，解决了扶贫过程中的信息不对称问题。当前的扶贫是政策制度、社会多元合力参与，脱贫目标融合的综合体系，而能支持这个体系的只有大数据，大数据的信息化集成，科学严谨的数据挖掘，使得扶贫过程中贫困人口的政策需求与扶贫主体的政策供给精准匹配。从微观上看，在过去的扶贫工程中出现贫困人口瞄准偏离，贫困情况摸底不清，产业扶贫、金融扶贫出现"精英俘获"，原因是扶贫的数据信息无法形成有效的对比，数据失真和信息不对称导致政府难于提供有效的扶贫政策。还有过去的政策措施都是通过传统的抽样调查获得"小样本数据"决策，在决策的过程中就很难避免"弃真"和"取伪"的两类错误，而大数据时代则可以避免这个问题。

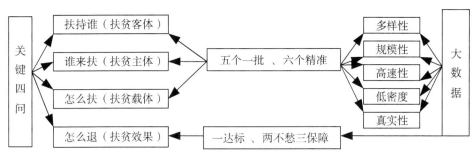

图 6-6　大数据与扶贫融合的逻辑体系

### 2. 黔西南州大数据与农业扶贫产业深度融合实践

贵州作为西部欠发达省份，大数据从无到有，现已经成了贵州的一张名片，成为贵州经济发展的重要引擎，省委省政府出台了《建设国家大数据综合实验区实施方案》《关于加快大数据产业发展应用若干政策的意见》《贵州省大数据产业发展应用规划纲要（2014—2020 年）》等文件。2014 年至 2017 年，全省规模以上电子信息制造业增加值、软件业务收入和网络零售交易额年均分别增长 57.7%、35.9% 和 38.2%，对全省经济增长的贡献率超过 20%。2018 年全省 1625 户实体经济企业与大数据实现深度融合，电信业务总量增长 165.5%，电子信息制造业增加值增长 11.2%，规模以上软件和信息技术服务业、互联网和相关服务营业收入分别增长 21.5% 和 75.8%, 大数据成为支撑全省 GDP 增长的重要因素。① 黔西南地处贵州西南部滇黔桂交界处, 属于滇黔桂石漠化连片特困地区。从 2015 年以来紧跟贵州省委大数据的战略部署出台了《黔西南州大数据发展"十三五"行动计划(2016—2020 年)》, 成为贵州省三大数据中心(贵阳市、贵安新区、黔西南州)之一, "智慧金州云平台""医疗云""河长云""企业云""安全云""住建云""多规合一"等多个"云平台"上线运行, 标志着全州大数据工作取得显著成绩, 得到了广泛认可。而大数据在助推农业产业扶贫方面有以下的实践探索。

(1)大数据精准识别扶贫对象。黔西南州精准扶贫大数据平台通过接入贵州省大数据局数据库, 横向打通公安、民政、农业、税务、财政等 13 个省直部门单位数据, 实现扶贫户的精准识别, 让扶贫数据互通共享、自动比对、实时更新、使用便捷。2017 年全州扶贫系统共 302 人安装该平台, 并利用其功能开展精准识别查缺补漏工作。② 通过精准扶贫大数据支撑平台实现线上查询比对、线下入户核实, 对有房产登记、车辆登记和公司注册户登记贫困农户进行分类处理。在"数据铁笼"的数据基础上, 成功研发了"脱贫攻坚精准比对系统""民意调查""财政预算一体化""两个责任"等系统。这些系统互相配合, 实现了精准扶贫的项目安排、资金使用和措施到户等措施的精准到位。比如通过银行系统对财政业务系统支付到贫困户个人账户数据进行采集比对分析, 了解贫困户实际收入情况。

(2)"数据铁笼"精准监督产业发展政策资金。通过"数据铁笼"对产业扶贫项目动态、扶贫资金去向进行全程追踪, 实现扶贫措施精细化管理。"数据铁笼"通过将数据采集的触角延伸至财政资金所覆盖的州、县、乡各级预算单位、村集体经济和各类项目, 实现人、财、物、事的全方位监督管理。实现了财政资金流向的事前、事中、事后明晰可控, 全过程无死角无缝监管, 同时将扶贫资金运行过程所涉及的政策、产业、项目等数据信息进行衔接, 实现对扶贫资金精准绩效

① 罗以洪, 吴大华. 大数据助力经济社会发展的实践与探索[N]. 光明日报, 2019-3-20 (6).

② 侯飞. 贵州黔西南: 数据大平台精准识别贫困户[N]. 中国财经报, 2017-11-2(8).

分析。在数据终端上产业扶贫对象可以通过输入项目、资金名称查询到扶贫项目的推进情况、民生资金的分配情况以及资金的支付情况，还可以通过输入贫困户名称实现精准查询贫困户民生政策享受及获得补贴资金明细，方便群众对民生项目和民生资金中出现的党风廉政问题进行举报投诉。至2018年年底全州共在扶贫民生领域监督系统录入民生资金数据8259万条，民生项目24374个，群众查询达1014万人次。2019年以来，对比发现异常数据5351次，对主管部门提出整改措施12条，立案11件，党纪政务处分10人，清退违规享受人员11人。①

（3）大数据精准规划扶贫产业。通过对黔西南各县市的特色农业产业摸底调查，黔西南州9县(市、区)基本形成了"一县一业"特色扶贫产业布局，兴义矮脚鸡、兴仁薏仁米、安龙食用菌、贞丰糯食、普安茶叶、晴隆"晴隆羊"、册亨特色林、望谟板栗八大产业形成了各具特色的扶贫产业。在产业扶贫利益联结机制上，以农民专业合作社为平台抓手，让产业扶贫精准惠及贫困户，在2017年新增农民专业合作社304个，成功创建14个国家级农民合作示范社。州政府制定规划了《黔西南州发展农民专业合作社助推脱贫攻坚三年行动方案》(2017—2019年)，坚持农民主体地位、分类指导、示范引领的原则，重点培育组建合作社，完善合作社运行机制，强化合作社服务功能，推进合作社示范创建，增强营销能力，强化合作社利益联结。并计划到2019年全州共建专业合作社4500个，带动贫困人口15.5万人，合作社发展基金规划投入3个多亿。通过合作社的产业组织模式将贫困户纳入整个产业发展中来，实现抓产业发展就是在扶贫的利益联动机制。②

而实现农业扶贫产业规模化必须要让土地资产的权益"动起来"，因此深化农村土地制度改革，土地颁证确权是基础保障。黔西南州2016年全面启动全州128个乡镇确权登记颁证工作，2018年全州9县(市、新区)农村土地承包经营权确权登记颁证工作全面通过贵州省土地登记确权办验收。其中就涉及62万承包农户、626万承包耕地，投入约两亿多元。通过登记确权让农民的土地有了"身

---

① 覃甫政. 贵州黔西南：借力大数据精准揪出扶贫"蛀虫"[J]. 中国纪检监察，2018(21)：38-39.

② 参见州人民政府办公室关于印发《黔西南州发展农民专业合作社助推脱贫攻坚三年行动方案(2017—2019年)》的通知。

份证"，通过土地流转能获得流转费收入，入股能成为股东。实现农村"三变"，即农民变股东，资金变股金，资源变资产，让农民伴随农业产业发展共同分享利润成果。

（4）大数据与特色农业产销过程深度融合。按照"生产管理精准化、质量追溯全程化、市场销售网络化"要求，深入实施"大数据"战略行动，推动大数据与农业产业深度融合发展，培育黔西南现代山地特色高效农业发展新动能。

生产管理精准化。主要通过构建大数据、云计算、互联网、物联网技术为一体的现代农业发展模式，实现现代农业生产实时监控、精准管理、远程控制和智能决策，实现贫困农户建档立卡数据与农业生产数据的共享互联。基于遥感监测、地面调查、网络挖掘等技术，构建"天空地人"四位一体的农业大数据可持续采集更新体系，夯实农业大数据基础，实现农业生产数据的关联整合、时空分析与智能决策，优化农业产业布局，深入推进农业产业结构调整，促进农业产业发展。

质量追溯全程化。充分运用大数据实现农产品质量安全可追溯，形成生产有记录、信息可查询、质量有保障、责任可追究的农产品质量安全全程追溯体系，重点实施食用农产品质量追溯，聚焦茶叶、蔬菜、水果、禽蛋等特色产业，利用贵州省农产品质量安全追溯平台，通过农产品二维码，实现农产品产地、生产单位、产品检测等信息追溯查询，逐步纳入全国农产品质量安全追溯平台。

市场销售网络化。培育农村电商主体，不断提升新型农业经营主体电商应用能力，建设信息开放共享、数据互联互通的农业电商公共服务系统，构建农产品冷链物流、信息流、资金流网络化运营体系，破解"小农户与大市场"对接难题，提高农产品流通效率。重点实施农村电商培育，加强与阿里巴巴、京东、苏宁等电商平台合作，用好贵州电商云、贵农网等电商平台，建立产地仓直采模式，发展绿色无公害优质农产品线上定制、线下送菜到家的农产品销售服务新模式，实现特色农产品线上推广和线下融合。

计划到2022年，全州将带动250户以上农业企业（专业合作社）与大数据实现深度融合发展，优化整合6个以上规模化农业物联网基地，建设20个以上农业企业产品质量追溯系统，建成700个农村电商服务站，实现行政村电商服务站全覆盖。①

### 3. 黔西南州大数据与农业融合助推脱贫攻坚问题与对策

黔西南州发展大数据具有优势，黔西南州州府所在地兴义市气候条件适宜，黔西南州地处北纬 25 度黄金气候生态群，年均气温 13.8～19.4℃，常年平均空气质量指数在 20～45，具有天然大空调的美誉，地质结构稳定。电价便宜对大数据储存电力保障有力，黔西南州煤炭资源、水能资源、风力和太阳能等电力能源充足，已逐步形成以煤为主，水火互济、多元补充的能源工业格局，且拥有南方唯一可自主定价、自负盈亏的地方电网，价格在 0.35 元/度左右，并可以根据不同项目需求给予最大限度的议价空间。区位条件优越，政策优惠叠加，发展大数据产业具有得天独厚、不可替代的优势。州委州政府将坚定不移地把大数据、云计算产业作为培育战略性新兴产业的主攻方向、作为经济社会发展的新引擎。但就目前看，大数据与农业产业的融合还存在以下问题。

(1)黔西南大数据与农业的融合还处于起步阶段，资金投入和农村信息化建设还严重不足，"互联网 +农业"是在农村信息化建设完成前提下才能开展，农村信息化是完成农业大数据收据的基础。在实现农业互联网后农业专家终端 APP、农业经纪人 APP 或是为农资供应商通过网络互联互通，目前虽然已经实现县县通高速，电缆光纤基本覆盖了所有的乡镇，但对农业产业链上的所有信息还未"搬迁"至互联网上。

(2)大数据高层次专业人才缺乏。黔西南州是 1982 年建的州，经济发展起步晚，目前全州经济待遇对人才的吸引力不足。全州应该在人才引进和培养机制上下工夫，从政策环境、薪资待遇、职业规划等方面吸引高端专业人才。提升涉农人员专业素质，加强对现有农民的培训，选取农民代表对其进行培训，以方便其与农户、农资经销商农资专家进行沟通。针对返乡创业人员、新型职业农民等群体给予足够的重视，通过系统培训将其打造成农业产业的中坚力量。

(3)进一步加大对农业产业扶贫数据信息的挖掘，打通数据应用的"烟囱"和

---

① 周军. 我州加快推进大数据与农业产业深度融合发展[N]. 黔西南日报，2019-1-15 (1).

数据"孤岛"。从关联性角度看数据分条数据与块数据，条数据是指同类型同领域数据的指向性融合，而块数据是高度关联的各类数据在特定平台上的持续聚合。两种数据都强调关联性，前者强调的是垂直关联，而后者强调的是跨界关联。全州获取的农业扶贫大数据多是条数据、点数据和截面数据，条数据具有单一性，容易陷入数据封闭孤立，点数据往往通过随机抽样调查获取，很难获得具有代表性、说服力强的样本数据，截面数据的时效性和质量稍差。而当前全州农业扶贫大数据更重要的是对块数据的挖掘，要以全州农业产业为中心扩展开，收集所有的相关数据进行分析。

造成我们在实际运用中只能使用条数据的原因是，长期以来我国的行政管理体制是科层级的，各科层级单位收集和建设的数据库大多采取"烟囱式"的垂直结构，每个部门都有自己的数据库，而各个部门之间的数据是孤立的，信息不能共享，实现不了交互访问，形成了数据的孤岛。① 而对于大数据农业产业扶贫来说，这是一个综合的系统，要实现大数据农业的扶贫效果就必须要打通这种数据孤岛。

## 本章小结

通过考察贫困率与地区产业结构的关系发现，四省（区、市）增加第一产业和第三产业的比重有利于减贫。但西南地区如果走传统农业发展道路，生产传统的大米、小麦、玉米，与华北、东北地区相比，产量低，质量差，在市场上竞争力弱，没有优势，必须走特色农业发展的道路。具体原因：一是中国特色的农村经济制度符合特色农业产业化；二是特色农产品的"特"点能赢得市场竞争力，吸引贫困农户参与的积极性；三是特色农业产业具有"现代化农业"的特色，利润率高；四是发展特色农业有利于生态环境的保护，符合中央提出的"绿水青山就是金山银山"的精神和守住生态和发展的底线指示。

特色农业发展要结合农户的行为特征，降低技术门槛，发挥传统民族工艺特

---

① 章昌平，林涛."生境"仿真：以贫困人口为中心的大数据关联整合与精准扶贫[J].公共管理学报，2017，14（3）：124-134，153，159.

征，降低整个产业的风险，政府要重点扶植新型农业产业组织，通过组织带动的形式实现减贫。根据公司与农户的关系，产业组织可分为：纯粹的买卖关系、合约关系、合作一体化关系，具体的产业组织模式要适应产业发展的不同阶段。产业的规模化发展，横向上扩大更多的农户参与，纵向上加强特色农业深度加工，增加附加值。

由于农业生产条件差和政府对粮食安全的重视，使得贫困地区的农业发展形成了以传统农业发展为主的路径依赖。粮食生产报酬的递增，传统民族村落具有的网络和学习效应的优势，以及"搭便车"和机会主义等因素进一步强化了贫困地区农业发展的路径依赖。改变贫困地区农业发展的路径依赖，调整产业结构，要从农业产业的外围给予有效的制度供给，深化农村土地"三权"分置改革，创新农业产业组织模式进行路径修正。

贵州黔西南农业产业结构调整扶贫路径概括为"三化"——规模化、标准化、组织化。规模化布局实现了区域资源优化配置，突出区域比较优势，拉伸产业链条；树立绿色生态的特色农产品标准；提高特色农业产业组织化程度，能提高农户抵御风险的能力，减少整个产业发展的交易成本，将贫困人口纳入产业发展组织，提高扶贫的效率。运用大数据的多样性、规模性、高速性、真实性、价值密度低等特征，解决了精准扶贫逻辑体系的信息不对称和小样本决策偏差问题。在贫困户精准识别、监督产业发展资金使用、规划扶贫产业，以及推进特色农业产销过程深度融合方面发挥了重要作用。但大数据与农业融合推动产业扶贫，存在数据信息基础设施建设不完善、高层次大数据人才缺乏、数据孤岛未全打通等问题。

# 第7章 贫困地区"三化"协调发展路径研究

## ——基于贵州九个地州市的面板数据

## 7.1 "三化"协调发展内涵

中央十八大提出工业化、农业化、城镇化、信息化"四化"同步发展。贵州作为西部欠发达省份十二五以来将"工业强省"和"城镇化带动"战略作为贵州发展主要任务目标。农业现代化、新型工业化和城镇化协调发展是实现脱贫攻坚和2020 全面建成小康社会的主要抓手。① 贵州的贫穷落后更多的原因是"三化"协调发展的合力不足，早在 2012 年时任贵州省委书记的赵克志指出"贵州"三化"的滞后拖累"三农"，"三农"问题最根本最重要的原因是县域层面的工业化、城镇化和农业现代化滞后。② 而具体贵州"三化"协调发展情况如何？本书试图通过量化研究评价贵州九个地州市"三化"协调发展状态和"三化"间的互动效应，为认识和部署"三化"协调发展提供参考。

### 7.1.1 "三化"的内涵

工业化是指工业收入占国民收入、工业就业人口占劳动人口中的份额连续上升的过程，著名发展经济学家张培刚教授认为工业化是国民经济中一系列重要的生产函数(或生产组织方式)连续从低级到高级突破性的过程，包括农业和工业

---

① 陈耀，谢一，毕军，郑鑫. 推进贵州省工业化战略研究 [J]. 贵州社会科学，2012（1）：64-70.

② 贵州："三化"滞后拖累"三农" [EB/OL]. (2018-01-18) [2021-12-18]. http：www. china. com. cn.

的变革。其特征一是机械化过程，二是国民经济进步和发展，三是农业在国民经济中的比重下降，四是社会生产的专门化。工业化过程中一般要经历三个阶段：早期表现为以轻工业为主，具体以农产品为原料的纺织、造纸、食品加工等轻工业发展，以及非农业为原料的日化家电轻工业发展。中期以重工业为中心，该阶段化工、冶金、电力等重化工业迅速发展。新型工业化阶段，表现为工业高度专门化，农业发生变革，工业产业链纵向发展整个社会发生变革。经济学家 H. 钱纳里依据人均 GDP 变化，将工业化为三个阶段：当人均 GDP 为 400 美元(1970 年美国价格)时为工业化初级阶段；人均 GDP 为 1000 美元时为中期阶段，当人均 GDP 为 2000 美元时工业化水平达到了最高水平。

整个工业化的过程，表现出的是工业生产活动取得主导地位的发展过程，社会由传统农业社会向现代社会转变的过程。国内著名发展经济学家张培刚认为，一个国家，即使农业生产仍居优势或与制造业并驾齐驱，只要运输业和动力业已经现代化，农业已经"企业化"了，我们可以认为它是工业化的国家。在一个欠发达的农业国家，只有当农业生产总值由原来占全国比重的 2/3，甚至 3/4 变为只占 1/3 或者 1/4，同时就业比重也由原来的 2/3，甚至 3/4 变为 1/3 或者 1/4，才算实现了工业化，成为一个"工业化了的国家"。① 如果按此标准我国早已开始了工业化，在向"工业化了的国家"慢慢靠近，据国家统计局公布数据 2015 年全国第一产业对 GDP 的贡献率为 4.6%，第一产业就业占总就业比重的 28%。

中央十六大提出走新型工业化道路，"坚持以信息化带动工业化，以工业化促进信息化，走出一条科技含量高、经济效益好、资源消耗低、环境污染少、人力资源优势得到充分发挥的新型工业化路子"。这里的"新"是以过去"旧工业化"相对应，其体现在：一是以信息化带动的跨越式工业化，以充分就业为先导，制造业和基础产业为支撑，旅游服务行业全面发展的格局；二是新型工业化道路是一条既高速增长又降低资源消耗和环境污染，既提升结构又能扩大就业，速度与效率相结合的工业化道路，最终目的是要实现生产发展、生活富裕、生态良好的局面。新型工业化与传统工业化的区别，就在于传统工业化是在工业化完成之后才推进信息化，而我国的新型工业化是把信息化放在优先发展的战略地位，高新

---

① 张培刚. 农业与工业化(上卷)[M]. 武汉：华中科技大学出版社，2002：190.

技术渗透到各个产业中,不断用信息化推进工业发展。

关于农业现代化舒尔茨认为传统农业是不能对经济增长作出贡献的,只有现代农业才能对经济增长作出贡献。农业现代化是指利用先进技术改造传统农业的过程,即先进生产技术不断应用于传统农业中,引发物质、人力、技术、制度等一系列要素变革和更新,表现出农业生产能力提高,经济效率、社会效率、生态效益发生明显的变化,具体表现为农业生产工具、农业劳动力、农业基础生产条件的现代化。在农业现代化过程中,科学技术贡献率高,有完备的农业基础设施,农业机械化水平和生产力较高;土地产出率较高、农业产业化发展,农业教育和农业科技推广体系健全,呈现一体化程度高,农业可持续发展与生态经济社会相协调发展。

辜胜阻是国内第一个提出"城镇化"概念的专家,认为城镇化可以从三个维度看,一是人口城镇化,农村人口不断地向城镇转移,农村人口比重下降,城镇人口比重上升。二是空间城镇化,城镇区域不断扩大农村区域不断减少。三是经济城镇化,农业增加值占 GDP 比重不断下降,变化过程中表现出人口流动性、时空协调性、经济有效性等特征。美国城市地理学家(Ray. M. Northam)认为城镇化过程也要经历三个阶段:初期(城镇化水平<25%)工农业生产水平较低,非农产业提供的就业机会少,农业释放的劳动力也相对有限;中期是城镇化加剧阶段(25%<城镇化水平<75%),此时工业部门发展迅速,农业劳动生产率大幅度提高,机器代替手工劳动速度明显加快,非农业部门给剩余农村劳动力制造就业机会,城镇设施不断完善,农村人口不断向城镇聚集;城镇化发展后期(城镇化水平>70%),为城乡空间态势相对稳定,城乡劳动力就业由工业主导向以服务业主导转变,农业人口占总人口比例变化不大,城乡人口享有的待遇水平趋于一致,人类文明由工业文明向城市和生态文明转变。

《中共中央关于全面深化改革若干重大问题的决定》提出以新型城镇化为载体,推进区域跨越式发展。对新型城镇化要坚持以人为本,新型工业化为动力,统筹兼顾为原则,推动城市现代化、集群化、生态化和农村城镇化。全面提升城镇化质量水平,走科学发展、集约高效、环境友好、功能完善、个性鲜明、社会和谐、城乡一体、大中城市和小城镇协调发展的建设路子。李克强总理指出协调推进城镇化是实现现代化的重大战略选择;政协委员厉以宁教授认为应把城镇化作为拉动经济增长、实现发展方式转型的重大战略。推进城镇化核心是人，关键是质量，目的是要造福和富裕人民；新型城镇化的最终目标是实现城乡融合。未来我国推进城镇化要严防"造城运动"所带来的巨大风险，变革城市治理模式。陈锡文认为新型城镇化要与农业现代化齐头并进。城镇化转型重难点在于实现两亿多外出务工人员的市民化，市民化问题不解决好，将会出乱子。城镇化要逐步实现农村人口向城镇转移，若转移不出来，不仅农业效益出不来，扩大内需也实现不了；新型城镇化必须大胆先行先试，破除体制机制障碍。新型城镇化与传统城镇化提法相比，其"新"在于由过去片面追求城市规模扩大和空间扩张，向以提升城市文化和公共服务为中心的转变，真正使城镇成为具有较高品质适宜人居的地方；新型城镇化"新"在质量；"新"在强调经济社会发展的和谐与协调，"新"在统筹和规划城乡一体化。

原贵州省委书记陈敏尔说过，贵州要探索有山地特色的城镇化新模式，实现城市当中有田园、有山水，贵州要高度重视和实施城镇化战略，贵州的欠发达表现为城镇化、工业化的发展不足，贵州如何走自己特色的城镇化道路？省委提出"田园山水"的城镇化概念。"贵州多山，所以要走有山地特色的城镇化道路，不求规模大，不求楼多高，而是在城镇形态上重视小城镇、县城的发展。即便是大城市，也将摒弃'摊大饼'式发展模式，而选择组团、点状式的规划"。"可能是穿过隧道跨过桥梁就是一个城区。也可能城市当中还有山水田园，甚至还有经过改造提升的乡村，这才是贵州城镇化的蓝图。在城镇化推进的过程中，工业、农业、信息发展方式对城镇化有直接效应，任何一个"短板"都将制约其发展，贵州的城镇化协调发展应基于资源、环境、民族文化保护的约束下，以"山地特色新型城镇化"部署为具体指导思想，体现新型城镇化的"七新"关系(新在于"人与人""城乡""产业""生态""文化""市场""社会"的关系上)，"五大特点"(特在战略定位、山地格局、生态环境、民族文化、平台建设)，"三化"协调发展推进，如果就城镇化而论城镇化，那将显得空洞无内容，城镇化发展的核心"人"将无就业产业的依托。

## 7.1.2 "三化"协调发展内涵

工业化、城镇化和农业现代化协调发展的思想起源于16世纪初，形成于20

世纪 50 年代。1954 年刘易斯在《劳动无限供给条件下的经济发展》中关于二元经济的转化理论标志着"三化"协调发展理论框架基本形成,并在发展中国家成功实践。1956 年毛泽东在《论十大关系》中谈到要处理好重工业、轻工业、农业之间的发展关系,认为要优先发展农业(粮食)生产,重工业是我国建设的重点。新型城镇化、农业现代化、新型工业化之间相互影响。三者之间的关系,一是工业化是传统农业向现代农业转变过程中的动力,工业化为农业现代化提供就业,为城镇化提供产业规模聚集;二是城镇化是工业化推进过程中非农产业(人口)不断向城镇集聚的过程,城镇化则为工业化提供了基础配套设施,为农业现代化吸纳了农业人口就业;三是农业现代化是利用现代生产技术改造传统农业的过程,农业现代化为工业化提升产业链的升级革新提供基础的原料,为城镇化提供粮食保障(见图 7-1)。

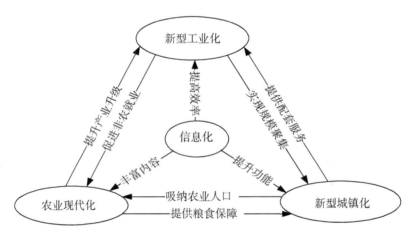

图 7-1　"四化"协调发展的内涵关系

关于城镇化与工业化协调发展的表现,美国经济学家库兹涅茨、钱纳里等对工业化发展阶段与城镇化之间的关系研究得出,城镇化随着工业产业的发展表现 S 形的上升趋势。在工业化初期,工业化速度高于城镇化,工业化是经济社会发展的主要动力;工业化中期后,城镇化速度加快尤其是当城镇化率超过 30% 后进入加速发展时期,直至城镇化率达到 70% 以后速度才开始放缓,此阶段城镇化对区域经济社会发展的综合作用大于工业化(见图 7-2)。①②③

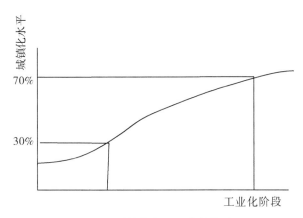

图 7-2 城镇化与工业化的关系

中央十八大提出"四化"协调发展,其核心是农业、工业、城镇的"三化"协调发展,"三化"代表社会进程中主要方面的变化表现。在"三化"相互协调发展过程中,信息技术(信息化)是"润滑剂"融入其过程,提升协调发展的效率,减少了融合协调发展的成本(见图 7-1)。"三化"协调发展在人类发展的历史中早已有之,如果我们将人类文明的发展看成由"原始文明—农业文明—工业文明—城市文明"代表城镇化发展递进线索。那么"石器时代—铁器时代—蒸汽时代—电气时代—自动化时代……"可以代表工业化时代的演进;而"采摘捕食—栽培作物和畜养动物—农业机械化与水利标准化—数字农业—农业现代化"可以代表农业现代化的进程。这三条历史进化的线索始终都是交织在一起的,如果根据马克思关于人类生产力与生产关系的哲学辩证关系看,"四化"同步协调发展正是该理论在新时期的运用。一方面工业化的过程代表着生产力对生产关系的改造。另一方面随着工业化和城镇化发展到一定的阶段城乡关系发生变革,同时信息技术加快了社会信息的更替,使得整个社会外部条件诱发政府对落后生产力的调整升

① 西蒙·库兹涅茨.各国的经济增长[M].常勋,译.上海:商务印书馆,2005:91.
② H.钱纳里,S.鲁宾逊,M.赛尔奎因.工业化和经济增长的比较研究[M].吴奇,王松宝,译.上海:上海三联书店,1989:103.
③ 耿明斋.新型城镇化引领"三化"协调发展的几点认识[J].经济经纬,2012(1):4-5.

级,进而促进产业结构升级优化,推进生产方式的转变。中央政府提出的"三化"正是中国特色社会主义理论体系的实践深化,三者之间是一个完整的体系。①鉴于"三化"发展的重要性以及由于"信息化"数据资料获取的困难,本书在量化研究方面重点是对城镇化、农业现代化、工业化的协调发展进行了研究。

## 7.2 贵州"三化"协调发展测算评价

关于"三化"协调发展的评价文献可谓"汗牛充栋",评价指标较多,但是专门针对贵州这类贫困地区的三化协调发展的文献相对较少,尤其表现在深度量化评价方面。

### 7.2.1 协调耦合发展测算评价

《工业化与城镇化协调发展研究》课题组(2002)认为用"非农产业的就业比重"来表示工业化水平可消除工业化偏差造成的影响,同时便于进行国际比较。②孙致陆、王贝采用农业部门产值比重与农业部门就业比重之比来表示农业现代化水平。③④ 潘竟虎、胡艳兴则采用多重指标综合评价中国城市群"四化"协调发展,得出中国城市群发展差异较大,协调发展的整体水平不高。关于贵州省三化协调发展研究牟秋菊用"农业部门产值比重与就业人口比重之比"衡量农业现代化;用城镇人口占总人口的比重来衡量和表示城镇化水平,用非农产业的就业比重来衡量工业化水平,得出"三化"之间的协调互助作用不是很明显。⑤

以上有的文献关于"三化"评价指标较单调,有的综合评价的指标信息交叉

---

① 冯献,崔凯. 中国工业化、信息化、城镇化和农业现代化的内涵与同步发展的现实选择和作用机理[J]. 农业现代化研究,2013,34(3):269-273.

② "工业化与城市化协调发展研究"课题组. 工业化与城市化关系的经济学分析[J]. 中国社会科学,2002(2):44-55,6.

③ 孙致陆,周加来. 城市化、农业现代化与农民收入增加[J]. 广西财经学院学报,2009,22(6):6-10,15.

④ 王贝. 中国工业化、城镇化和农业现代化关系实证研究[J]. 城市问题,2011(9):21-25.

⑤ 牟秋菊. 贵州省工业化、城镇化、农业现代化协调发展实证研究[J]. 工业经济论坛,2016,3(3):335-344.

严重。无论是农业现代化，还是城镇化与工业化，如果仅仅用唯一的指标是很难准确评价的，但指标过多又显得信息冗杂。指标的选择应遵循以下原则：一是易操作简单明了。二是可比性，无论是国内省际之间还是国家之间都可以相互比较。三是独立性，指标之间应当是相互补充的关系，而不是相互重复或强相关。四是要具有综合性，以劳动生产率为例，它可用人均农业增加值综合衡量，也可以用人均产粮、人均产肉(产蛋或产奶)等农产品的个体指标详细反映。但这样的指标在市场经济活动中有很大的缺陷，因为由于运输条件、劳动力成本不同，市场价值肯定不同，如果用综合性指标不仅能满足指标少而精的要求，而且可比性也远比具体个体指标好。关于"三化"具体指标的选择应按照 LSQ 评价体系，即民生导向(Livelihood)、可持续发展导向(Sustainable)和质量导向(Quality)，"三化"发展的目的是满足人民大众更高层次的生活需要，低碳、节能、生态优美、高效率是评价城镇化、农业现代化、工业化可持续发展的指挥棒。

具体关于研究三化发展的方法是综合评价法，具体如层次分析法、主成分分析、数据包络效率评价法(DEA)、计量分析，等等。如果是评价四化各自发展投入产出效率可采用数据包络分析；对相互之间的因果分析可以通过计量模型评价；如果是评价发展状态则更应该用综合评价的方法。基于此，本书借鉴徐秋艳、王玥敏[1]，潘竟虎、胡艳兴[2]，辛岭、蒋和平[3]，钱丽、陈忠卫、肖仁桥[4]的研究方法，采用综合评价的方法对贵州省 9 个地区的"三化" 2006—2014 年发展水平进行综合评价。具体步骤如下：

第一是选取指标($X_i$)数据主要来源于《贵州统计年鉴(2007—2015 年)》以及《贵州六十年》。

第二是对具体指标进行标准化处理，因为不同的指标单位量化不同，为了便

① 徐秋艳，王玥敏. 中国西部地区"四化"协调发展及其影响因素分析[J]. 统计与信息论坛，2016(4)：40-45.

② 潘竟虎，胡艳兴. 中国城市群"四化"协调发展效率测度[J]. 中国人口·资源与环境，2015，25(9)：100-107.

③ 辛岭，蒋和平. 我国农业现代化发展水平评价指标体系的构建和测算[J]. 农业现代化研究，2010(6)：646-650.

④ 钱丽，陈忠卫，肖仁桥. 中国区域工业化、城镇化与农业现代化耦合协调度及其影响因素研究[J]. 经济问题探索，2012(11)：10-17.

于统一比较加总必须进行无量纲处理，为了消除由量纲带来的不合理影响。本书所讨论的评价体系有两种：一种是正指标，即指标值越大表示实际效果越好(如农业、工业生产效率、城镇居民的可支配收入)；一种是逆指标，即指标值越大，所表示的实际成果越小(如单位工业增加值耗能、单位耕地使用化肥量)。对不同类型的指标采取无量纲处理时，应采用的方法不同，具体如公式(7-1)和(7-2)所示：

$$\text{正向指标：}Z_i = \frac{X_i - X_{min}}{X_{max} - X_{min}} \quad (\text{其中 } i = 1, 2, 3, \cdots) \tag{7-1}$$

$$\text{逆向指标：}Z_i = \frac{X_{max} - X_i}{X_{max} - X_{min}} \quad (\text{其中 } i = 1, 2, 3, \cdots) \tag{7-2}$$

其中 $X_i$ 表示的为原始数据，$X_{max}$ 和 $X_{min}$ 代表该指标系列里的最大值和最小值。

第三是分别计算"三化"发展指数公式如(7-3)、(7-4)和(7-5)所示：

$$\text{农业现代化发展指数：} \quad N(n) = \sum_{i=1}^{i=n} Z_i n_i \tag{7-3}$$

$$\text{新型工业化发展指数：} \quad G(g) = \sum_{i=1}^{i=n} Z_i g_i \tag{7-4}$$

$$\text{新型城镇发展化指数：} \quad C(c) = \sum_{i=1}^{i=n} Z_i c_i \tag{7-5}$$

其中 $n_i g_i c_i$ 分别代表农业化、工业化、城镇化具体指标所占据的权重，关于具体的权重确定本书通过咨询贵州相关问题专家以及走访当地的群众，采用层次分析法、主观赋值法相结合得出，具体指标如表7-1所示。

表7-1　　　　　　　　　　　　　　"三化"发展指标与权重

| 要素名称 | 指标名称<br>($Z_i$) | 含义 | 权重<br>$n_i / g_i / c_i$ |
|---|---|---|---|
| 农业现代化发展指数 $N(n)$ | 农业劳动人均产值 | 农林牧渔总产值/农业就业人口(元/人) | 0.4 |
| | 耕地亩产粮食 | 粮食总产量/粮食播种面积(吨/亩) | 0.2 |
| | 单位耕地机械化动力 | 农业机械总动力/耕地面积(千万/亩) | 0.2 |
| | 单位耕地使用化肥量 | 化肥使用总量/耕地面积(吨/亩) | 0.2 |

续表

| 要素名称 | 指标名称 ($Z_i$) | 含义 | 权重 $n_i/g_i/c_i$ |
|---|---|---|---|
| 新型工业化发展指数 $G(g)$ | 第二产业比重 | 第二产业产值/地区 GDP(%) | 0.4 |
| | 单位工业增加值耗能 | 工业增长增加值/工业总耗能(吨标准煤/万元) | 0.2 |
| | 乡村工业从业人员比重 | 乡村工业从业人员/乡村从业总人员(%) | 0.2 |
| | 规模以上轻重工业之比 | 规模以上轻工业产值/规模以上重工业产值(%) | 0.2 |
| 新型城镇化发展指数 $C(c)$ | 非农从业人员比重 | 非农从业人员/地区年末常住人口% | 0.4 |
| | 城镇居民收入 | 城镇居民人均可支配收入(元/人) | 0.2 |
| | 每卫生人员所负担人口 | 地区年末常住人口/卫生人员总数(千人/人) | 0.2 |
| | 平均每所中学学生数 | 中学生总数/中学总数量(人/所) | 0.1 |
| | 平均每所小学学生数 | 小学生总数/小学总数量(人/所) | 0.1 |

表7-2 **2006—2014贵州九个地州市农业化、城镇化、工业化综合发展指数(均值)**

| | 贵阳 | 六盘水 | 遵义 | 安顺 | 毕节 | 铜仁 | 黔西南 | 黔东南 | 黔南 |
|---|---|---|---|---|---|---|---|---|---|
| 农业化 | 0.71 | 0.34 | 0.53 | 0.50 | 0.35 | 0.54 | 0.37 | 0.55 | 0.55 |
| 工业化 | 0.51 | 0.43 | 0.76 | 0.27 | 0.44 | 0.20 | 0.32 | 0.25 | 0.36 |
| 城镇化 | 0.90 | 0.48 | 0.41 | 0.37 | 0.18 | 0.18 | 0.38 | 0.38 | 0.41 |

第四是在得到"三化"发展指数的基础上，进一步计算"三化"协调发展综合指数($T$)(如表7-2所示)，三化发展指数对三化综合发展指数影响采取平等对待，即将三化发展指数三个指标加权求平均值(如公式7-6)。

$$T = \frac{1}{3}[N(n) + C(c) + G(g)] \tag{7-6}$$

第五是在得到三化综合发展指数基础上，进一步计算三化综合协调发展耦合度($M$)，其方法主要借鉴物理学的"耦合"理论，即多个要素耦合度模型(如公式7-7所示)。

$$M = \sqrt{2 - \frac{3 * [N(n)^2 + C(c)^2 + G(g)^2]}{[N(n) + C(c) + G(g)]^2}} \qquad (7\text{-}7)$$

第六是通过三化综合发展模型 $T$ 和耦合度模型 $M$，可以进一步构建"三化"协调发展模型 $D$（如公式 7-8 所示）。

$$D = \sqrt{T \cdot M} \qquad (7\text{-}8)$$

其中，$M$ 为"三化"耦合度指数；$T$ 为"三化"综合发展指数，"三化"协调发展指数 $D$ 不仅可以反映"三化"间相互发展水平的高低，而且可以表达"三化"各自发展水平的高低，从而更好地评价"三化"发展的协调程度。根据过往学者对协调度的划分，将其划分为 10 个等级，具体见表 7-3。

表 7-3 协调等级与协调度

| 协调度 $D$ | 0~0.09 | 0.1~0.19 | 0.2~0.29 | 0.3~0.39 | 0.4~0.49 |
|---|---|---|---|---|---|
| 协调等级 | 极度失调 | 严重失调 | 中度失调 | 轻度失调 | 濒临失调 |
| 协调度 $D$ | 0.5~0.59 | 0.6~0.69 | 0.7~0.79 | 0.8~0.89 | 0.9~1.0 |
| 协调等级 | 勉强协调 | 初级协调 | 中度协调 | 良好协调 | 优质协调 |

根据上文研究框架思路，计算结果如表 7-4 所示。

表 7-4 贵州各地州（市）"三化协调综合发展耦合度指数"（$D$）

| | 贵阳 | 六盘水 | 遵义 | 安顺 | 毕节 | 铜仁 | 黔西南 | 黔东南 | 黔南 |
|---|---|---|---|---|---|---|---|---|---|
| 2006 | 0.86 | 0.66 | 0.69 | 0.65 | 0.58 | 0.53 | 0.62 | 0.57 | 0.71 |
| 2007 | 0.83 | 0.69 | 0.75 | 0.64 | 0.56 | 0.48 | 0.59 | 0.58 | 0.69 |
| 2008 | 0.83 | 0.64 | 0.75 | 0.60 | 0.60 | 0.46 | 0.57 | 0.61 | 0.68 |
| 2009 | 0.79 | 0.66 | 0.75 | 0.63 | 0.53 | 0.45 | 0.63 | 0.61 | 0.73 |
| 2010 | 0.82 | 0.49 | 0.74 | 0.61 | 0.45 | 0.45 | 0.61 | 0.61 | 0.69 |
| 2011 | 0.80 | 0.63 | 0.71 | 0.58 | 0.49 | 0.35 | 0.58 | 0.61 | 0.55 |
| 2012 | 0.84 | 0.51 | 0.74 | 0.57 | 0.51 | 0.43 | 0.60 | 0.67 | 0.57 |

续表

|  | 贵阳 | 六盘水 | 遵义 | 安顺 | 毕节 | 铜仁 | 黔西南 | 黔东南 | 黔南 |
|---|---|---|---|---|---|---|---|---|---|
| 2013 | 0.79 | 0.64 | 0.67 | 0.54 | 0.43 | 0.48 | 0.55 | 0.52 | 0.59 |
| 2014 | 0.79 | 0.64 | 0.68 | 0.51 | 0.37 | 0.51 | 0.55 | 0.51 | 0.58 |
| 均值 | 0.82 | 0.64 | 0.73 | 0.60 | 0.53 | 0.47 | 0.59 | 0.60 | 0.65 |

从以上关于 2006—2014 年贵州九个地州市农业现代化、新型城镇化、新型工业化发展指数,"三化"综合发展指数,"三化"协调耦合度,最终计算得出的"三化"综合发展耦合度指数 2006 年至 2014 年间平均水平来看:贵阳综合发展耦合度指数水平相对较高,达到了良好协调;其次是遵义达到了中度协调;再次是六盘水、安顺、黔东南、黔南达到了初级协调,毕节和黔西南为勉强协调;最后是铜仁市处于濒临失调的状态。综合看全省九个地州市的"三化"协调发展程度较低且差异较大。

### 7.2.2 贵州"三化"间的相互影响评价

在上文研究得出贵州九个地州市"三化"协调发展的总体水平较低,下文进一步对"三化"之间相互影响关系构建计量经济模型,分析三者之间的联动关系。由于全省各地区的农业、工业、城镇化因个体历史原因、资源禀赋条件的差异,各自之间存在不同程度的差异,因此文章采用个体固定效应模型研究农业化、工业化、城镇化之间的相互影响,具体构建模型如下:

$$G_{it} = a_i + \beta_1 N_{it} + \beta_2 G_{it} + \varepsilon_{it} \qquad (模型\ 7\text{-}9)$$

$$N_{it} = a_i + \beta_1 C_{it} + \beta_2 G_{it} + \varepsilon_{it} \qquad (模型\ 7\text{-}10)$$

$$G_{it} = a_i + \beta_1 N_{it} + \beta_2 C_{it} + \varepsilon_{it} \qquad (模型\ 7\text{-}11)$$

其中 $C$、$N$、$G$ 分别代表城镇化、农业现代化和新型工业化综合发展指数。模型 7-9 表示农业化和工业化对城镇化的影响,模型 7-10 表示城镇化和工业化对农业化的影响,模型 7-11 表示农业化和城镇化对工业化的影响。因模型为个体固定效应模型,$i$ = 贵阳、六盘水、遵义…,$t$ = 2006…2014,模型中的截距项 $\alpha_i$(每个个体的固定效应)表示只随个体的变化而变化,不随时间的变化而变化;

每个个体的回归解释变量系数 $\beta$ 是相同的。数据来源于上文计算得出的"三化"综合发展指数，采用 Eviews7.2 软件回归结果如表 7-5 所示。

表 7-5 　　　　　　　　　"三化"相互影响关系模型回归结果

| | | 模型 1 | 模型 2 | 模型 3 |
|---|---|---|---|---|
| 固定效应 $\alpha_i$ | 贵阳 | 0.78 | 0.38 | 0.25 |
| | 六盘水 | 0.41 | 0.19 | 0.28 |
| | 遵义 | 0.29 | 0.48 | 0.67 |
| | 安顺 | 0.30 | 0.38 | 0.20 |
| | 毕节 | 0.10 | 0.35 | 0.43 |
| | 铜仁 | 0.11 | 0.49 | 0.22 |
| | 黔西南 | 0.31 | 0.26 | 0.22 |
| | 黔东南 | 0.30 | 0.42 | 0.18 |
| | 黔南 | 0.32 | 0.43 | 0.28 |
| 解释变量系数 $\beta_1$ | | 0.0938 | 0.4891 | -0.1775 |
| 解释变量系数 $\beta_2$ | | 0.0912 | -0.2081 | 0.4325 |
| t-Statistic ($\alpha_i$, $\beta_1$, $\beta_2$) | | 10.72, 2.33, 1.69 | 4.48, 2.50, -1.75 | 5.45, -2.86, 3.89 |
| Prob. ($\alpha_i$, $\beta_1$, $\beta_2$) | | 0.00, 0.023, 0.096 | 0.00, 0.015, 0.085 | 0.00, 0.00, 0.01 |
| Durbin-Watson | | 1.14 | 1.34 | 1.63 |
| R-squared | | 0.99 | 0.67 | 0.85 |
| F-statistic | | 549.3518 | 14.30866 | 40.18053 |

根据回归结果看模型 7-9：农业现代化、新型工业化对城镇化的影响，模型的拟合系数较大为 0.99，但模型可能存在一阶自相关（$DW_{0.05(81)}$：$d_L = 1.56$，$d_U = 1.71$），从回归系数看农业现代化对城镇化的影响较为明显（$\beta_1$ 系数 $T$ 和 Prob. 统计量和较为显著），当农业现代化指数增加 1 个百分点，城镇化综合发展指数能增加 0.0938 个百分点；工业化对城镇化的发展影响统计指标不显著（$\beta_2$ 系数的 $T$ 和 Prob. 统计量不显著），全省九个地州市的城镇化的固定效应差异较大，省会城市贵阳达到了 0.78，而毕节只有 0.1。

模型 7-10：城镇化、工业化对农业化的影响，模型回归效果不理想，拟合系数相对较低，F-statistic 统计量不显著，存在一阶自相关，只有城镇化对农业化的影响系数 $\beta_1$ 系数 $T$ 和 Prob. 统计量较为显著，城镇化指数每提高 1 个百分点，农业现代化指数提升 0.4891 个百分点，与模型 1 比较城镇化对农业现代化影响大于农业化对城镇化的影响。

模型 7-11：农业化、城镇化对工业化的影响，模型的总体回归效果较好，拟合系数 0.85，F-statistic 40.18 统计量显著，Durbin-Watson 值 1.63 不存在一阶自相关。农业（$\beta_1$）和城镇化（$\beta_2$）回归系数 $T$ 和 Prob. 统计量较为显著。但从经济意义看农业现代化对工业化是负相关（-0.1775），与模型 2 工业化对农业现代化影响结论一致，说明整个贵州农业化与工业化之间没有形成良好的互动效应。城镇化对工业化的影响，每当城镇化指数提高 1 个百分点工业化指数提高 0.4325 个百分点，与模型 1 比较城镇化对工业化的影响大于工业化对城镇化的影响。九个地州市的工业化固定效应要小于城镇化的固定效应，除了遵义和比较的工业化水平稍高一些其余的处于相同水平。

## 7.3 结论与对策建议

通过贵州九地州市的新型城镇化、工业化和农业现代化之间的耦合协调发展测算研究得出如下的结论和建议。

### 7.3.1 结论

贵州各地区除了贵阳的"三化"协调发展达到优良外，其余各地区大多在勉强协调的程度，综合看"三化"之间的协调发展程度较低。从"三化"之间的互动关系看，城镇化对农业化和工业化的影响效应大于工业化、农业化对城镇化的影响，城镇化成了"三化"协调发展的主要带动力量；工业化与农业化之间还没形成明显的互动效应，工业对农业的反哺效应不明显，贵州"三化"协调发展滞后的原因主要是农业现代化与工业化之间的协调发展程度较低，相互带动发展的效应不明显。

## 7.3.2 对策建议

(1)应将新型城镇化作为"三化"协调发展切入点,引领"三化"协调发展。从研究结果看"三化"协调发展,目前已经形成了城镇化主导带动工业化、农业化发展的格局。同时新型城镇化是农业现代化、新型工业化发展好坏的评价标准。从新型城镇化本质要求看,新型城镇化是"人"的城镇化,而"人"的发展好坏与当地的农业和工业密切相关。具体逻辑从工业化与农业化本身的发展来看:工业化推进的项目需要落地的空间,基础设施,公共服务等都需要由城市来提供。农业现代化需要实现土地规模经营,规模经营必然有更多农民要离开土地,而离开土地的农民需要由城镇来安置;从人的城镇化来看:当前全省城镇化要解决的是农民"离得开农村""入得了城市",而解决这个问题的关键也是要实现农业产业规模化、机械化、高效率高产出,这样稀释出剩余劳动力才能实现城镇人口的集聚。而支持人口集聚就是要真正解决进城农民的社会身份和社会保障问题,使进城农民与城市市民享受同等的公共服务,充分融入城市并转化为市民。这些问题中最核心的是"就业",而就业必须依靠城市工业或者与工业相关的服务业。因此判断城镇化质量过硬与否,实际是在评价城镇化中的农业与工业的发展质量问题。

(2)加强信息化建设,以"大数据"引领产业升级。目前贵州已进入新型工业化、新型城镇化、农业现代化加速发展阶段。"大数据"产业融入必将推进产业结构调整,加快新型工业化、农业现代化和城镇化进程。一方面通过"大数据"促进山地旅游、山地农业、现代制造业和现代服务业融合发展;促进大数据与现代物流、金融服务业等融合发展,以信息化+绿色化+服务化引领传统产业转型升级;其次利用"大数据"培育新业态,选择优势产业应利用"大数据"推进信息化和工业化融合,培育新型产业,推动工业聚集发展、绿色发展、创新发展。

(3)加强特色农产品深加工,实现农业与工业协调发展升级。当前全省推行特色农业产业扶贫,发展有利于传统种养殖的农业产业。贵州推出的五张特色名片有烟、酒、茶、多彩贵州旅游和中药材产业,其中烟、酒、茶、中药材就与农业密切相关,但目前许多特色农产品都是初级产品附加值低。如果要实现工业反哺农业,不仅是工业资本对农业的浸入,也需要工业技术对农业的改造,吸纳更多的农业剩余劳动力。

# 第8章　贫困地区乡村旅游对农业发展的带动效应研究

## ——以贵州黔西南布依族苗族自治州为例

## 8.1　乡村旅游带动农业发展的理论述评

乡村旅游诞生于 19 世纪的欧洲，20 世纪 90 年代农业旅游在我国开始出现。2002 年国家旅游局(现为文化和旅游部)出台《全国农业旅游示范点，工业旅游示范点检查标准(试行)》，标志农业旅游正式受到国家层面的关注。

### 8.1.1　乡村旅游的内涵

乡村旅游是以农业产业为基础，体验乡村生活，感受乡土人情和民俗风貌；以乡村地域及农事相关的风土、风物、风俗、风景组合而成的乡村风情为吸引物，吸引旅游者前往休息、观光、体验及学习等的旅游活动。① 世界经济合作组织定义乡村旅游为发生在乡村的旅游活动。与此相关的还有生态旅游、农业旅游、休闲旅游，等等，如果从旅游活动发生的范围来看，这些旅游活动都发生在农村，都属于乡村旅游的范畴，只是关注的侧重点不同。

乡村性是整个乡村旅游活动的核心，是旅游者对乡村实况的感知。一是对乡村文化的感知，如农耕文化，民风民俗(如丧葬嫁娶、民族节日祭祀)；二是对乡村景观的感知，如村落的民房建筑、田园景观、生态环境；三是对农业生产活

---

① 刘德谦.关于乡村旅游、农业旅游与民俗旅游的几点辨析[J].旅游学刊，2006(3)：12-19.

动体验的感知，如农耕春季栽种，秋冬采摘等活动。乡村文化、乡村景观与农耕场景整合构成了整个"乡村意象"，成了乡村历史进程的精神景象，成为人们头脑中乡村的"共同心理图像"。① 乡村的宁静致远、田园丹青、采菊东篱、含饴弄孙、渔樵耕读等都是历来文人墨客心里的乡村意向，这种意向一经形成，必将唤起大众对乡村情感的共鸣，产生对乡村的归属感和认同感。此外，现今乡村空气清新，村民生活悠闲自得的状态，与污染严重，繁忙嘈杂的城市生活状态形成反差，进一步加深了人们对乡村的情感依恋，更向往乡村生活(见图 8-1)。

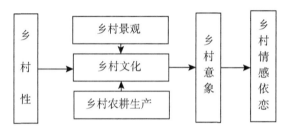

图 8-1　乡村性—乡村意象—乡村情感依恋

## 8.1.2　乡村旅游与农业融合发展的路径

乡村旅游的吃、穿、住、行依托于农业生产，旅游与农业的融合发展，将带动农业的发展。一是能拉动农产品的需求，对瓜果蔬菜，猪、牛、羊等家禽肉的需求，也能增加交通运输市场的客源。二是乡村旅游为农村剩余劳动力转移提供了出路，当下贫困地区剩余劳动力转移是提高农业生产率，增加贫困人口收入的主要途径。通过乡村旅游转移出来的农业人口专门从事乡村旅游服务工作，既能增加收入，也能减少对农业的依赖。②③ 三是乡村旅游能加强乡村民俗文化的发

① 尤海涛，马波，陈磊．乡村旅游的本质回归：乡村性的认知与保护[J]．中国人口·资源与环境，2012(9)：158-162.
② 柳百萍，胡文海等．有效与困境：乡村旅游促进农村劳动力转移就业辨析[J]．农业经济问题，2014，35(5)：81-86，112.
③ 王茂强，王英等．乡村旅游业与农村部分产业协调互动的动力机制分析——以贵州为例[J]．中国农学通报，2012，28(23)：154-159.

扬和传承，民俗文化的传承记忆最有效的途径就是融入旅游市场中，如在许多民族村寨通过开展民族文化节日，吸引了大量的游客。据统计贵州民族节日多达1000 多个，有规律的有 400 多个。[①] 如布依族的"三月三""六月六"，苗族的芦笙节、花山节、赶秋节，回族的开斋节、古尔邦节，等等。乡村旅游劳动农业发展的路径如图 8-2 所示。

图 8-2 乡村旅游带动农业发展的路径

在 20 世纪 80 年代初，贵州农旅融合发展最早选择了安顺布依族石头寨和黔东南的上郎德、青曼、西江苗寨、麻塘革家寨等 8 个少数民族村寨对游客开放。2006 年贵州省率先编制了我国第一部乡村旅游发展规划——《贵州乡村旅游规划》。2017 年贵州省质监局和贵州省旅发委联合发布《贵州省乡村旅游村寨建设与管理标准》《贵州省乡村旅游经营户服务质量等级划分与评定标准》和《贵州省乡村旅游客栈建设与管理标准》3 个地方标准。关于农旅融合的实际效果，刘红、张岚通过研究江苏农业与旅游业的融合，发现江苏旅游业对农业越来越具有强劲的需求拉动作用和推动作用。[②] "农业与旅游业联动"能够实现农村资源整合，村寨形象策划，农旅产业渗透，农副产品开发多样化和营销扩散。

---

① 龙启德. 贵州少数民族村寨乡村旅游资源开发研究[J]. 安徽农业科学，2008(23)：10092-10093.

② 刘红，张岚. 江苏农业与旅游业产业关联融合度研究[J]. 南京师大学报(自然科学版)，2015，4：152-156.

### 8.1.3   乡村旅游与农业融合发展的三种盈利模式

国内学者李翔凌(2017)①和王德刚(2013)②等根据乡村旅游与农业融合发展代际关系,划分为三种盈利模式。

观光农业,是基于农业生产发展而来,是有别于传统农业的特色景观农业。如农业观光园、花卉园、农业赏花会,盈利模式主要靠门票收入,随着农业生产的季节性而举办。观光农业最早发源于英国,据统计,20 世纪 90 年代英国有1/3 的农场都不同程度地参与到旅游行业当中,德国、法国、意大利等都在不同程度上开发了观光农业。国内的观光农业最先是 1991 年上海的"南汇桃花节"③,而像广西龙胜梯田、高山梯田和云南元阳梯田它们气势宏伟、独具匠心,已成了国内景观农业旅游的热点。

休闲农业,较观光农业模式相比,游客不仅能参观农业景色景观,还能在休闲娱乐中参与农业生产活动的过程,如采摘园、农耕园、租赁农场等。该模式可以被看作"第一产业+第三产业"的融合。主要形式有,一是农业生产体验型,游客参与农业生产活动,农户或农场主将生产资料(土地、生产工具)租赁给游客,指导游客进行农业生产活动并协助其管理,最终生产的农产品归游客所有。或在采摘期,吸引游客到果园采摘果实,到鱼塘钓鱼,最后按照低于市场的价格出售给游客。二是农家乐型,主要是位于城市市郊及附近的乡村,以其田园风光和淳朴的农家生活为亮点,吸引游客住农家,吃农家特色饭,以休闲娱乐放松身心。还有的农家乐是以民族村寨为主,通过原生态的少数民族饮食、服饰、节庆的形式吸引游客,让游客感受少数民族神秘、独特的文化生活。

创意农业,是经营者将农村特色资源与现代科技元素融合,开发出具有互动性较强的农业活动项目。创意农业是"第一产业+第二产业+第三产业"的深度融合,是在休闲农业和观光农业的基础上对农业的深度开发,也是对民俗文化市场化的创意发展。厉无畏认为创意农业是无边界产业,它以科技创新和文化创意作

---

①  李翔凌. 农业旅游发展演进历程及盈利模式研究[J]. 农业经济, 2017(2): 56-57.

②  王德刚. 农业旅游代际特征与盈利模式研究[J]. 旅游科学, 2013, 27(1): 76-83.

③  王琪延, 张家乐. 国内外旅游业和农业融合发展研究[J]. 调研世界, 2013(3): 61-65.

为驱动引擎，开发农村的生产、生活、生态等"三生"资源，提升农业的价值。[①]
苗洁认为创意农业如果从具体农产品或服务来看的话，是在用现代生物科技的元素
改变农产品的外观、口味、用途，增加其艺术价值成分，让农产品或服务"新、奇、
特"，满足游客视觉、嗅觉、味觉在消费过程中的不同需求。[②]

## 8.2　贵州黔西南乡村旅游带动农业发展的实证研究

贵州地理环境独特，是云贵低纬高原，属于中南亚热带季风气候，丘陵横
杂，呈现"十里不同天"的景象，全年无严寒酷暑，雨量充沛，乡村自然环境奇
特，加之浓厚的民族文化为乡村旅游增添了几分神秘的色彩。2016 年贵州旅游
资源大普查中，旅游资源单体 82679 处，乡村旅游资源有 9013 处(见表 8-1)。

表 8-1　　　　　　　　　**2016 年贵州旅游资源大普查情况**

| 指标名称 | 绝对数(处) | 指标名称 | 绝对数(处) |
|---|---|---|---|
| 地文景观类 | 19521 | 旅游商品类 | 2061 |
| 水域风光类 | 8823 | 人文活动类 | 2846 |
| 生物景观类 | 14254 | 乡村旅游类 | 9013 |
| 天象与气候类 | 271 | 红色旅游类 | 1376 |
| 遗址遗迹类 | 3235 | 山地体育类 | 424 |
| 建筑与设施类 | 20598 | 健康养生类 | 257 |

资料来源：2016 年贵州省国民经济和社会发展统计公报。

## 8.2.1　黔西南乡村旅游概况

贵州黔西南州地处滇黔桂三省交界处，居住有回、苗、布依、黎等多个少数

---

① 厉无畏，王慧敏. 创意农业的发展理念与模式研究[J]. 农业经济问题，2009(2)：
11-15，110.

② 苗洁. 我国创意农业发展的现状、思路及对策研究[J]. 中州学刊，2011(6)：80-82.

民族，属于滇黔桂石漠化连片特困地区核心区域，生态环境脆弱，长期以来农业生产是农村居民家庭的主要收入来源。从 20 世纪 90 年代开始，黔西南的乡村旅游就得到了蓬勃发展，经国务院批准已举办三届国际山地旅游大会。在过去的 2011—2016 五年间全州旅游景区建设累计完成投资 300 亿元以上，实现旅游总收入 635.9 亿元，年均增长 35.1%，① 尤其是在 2010 年以来全州的旅游收入呈现"井喷"式的增长（见图 8-4）。全州旅游资源丰富，开展乡村旅游接待点有 156 个，② 吸纳了大量的农业剩余劳动力向第三产业转移，2015 年全州从事农村旅游相关行业的人口 16.12 万人，占全州从事农业生产人口的 15%，过去 20 多年来吸纳就业人口呈现递增趋势（见图 8-3）。作为乡村旅游发展典范的兴义市纳灰村（紧靠兴义万峰林景区），2002 年全村人均纯收入仅 1000 余元，经过十年的发展至 2012 年年底，纳灰村人均纯收入达 8200 元，入选中国美丽乡村和贵州小康村名录。③

黔西南州有两个全国农业旅游示范点：兴义万峰林和共青林场怡心园；一个全国休闲农业与乡村旅游示范县——兴义市；一个全国休闲农业与乡村旅游示范点——万峰林泉汇休闲农业观光旅游园；2013 年万峰林景区的纳灰村荣登全国"十大最美乡村"，2014 年万峰林的油菜花、兴义顶效镇的桃花、兴义泥凼梯田入选全国最"美丽田园"。全州的乡村旅游一类是与州内的主要景区（如万峰林、万峰湖、双乳峰、山岔河）相互融合，如兴义的纳灰村与兴义万峰林景区相依，安龙县的坝盘村与万峰湖相依，在景区周围形成各种各样的农家乐。另一类的乡村旅游主要是县市近郊的村寨，如兴义周边的南龙村、义龙新区的绿化村、望谟县的石头寨、兴仁鲤鱼坝村，等。

---

①　黔西南州人民政府.2017 年黔西南人民政府工作报告［EB/OL］.（2018-7-14）［2019-12-11］.http：//www.qxn.gov.cn/Vie-w GovPublic/zzfgzbg/186571.html.

②　黔西南州人民政府.2008 年黔西南人民政府工作报告［EB/OL］.（2018-7-14）［2019-12-23］.http：//www.qxn.gov.cn/ViewGovPublic/zzfgzbg/186571.html.

③　刘兴才，祝庆庆.兴义纳灰村奇峰下走出的美丽乡村［N］.贵州都市报，2013-7-23.

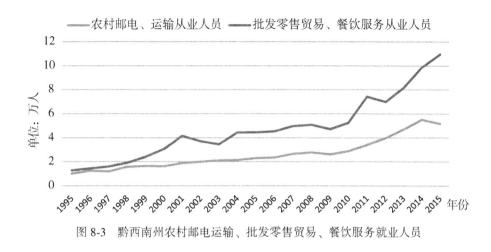

图 8-3  黔西南州农村邮电运输、批发零售贸易、餐饮服务就业人员

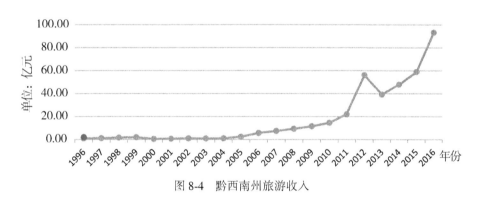

图 8-4  黔西南州旅游收入

## 8.2.2  乡村旅游就业人员对农业增加值的贡献

要证明乡村旅游对农业发展的带动效应，关键要寻找农业与乡村旅游的关联变量，本书选择的是乡村旅游就业人员。逻辑关系是，乡村旅游从业人员越多，越能促进乡村旅游的发展；乡村旅游就业人员越多，表明从农业生产中转移出的剩余劳动力越多，致使农业人均产值增高，因此乡村旅游从业人员影响农业产出和旅游产出，计量模型可以运用生产函数模型。

对相关指标，本书选取农林渔牧业的产值代替农业发展，选取黔西南全州固定资产投资、农村农林牧渔从业人员为促进农业发展的变量；黔西南州旅游总收入代表旅游发展，选择农村邮电运输+批发零售+餐饮服务从业人员代表乡村旅游服务从业人员，重点考察该变量的变化对农林牧渔产值变化的影响（选择此指标是因为旅游服产业是交通、餐饮、住宿、商品零售、娱乐、保健、影视、安保、通信、气象延伸到设计、传媒、广告、租赁、银行和保险等众多服务领域，这样更能解释乡村旅游从业人员的实际状况）。

数据来源于贵州统计年鉴（1996—2016）20 年黔西南州的时间序列数据，黔西南旅游收入数据来源于黔西南州历年政府工作报告整理。农林牧渔产值、固定资产投资额、全州历年旅游收入以 1996 年消费价格为基础，全部折算为 1996 年价格水平下的实际值。模型依据 Cobb-Douglas 生产函数，借鉴袁中许（2012）关于乡村旅游业与大农业耦合的动力效应研究思路方法①，设置如下模型：

$$N_{\text{GDP}} = A(L_N)^{\alpha}(L_T)^{\beta}K^{\gamma} \tag{8-1}$$

其中 $N_{\text{GDP}}$ 代表农林牧渔业的产值，$A$ 表示常数项，在经济理论里可以解释为文化制度和技术进步对农林牧渔产值增长的贡献。$L_N$ 表示农林牧渔从业人员，$\alpha$ 表示农林牧渔从业人员对农林渔牧产值增长的贡献度；$L_T$ 表示乡村旅游服务从业人员，$\beta$ 表示其从业人员对农林渔牧产值增长的贡献度；$K$ 表示表示全州固定资产投资额，$\gamma$ 表示固定资产投资对农林渔牧产值增长的贡献度。对模型 8-1 两边取对数得到下式：

$$\ln(N_{\text{GDP}}) = \ln(A) + \alpha\ln(L_N) + \beta\ln(L_T) + \gamma\ln(K) \tag{8-2}$$

在进行回归前因为数据是时间系列，需进行平稳性检验，否则可能会出现伪回归，本文平稳性检验采用的是单位根检验，如表 8-2 所示，在 5% 的显著性水平下 $\ln(N_{\text{GDP}})$、$\ln(L_N)$、$\ln(L_T)$、$\ln(K)$，以及全州旅游收入 $\ln(L_{\text{GDP}})$ 都为非平稳时间系列数据，但通过一阶差分后都是平稳的时间系列。说明 $\ln(N_{\text{GDP}})$ 与其余四个变量间都是一阶单整，因此需要进一步进行协整检验。本书的协整检验采用的是 Engle-Granger（E-G）两步法进行，具体第一步是对模型 8-2 进行最小二乘法协整回归，结果如模型 8-3 及表 8-3 所示，表 8-3 的结果显示，各变量系数 $T$ 统计量、概率水平都能通过检验，模型拟合优度达到了 0.979，DW 接近 2，排除了一阶自相关问题，说明模型总体较优。

---

① 袁中许. 乡村旅游业与大农业耦合的动力效应及发展趋向[J]. 旅游学刊，2013，28（5）：80-88.

表 8-2                    变量平稳性单位根检验（ADF）结果

| 变量 | ADF 统计值 | 临界值 | | | 结论 | 检验形成 |
|------|-----------|--------|------|------|------|----------|
| | | 1% | 5% | 10% | | （C T L） |
| $\ln(N_{GDP})$ | −2.41 | −4.53 | −3.67 | −3.28 | 不平稳 | （C T 0） |
| $\ln(L_N)$ | −0.74 | −4.67 | −3.73 | −3.31 | 不平稳 | （C T 3） |
| $\ln(L_T)$ | −2.89 | −4.67 | −3，73 | −3.31 | 不平稳 | （C T 3） |
| $\ln(K)$ | −3.33 | −4.53 | −3.67 | −3.27 | 不平稳 | （C T 0） |
| $\ln(L_{GDP})$ | −2.19 | −4.73 | −3.76 | −3.32 | 不平稳 | （C T 0） |
| $D\ln(N_{GDP})$ | −3.98 | −4.57 | −3.69 | −3.29 | 平稳 | （C T 0） |
| $D\ln(L_N)$ | −3.98 | −4.57 | −3.69 | −3.29 | 平稳 | （C T 0） |
| $D\ln(L_T)$ | −4.19 | −4.57 | −3.69 | −3.29 | 平稳 | （C T 0） |
| $D\ln(K)$ | −5.19 | −4.57 | −3.69 | −3.29 | 平稳 | （C T 0） |
| $D(L_{GDP})$ | −4.15 | −4.57 | −3.69 | −3.29 | 平稳 | （C T 0） |

注：（1）检验形式中（C、T、L）分别代表常数项（含有为 C 不含有为 0）、趋势项（含有为 T 不含有为 0）、滞后阶数（L 取值为 0，1，2，3）（2）D 表示进行一阶差分。

$$\ln(N_{GDP}) = 18.35 - 1.70\ln(L_N) + 0.34\ln(L_T) + 0.14\ln(K) \quad (8-3)$$

表 8-3                    乡村旅游带动农业发展回归模型相关指标

| 变量 | 系数 Coefficient | t 统计量 t-Statistic | 概率水平 Prob | 拟合优度 R-squared （Adjusted R-squared） | 方差杜宾-瓦森特检验（DW）值 |
|------|------|------|------|------|------|
| 常数项 | 18.35 | 7.55 | 0.0000 | | |
| $\ln(L_N)$ | −1.70 | −3.47 | 0.0032 | 0.979 | 2.11 |
| $\ln(L_T)$ | 0.34 | 2.56 | 0.0208 | (0.976) | |
| $\ln(K)$ | 0.14 | 3.21 | 0.0054 | | |

第二步对协整回归模型（8-3）的残差进行稳定性检验，结果如表 8-4 所示。

表 8-4　　　　　　　模型 8.3 回归的残差平稳性检验

（Lag Length：0，Automatic-based on SIC，maxlag＝4）

| | | t-Statistic | Prob. * |
|---|---|---|---|
| Augmented Dickey-Fuller test statistic | | −4.502684 | 0.0025 |
| Test critical values： | 1% level | −3.831511 | |
| | 5% level | −3.029970 | |
| | 10% level | −2.655194 | |

　　从协整回归模型的残差平稳性检验结果（表 8-4）可以看出，在 1% 的显著性水平下，该残差系列为一个平稳的随机过程，是 $I(0)$。因此可以得出 $\ln(N_{GDP})$ 与 $\ln(L_N)$、$\ln(L_T)$、$\ln(K)$ 之间存在长期的协整关系，即黔西南州农林牧渔产值与农林牧渔业从业人口数量，农村乡村旅游服务从业人员数量，固定资产投资总额之间存在长期均衡稳定关系。具体关系如模型 8-3 所示，表明农林牧渔从业人员每增长 1%，反而会使农林牧渔业产值减少 1.7%，说明全州的农业产业从业人员的边际回报率是在递减的，全州还有农业剩余劳动力需要转移；全州乡村旅游服务从业人员数量每增长 1%，则农业产值能增长 0.34%，说明农村旅游服务业的发展能带动动农业产值的增长；全州固定资产投资额每增长 1%，能拉动农业产值增长 0.14%，旅游服务从业人员对农业贡献边际回报，高于固定资产和农业从业人员对农业产值边际贡献。

## 8.2.3　乡村旅游就业人员对旅游收入增加值的贡献

　　在上文得出乡村从事旅游服务业人员的增加对农业生产有正向积极的贡献，文章进一步证明从农业产业中转移出来从事旅游服务人员对旅游生产的贡献大小如何？具体模型仍然以 Cobb-Douglas 生产函数为基础，以旅游收入（$L_{GDP}$）为被解释变量，旅游服务人员（$L_T$）、固定资产投资（$K$）、旅游收入滞后变量 $L_{GDP}(-1)$ 为解释变量，按照上文研究"乡村旅游服务人员对农业增加值的贡献"方法步骤构建下列模型 8-4，回归结果如表 8-5 所示，且对模型回归的残差进行了平稳性检验，如表 8-6 所示。

$$\ln(L_{GDP}) = \ln(A) + \alpha\ln(L_T) + \beta\ln(K) + \gamma\ln(L_{GDP})(-1) \tag{8-4}$$

表 8-5　　　　　　　乡村旅游服务就业对旅游发展贡献回归模型相关指标

| 变量 | 系数<br>Coefficient | $t$ 统计量<br>t-Statistic | 概率水平<br>(Prob) | 拟合优度<br>R-squared<br>(Adjusted R-squared) | 方差杜宾-瓦森<br>特检验(DW)值 |
|---|---|---|---|---|---|
| 常数项 | −4.63 | −2.09 | 0.0537 | 0.940<br>(0.929) | 2.065 |
| $ln(L_T)$ | −1.33 | −1.57 | 0.1377 | | |
| $ln(L_{GDP})(-1)$ | 0.56 | 3.41 | 0.0039 | | |
| $ln(K)$ | 0.96 | 2.58 | 0.0208 | | |

$$ln(L_{GDP}) = -4.63 - 1.33ln(L_T) + 0.96ln(K) + 0.56ln(L_{GDP})(-1) \quad (8-5)$$

表 8-6　　　　　模型 8-4 回归的残差平稳性检验 Lag Length: 0
(Automatic-based on SIC, maxlag=3)

| | | t-Statistic | Prob. * |
|---|---|---|---|
| Augmented Dickey-Fuller test statistic | | −4.299463 | 0.0041 |
| Test critical values: | 1% level | −3.857386 | |
| | 5% level | −3.040391 | |
| | 10% level | −2.660551 | |

　　由模型 8-4 得出回归结果如表 8-5 所示，具体表达式为模型 8-5，DW =
2.065，说明不存在一阶自相关，拟合度 $R=0.94$ 模型的总体效果较好，但是也
可以看出乡村旅游服务就业人数 $ln(L_T)$，系数 $T$ 检验值、概率水平不显著，[①] 说
明通过乡村旅游服务就业人员对旅游收入增长贡献不明显。从系数看乡村旅游服
务就业人员的边际回报递减，每增加1%的乡村服务就业反而会减少旅游产值
1.33%。固定资产投资边际回报较高，每增加1%的固定资产投资能，旅游收入
能增长0.96%，呈现边际回报递增的趋势。通过对回归模型残差平稳性检验，如
表 8.6 所示，ADF 统计值−4.299463 低于1%水平下−3.857386，残差系列平稳，

①　在5%显著水平下 $T(16)=1.75$，10%显著性水平下为 $T(16)=1.34$。

说明模型 8-4 变量之间存在长期均衡协整关系。

## 8.3　结论探讨与对策建议

通过贵州黔西南州乡村旅游服务从业人员对农业和旅游的影响实证研究，可以得出如下的结论和建议。

### 8.3.1　结论探讨

一是乡村旅游吸纳了大量的农村剩余劳动力就业，使得农业人均产值增加，其贡献高于固定资产投资对农业产值的贡献，但农业就业人员的边际回报递减，农业剩余劳动力仍然存在，这说明还能继续加大乡村旅游转移农村剩余劳动力发展力度。

二是乡村旅游就业人员对全州旅游收入增长贡献不明显，反而固定资产投资对旅游业收入贡献较大，呈现边际回报递增趋势。通常认为乡村旅游从业人员推动了乡村旅游的发展，是乡村旅游的主要"获利者"，但事实是固定资产投资才是旅游收入增加的主要推手，资本回报高于劳动力的回报，这是否与我们的认识不相符，出现该现象的原因有以下几个方面。

(1)乡村农民利益被边缘化。目前全州有两种比较突出的乡村旅游格局。一种是政府主导规划的乡村旅游，乡村旅游规划设计是政府主导，通过招商外来资本(或政府自投)投资，许多农村居民被动接受"村庄改造"，融入参与程度较低，村庄的建设有时候并不是完全按照村民农耕"宜居"意愿的原则建设，更多的是为了吸引游客而建设。建设的旅游基础设施收费项目(如停车场、观光车、道路、住宿等)收入都归政府或外来企业所有，在乡村经营商贸的也主要是外来的商人，本地农户参与较少，整个乡村旅游经济成了一种"飞地经济"。既然村民"没有参与入股"自然也就没有利润分成了，边际回报自然较低。但是乡村旅游活动所产生的负外部性成本却要村民承担，例如乡村旅游过程中产生的噪音、环境污染、道路拥挤问题确要村民来承担。这样的乡村旅游开发模式要让农户去保护旅游的"乡村性"资源，则积极性不高，利益的激励不够。

另一种乡村旅游是村民"自发"的形式，比如城乡结合部地区农民自建的农家乐、采摘园、垂钓园等。这种乡村旅游模式因为没有政府或相关部门监管，出现服务形式雷同化程度高，服务质量粗糙，旅游活动也成为一种"快餐"式的活动，游客往往是吃一顿饭，出行采摘一次就结束，很少有留宿过夜的游客，旅游服务的附加值较低，且这种旅游模式的主导者往往是村中的"贤达能人"，一般的农户参与获利的较少，乡村旅游资源价值被部分人群(村寨中的能人)占有，多数的农户并未得到乡村旅游资源带来的回报。尽管说乡村旅游从业人员边际回报递减，但旅游行业的劳动报酬还是要远远高于农业，旅游业还是吸纳农业剩余劳动力的有效途径，只有当旅游业与农业劳动力回报趋于平衡时，这种转移才可能停止。

(2)乡村旅游中农特旅游产品开发程度较低。如果把乡村旅游与农业发展的融合分为观光农业为1.0版本，休闲农业2.0版本，创意农业3.0版本，那么许多地区都还处于1.0或者是2.0版本。许多的乡村旅游主要还是在吸引游客到农家乐吃饭、休闲，到农场采摘、鱼塘垂钓，对以农产品为载体的旅游产品的深度挖掘不够。贵州民族文化底蕴丰厚，具有地方民族特色的农产品较多，但是很多乡村旅游对此类农特产品的包装设计形式粗糙，农特产品市场化率较低。即使有的地方民族村寨旅游有创新的意识，但其形式都是千篇一律，有的甚至"画虎不成反成犬"，这样的结果使得乡村旅游层次低，对游客的吸引力不强，乡村旅游的附加值不高，许多乡村服务人员的劳动价值付出得不到市场回报。

(3)乡村旅游的基础设施落后，房屋建设规划混乱。在西南地区农村道路、水电的建设滞后，虽有秀丽的乡村风景，但由于水、路、电的不通，或是建设维修服务跟不上，一遇风雨季节行走困难。整个村庄的建设缺乏统一规划，许多乡村农家乐经营者都建在公路旁边，农村居民房屋都围绕公路两旁建设，道路两旁有的垃圾成堆无人清理，道路坏损无人维修。乡村建设并未达到新农村建设的要求："生产发展、生活富裕、乡风文明、村容整洁、管理民主"，但许多的村寨建设，很难通过村民自治的形式建设规划，即使有也都是由政府规划，原因主要是乡村旅游资源(山水田园、秀美生态、公共基础设施)属于集体所有的准公共产品，任何村民都是其主人，但具体的产权界定不清。每个人因获得的利益回报不同，对公共资源愿意承担建设维护的成本自然不同，村民对乡村公共产品使用都有"搭便车心里"，最终就造成"公地悲剧"的结局。因此乡村旅游基础设施建设要么是政府主导，要么是企业主导的投资，其结果又把村民弄成了"局外人"。

## 8.3.2　对策建议

要解决乡村旅游带动农业的发展，真正让农民从农业中解放出来，在发展乡村旅游过程中获得实实在在的利益，其未来的发展方向重点应该在以下方面。

(1)乡村旅游的本质应该回归"乡村性"，农民是乡村旅游链条上的"主人"。农民生产生活既是乡村旅游"被旅游"的对象，也应该是乡村旅游直接获利的主体。乡村旅游的过度商业化会将其旅游内核"空心化"，如许多的乡村旅游景点过度的包装，村庄中见到的全是现代社会的商场购物店，乡村旅游成为购物场所，有的地方有民俗文化表演，但显得很"虚假"，给游客的感觉完全是"暂时的应景"，不是农民生活生产的真实写照，民族文化的"真实流露"。乡村旅游的开发要尊重农民意愿，村容村貌开发原则应根据农民"宜居""宜生产"原则，望得见山、看得见水、记得住乡愁，保护农村生态环境，增加农民收入。乡村旅游村寨之间连点成线，村寨之间、县乡之间相互融通，最终形成以城市为中心、乡村为腹地的网状交通结构。正如曾经贵州省陈敏尔书记提出的"田园山水"乡村建设蓝图"可能是穿过一个隧道，跨过一个桥梁，就是一个城区。也可能是城市当中还有田园，有山水，甚至还有经过改造提升的乡村"，乡村旅游要让乡村旅游服务者(乡村资源爱护者)有价值回报。

(2)应成立村集体"旅游农民专业合作社"，让农民有平等参与开展旅游服务机会，平等分享乡村旅游利益。现有的乡村旅游主推者要么是政府，要么是村中的"贤达能人"，乡村旅游资源给每个村民带来不均等的回报，解决这一问题的有效方法就是吸引更多的村民入股创办农民专业合作社，通过合作社销售农特产品给游客，通过合作社共同以土地资金入股"出资出智"规划建设村庄，获得的旅游服务收入共同分享。让农民专业合作社与村民捆绑在一起，增强其村民之间的利益"黏性"，共同建设乡村共同保护农村资源。

(3)发展创意农业，开发农特产品。创意农业主要体现在农产品的高附加值、高收益，农产品种类和农业旅游的形式多样化，做到一村一品，避免雷同恶性竞争，在西南民族村寨的乡村旅游，应该将民族文化元素融入特色农产品中，融入民族文化节日旅游商品，通过举办民族节日吸引游客体验和欣赏不同民族文化的魅力，通过乡村旅游的平台销售农特产品。

# 第9章　对策建议与研究展望

## 9.1　对策建议

通过对贵州、广西、四川、重庆的贫困测算，发现西南地区的绝对贫困基本已经消除，但顽固性的贫困依然存在。经济增长减贫的边际回报越来越低，而通过促进贫困人口积极参与经济增长过程，进而改变经济增长的收入分配结构对减贫有积极的作用。当前西南地区继国家实现 2020 年全面建成小康社会和完成脱贫攻坚之后，实现共同富裕，巩固拓展脱贫攻坚成果的重难点区域之一，对此无论国家决策层还是地方政府执行方，以及社会扶贫组织，其工作重点和政策可在这些方面做调整。

(1)重点减贫对象和减贫方式。未来发展经济的减贫重点应该关注农村相对贫困，绝对贫困的减贫应该通过合理调整农村的收入分配，继续加大对贫困地区的财政支出，通过财政资金和社会帮扶资金"兜底"给予解决。而实现经济益贫增长的关键在于提高贫困人口的"社会参与"机会，发展劳动密集型产业。具体措施在于，要扩大西南少数民族地区农村贫困人口参与经济发展的社会网络，大力发展农村中的社会组织，如农民专业合作社、农民协会、农业企业等社会经济组织，实现少数民族地区农村民众与"社会网络组织"的深度整合；国家扶贫政策制定执行，要自下而上地与贫困人口有效融合，减贫惠农政策要让民众知晓，实现民众与政府间的信息充分流通，突破政府与民众"最后一公里的信息"障碍；要大力提供公共服务水平，如医疗、教育、基础道路设施，实现城乡公共服务水平均等化发展。尽可能减少贫困地区人口参与市场活动的阻力。

(2)减贫产业是发展的重心。要进一步优化产业结构，大力发展第一产业和第三产业，吸纳更多劳动力参与。基于西南地区特有的气候、地理、物种、环境、民族文化资源优势，第一产业重点发展特色农业产业，实现特色农业产品的深加工，产业纵向规模化，建立地标品牌，借助互联网扩大市场影响。具体措施是保护好西南地区环境资源和民族文化资源，扩大旅游开发，吸纳更多农村贫困人口参与经济发展过程；将农村贫困地区资源吸纳到特色产业化发展的平台上来，实现农村"三变"：农村资源（承包地）变资产、农民变股民、资金变股金。而贫困地区产业组织要体现其"公益性质"，培育新型农业产业主体，如农民专业合作社、农业种养殖大户，带动更多的贫困户参与，通过组织带动的形式增强贫困人群的经济参与能力。

（3）贫困地区新型城镇化、工业化和农业现代化协调发展方面，要从新型城镇化入手。而贫困地区实现城镇化的人口集聚最好的途径是异地搬迁扶贫，既能够让生产生活环境差的地区"挪穷窝"，也能拉动农业、工业的发展。在旅游扶贫方面，乡村旅游的发展要注重其"乡村性"，要让农民（贫困人口）融入旅游发展的产业链条，而不能走"飞地经济"的发展模式。

（4）扶贫线。贫困线是识别贫困人口的标志，中国疆土辽阔，目前实行的全国统一贫困线过于笼统，不能真正描述贫困人口实际的贫困状况。过去的贫困线因为各省物价水平，全省人均收入的差异不同，出现有的过高，有的过低。我国的贫困线应按照各地区的实际，参照国家标准，根据当地物价实际水平作出调整，不应该统一，并且调整的周期要跟随每年的物价波动及时调整。同时用收入作为判断贫困的指标过于单一，可以结合多方面的状况进行综合性的判定。

## 9.2　研究展望

本书由于受到数据限制，没有对云南、西藏进行实证分析，文章的量化研究主要是通过居民的收入指标研究，现有的许多文献是通过消费指标展开研究，在同类研究的比较上存在不一致，同时现有的研究都是依据宏观数据，微观调查的数据较少。在下一步的研究过程中，将采用不同贫困程度居民的微观消费支出数据对贫困和贫困变化测度，这样得出的结论能相互比较验证。

现有对"贫困变化—经济增长—收入分配"的研究，是将经济增长、收入分配作为影响贫困率变化因素进行测度研究。其实经济增长、收入分配也是贫困人口福利变化的函数，下一步的研究可以寻找适当的福利函数形式，测量经济增长、收入分配变化对贫困人口实际福利水平的影响研究。另外无论是本书还是现有的文献资料，对各省农村地区的人口结构对贫困的影响都没有进行深入的研究，也没有找到具有突破性的方法，这也是下一步研究将要实现突破的方面。

目前西南地区绝对贫困已基本消除，相对贫困成了未来经济增长扶贫关注的重点，但无论是本书还是现有相关文献，测量的相对贫困线很多都是采用人均收入的一半，由于农村居民收入数据可能存在非正态分布，均值受到极端收入影响出现偏差，相对贫困线可能代表不了居民的生活水平，相对贫困线应该为全体居民收入的众数或者中位数，这才相对合理。因此在将来的研究中，对相对贫困的测算，除了考虑大众的生活习惯以及收入水平外，重点是要研究测算人口总体生活状况的数据分布特征，这比相对贫困率更有说服力。

最后，由于理论水平有限，对西南地区贫困调研考查的范围有限，得到的结论和观点难免有不妥之处，望各位读者提出宝贵意见！

# 参 考 文 献

中文文献

[1]林毅夫，庄巨忠，汤敏，林暾．以共享式增长促进社会和谐[M]．中国计划
    出版社，2008.

[2]周华．中国益贫式增长的判定[M]．北京：清华大学出版社，2014.

[3]刘朝明，张衔．西南民族区域：反贫困战略与效益[M]．南宁：广西人民出
    版社，1998.

[4]黄有光．福利经济学[M]．大连：东北财经大学出版社，2005.

[5]王晓林．中国科学发展经济学导论[M]．北京：经济学科出版社，2014.

[6]马尔萨斯．人口论[M]．郭大力，译．北京：北京大学出版社，2008.

[7]康晓光．中国贫困与反贫理论[M]．南宁：广西人民出版社，1995.

[8]舒尔茨．改造传统农业[M]．梁小民，译．北京：商务印书馆，2010.

[9]阿马蒂亚·森．以自由看待发展[M]．任颐，于真，译．北京：中国人民大学
    出版社，2002.

[10]李强主．中国贫困之路[M]．昆明：云南人民出版社，1997.

[11]阿马蒂亚·森．贫困与饥荒[M]．王宇，王文玉，译．北京：商务印书
    馆，2000.

[12]王小强，白南风．富饶的贫困[M]．成都：四川人民出版社，1986.

[13]道格拉斯·C.诺思．制度、制度变迁与经济绩效[M]．上海：上海人民出
    版社，1994.

[14]中国农业年鉴(2008)[M]．北京：中国农业出版社，2008.

[15]斯坦利·L.布鲁，兰迪·R.格美特．经济思想史[M]．邱晓燕等，译．北

京：北京大学出版社，2008.

[16]亚当·斯密．国民财富的性质和原因的研究(上卷)(中译本)[M]．北京：
　　商务印书馆，1972.

[17]彼罗·斯拉法．李嘉图著作和通信集(第一卷)[M]．北京：商务印书
　　馆，1984.

[18]约翰·穆勒．政治经济学原理(下卷)[M]．胡企林，朱泱，译．北京：商务
　　印书馆，1991.

[19]贵州六十年(1949—2009)[M]．北京：中国统计出版社，2009.

[20]贵州统计年鉴(2010—2015年)[M]．北京：中国统计出版社，2010—2015.

[21]周红云．社会资本与中国农村治理改革[M]．北京：中央编译出版社，2007.

[22]让·得雷兹，阿玛蒂亚·森．饥饿与公共行为[M]．苏雷，译．北京：社会
　　科学文献出版社，2006.

[23]国家统计局人口和就业统计司．中国人口和就业统计年鉴(2014)[M]．北
　　京：中国统计出版社，2014.

[24]联合国贸易和发展组织．2007年世界投资报告[M]．北京：经济管理出版
　　社，2007.

[25]新结构经济学(第2版)[M]．林毅夫，苏剑，译．北京：北京大学出版
　　社，2014.

[26]马歇尔．经济学原理(下册)[M]．北京：商务印书馆，1983.

[27]晏智杰．经济学中的边际主义[M]．北京：北京大学出版社，1990.

[28]马克思恩格斯选集(第二卷上册)[M]．北京：人民出版社，1972.

[29]马克思．资本论(第三卷)[M]．北京：人民出版社，1975.

[30]陈广汉．增长与分配[M]．武汉：武汉大学出版社，1995.

[31]张培刚．农业与工业化(上卷)[M]．武汉：华中科技大学出版社，2002.

[32]西蒙·库兹涅茨．各国的经济增长[M]．常勋，译．上海：商务印书
　　馆，2005.

[33]H.钱纳里，S.鲁宾逊，M.赛尔奎因．工业化和经济增长的比较研究[M]．
　　吴奇，王松宝，译．上海：上海三联书店，1989.

[34]蒋凯峰．我国农村贫困、收入分配和反贫困政策研究[D]．武汉：华中科技

大学，2009.

[35]单德朋.民族地区贫困的测度与减贫因素的实证研究[D].成都：西南民族
　　大学，2013.

[36]祝伟.经济增长、收入分配与农村贫困——以甘肃为例[D].兰州：兰州大
　　学，2010.

[37]胡锦涛.深化交流合作 实现包容性增长 J 在第五届亚太经合组织人力资源
　　开发部长级会议上的致辞[N].人民日报，2010-09-17.

[38]杜志雄，肖卫东，詹琳.包容性增长理论的脉络、要义与政策内涵[J].中
　　国农村经济，2010(4).

[39]林伯强.中国的经济增长、贫困减少与政策选择[J].经济研究，2003，12.

[40]胡鞍钢，胡琳琳，常志霄.中国经济增长与减少贫困(1978—2004)[J].清
　　华大学学报(哲学社会科学版)，2006(5).

[41]万广华，张茵.收入增长与不平等对我国贫困的影响[J].经济研究，2006
　　(6).

[42]阮敬，纪宏.亲贫困增长分析的理论基础及其改进框架[J].统计与信息论
　　坛，2009，24(11).

[43]杜凤莲，孙婧芳.经济增长、收入分配与减贫效应——基于1991—2004年
　　面板数据的分析[J].经济科学，2009(3).

[44]万广华，张藕香.贫困按要素分解：方法与例证[J].经济学(季刊)，2008
　　(3).

[45]玛依拉·米吉提，阿依叶逊·玉素甫.经济增长、收入分配与贫困：对新疆
　　农村居民贫困变动的实证分析[J].经济问题，2010(1).

[46]阮敬，纪宏.基于收入分布的亲贫困增长测度及其分解[J].经济与管理研
　　究，2007(8).

[47]王小林，Sabina Alkire.中国多维贫困测量：估计和政策含义[J].中国农村
　　经济，2009(12).

[48]卢现祥，周晓华.有利于穷人的经济增长(PPG)——基于1996—2006中国
　　农村贫困变动的实证分析[J].福建论坛(人文社会科学版)，2009(4).

[49]胡永和."有利于穷人的增长"与中国城镇反贫困[J].海南大学学报(人文社

会科学版），2009(4).

[50]张克中，郭熙保.如何让发展成果由人民共享——亲贫式增长与社区驱动型发展[J].天津社会科学，2009(4).

[51]张克中，冯俊诚.通货膨胀、不平等与亲贫式增长——来自中国的实证研究[J].管理世界，2010(5).

[52]阮敬，詹婧.亲贫困增长分析中的 Shapley 分解规则[J].统计研究，2010(5).

[53]罗楚亮.经济增长、收入差距与农村贫困[J].经济研究，2012(2).

[54]金艳鸣，雷明.部门产出增加与减贫——基于贵州省社会核算矩阵的乘数分析应用[J].山西财经大学学报，2006(4).

[55]李小云，于乐荣，齐顾波.2000—2008 年中国经济增长对贫困减少的作用：一个全国和分区域的实证分析[J].中国农村经济，2010(4).

[56]高梦滔，毕岚岚.亲贫增长的测量——基于滇黔桂农村微观数据的分析[J].中国人口科学，2014(6).

[57]王兴稳等.中国西南贫困山区道路与农户食物获得能力——基于贵州住户调查数据的分析[J].农业经济问题，2012(1).

[58]温军.中国少数民族地区经济发展战略的选择[J].中央民族大学学报，2002(2).

[59]平新乔，赵维.中国少数民族地区的开放特征：解析三个省、五个自治区[J].改革，2014(1).

[60]丁如曦，赵曦.中国西部民族地区经济发展方式的主要缺陷与新时期战略转型[J].云南民族大学学报(哲学社会科学版)，2015(3).

[61]乔瓦尼·马采蒂，陆象淦.剥削真的过时了吗？[J].国外社会科学，2004(2).

[62]李实.阿玛蒂亚·森与他的主要经济学贡献[J].改革，1999(1).

[63]周明海，肖文，姚先国.中国经济非均衡增长和国民收入分配失衡[J].中国工业经济，2010(6).

[64]李稻葵，刘霖林，王红领.GDP 中劳动份额演变的 U 型规律[J].经济研究，2009(1).

[65]陆铭，陈钊，万广华．因患寡，而患不均——中国的收入差距、投资、教育和增长的相互影响[J]．经济研究，2005(12)．

[66]周明海，姚先国，肖文．功能性与规模性收入分配：研究进展和未来方向[J]．世界经济文汇，2012(3)．

[67]姚毅．社会资本视角下贫困问题研究的文献综述[J]．甘肃农业，2011(10)．

[68]杨昌儒．论布依族文化二元复合特征[C]//布依学研究(之二)——贵州省布依学会首届年会暨第二次学术讨论会论文集，1990．

[69]李远祥．论布依族传统价值观[J]．黔南民族师范学院学报，2013(4)．

[70]梁碧波．民族文化的制度含义[J]．青海社会科学，2010(1)．

[71]杨雪冬．社会资本：对一种新解释范式的探索[J]．马克思主义与现实，1999(3)．

[72]陆铭，李爽．社会资本、非正式制度与经济发展[J]．管理世界，2008(9)．

[73]欧晓明，汪凤桂．社会资本、非正式制度和农业企业发展：机制抑或路径[J]．改革，2011(10)．

[74]沈红．中国贫困研究的社会学评述[J]．社会学研究，2000(2)．

[75]徐贵恒．西部少数民族地区贫困问题新解[J]．中国民族，2010(11)．

[76]郑志龙．社会资本与政府反贫困治理策略[J]．中国人民大学学报，2007(6)．

[77]王飞跃，魏艳．少数民族集中连片特困地区脱贫路径探讨——以贵州为例[J]．贵州民族研究，2014(2)．

[78]沈红．中国历史上少数民族人口的边缘化——少数民族贫困的历史透视[J]．西北民族学院学报(哲学社会科学版．汉文)，1995(2)．

[79]罗伯特·D．普特南．繁荣的社群——社会资本和公共生活[J]．杨蓉，译．马克思主义与现实，1999(3)．

[80]王朝明．社会资本与贫困：一个理论框架的解释[J]．当代经济，2009(9)．

[81]韦革．贫困理论和政府扶贫实践的社会资本逻辑[J]．中国行政管理，2009(9)．

[82]张利庠，刘训翰．我国西部地区农民专业合作社发展的外部环境现状研究[J]．农业经济与管理，2015(3)．

[83]黄杰. 黄河水源地的经济难题[N]. 中国经营报，2010-07-17.

[84]章力建，徐前. 发展山区特色农业加快西南地区农村经济发展——以贵州省特色农业产业为例[J]. 农业经济问题，2004(3).

[85]张晓山. 大户和龙头企业领办的合作社是当前中国合作社发展的现实选择[J]. 中国合作经济，2009(10).

[86]黄祖辉，王祖锁. 从不完全合约看农业产业化经营的组织方式[J]. 农业经济问题，2002(3).

[87]郭晓鸣，廖祖君，付娆. 龙头企业带动型、中介组织联动型和合作社一体化三种农业产业化模式的比较——基于制度经济学视角的分析[J]. 中国农村经济，2007(4).

[88]苑鹏. "公司+合作社+农户"下的四种农业产业化经营模式探析——从农户福利改善的视角[J]. 中国农村经济，2013(4).

[89]赵西亮，吴栋. 农业产业化经营中商品契约稳定性研究[J]. 当代经济研究，2005(2).

[90]胡新艳，沈中旭. "公司+农户"型农业产业化组织模式契约治理的个案研究[J]. 经济纵横，2009(12).

[91]何嗣江，滕添. 订单农业风险管理与农民专业合作经济组织创新[J]. 浙江社会科学，2007(6).

[92]蒋永穆，高杰. 我国农业产业化经营组织的形成路径及动因分析[J]. 探索，2012(3).

[93]杨明洪. 农业产业化经营组织形式演进：一种基于内生交易费用的理论解释[J]. 中国农村经济，2002(10).

[94]黄祖辉，吴彬，徐旭初. 合作社的"理想类型"及其实践逻辑[J]. 农业经济问题，2014，35(10).

[95]邹薇，张芬. 农村地区收入差异与人力资本积累[J]. 中国社会科学，2006(2).

[96]谷树忠，杜杰. 我国西部地区发展特色农业的基础，问题与方向[J]. 中国农村经济，2000(10).

[97]何里文，刘伟. 中国农业发展存在"结构红利"吗？[J]. 西北农林科技大学

学报(社会科学版)，2015(15)．

[98]时晓虹，耿刚德，李怀."路径依赖"理论新解[J].经济学家，2014(6)．

[99]邓大才．论农业结构调整的路径依赖与修正[J].中州学刊，2004(1)．

[100]耿明斋．新型城镇化引领"三化"协调发展的几点认识[J].经济经纬，2012
(1)．

[101]"工业化与城市化协调发展研究"课题组．工业化与城市化关系的经济学分
析[J].中国社会科学，2002(2)．

[102]孙致陆，周加来．城市化、农业现代化与农民收入增加[J].广西财经学院
学报，2009(22)．

[103]王贝．中国工业化、城镇化和农业现代化关系实证研究[J].城市问题，
2011(9)．

[104]牟秋菊．贵州省工业化、城镇化、农业现代化协调发展实证研究[J].工业
经济论坛，2016(3)．

[105]徐秋艳，王玥敏．中国西部地区"四化"协调发展及其影响因素分析[J].
统计与信息论坛，2016(31)．

[106]潘竟虎，胡艳兴．中国城市群"四化"协调发展效率测度[J].中国人口·
资源与环境，2015(25)．

[107]辛岭，蒋和平．我国农业现代化发展水平评价指标体系的构建和测算[J].
农业现代化研究，2010(31)．

[108]钱丽，陈忠卫，肖仁桥．中国区域工业化、城镇化与农业现代化耦合协调
度及其影响因素研究[J].经济问题探索，2012(11)．

[109]冯献，崔凯．中国工业化、信息化、城镇化和农业现代化的内涵与同步发
展的现实选择和作用机理[J].农业现代化研究，2013(34)．

[110]刘德谦．关于乡村旅游、农业旅游与民俗旅游的几点辨析[J].旅游学刊，
2006(3)．

[111]尤海涛，马波，陈磊．乡村旅游的本质回归：乡村性的认知与保护[J].中
国人口·资源与环境，2012(22)．

[112]柳百萍，胡文海等．有效与困境：乡村旅游促进农村劳动力转移就业辨析
[J].农业经济问题，2014(35)．

[113]王茂强，王英等．乡村旅游业与农村部分产业协调互动的动力机制分析——以贵州为例[J]．中国农学通报，2012(28)．

[114]龙启德．贵州少数民族村寨乡村旅游资源开发研究[J]．安徽农业科学，2008(23)．

[115]刘红，张岚．江苏农业与旅游业产业关联融合度研究[J]．南京师大学报（自然科学版），2015(38)．

[116]李翔凌．农业旅游发展演进历程及盈利模式研究[J]．农业经济，2017(2)．

[117]王德刚．农业旅游代际特征与盈利模式研究[J]．旅游科学，2013(27)．

[118]王琪延，张家乐．国内外旅游业和农业融合发展研究[J]．调研世界，2013(3)．

[119]厉无畏，王慧敏．创意农业的发展理念与模式研究[J]．农业经济问题，2009(2)．

[120]苗洁．我国创意农业发展的现状、思路及对策研究[J]．中州学刊，2011(6)．

## 英文文献

[1]Dollar, D, and A. Kraay. Growth is Good for the Poor[J]. Journal of Economic Growth, 2002, 7(3).

[2]World Bank. World Development Report：Poverty [M]. New York：Oxford University Press, 1990.

[3]World Bank.World Development Report[M]. New York：Oxford University Press, New York, 2000.

[4]World Bank. Engendering Development[M]. New York：Oxford University Press, New York, 2001.

[5]Kakwani,N. and E. M. Pernia. What is Pro-Poor Growth[J]. Asian Development Review, 2000, 18(1).

[6]Ravallion, M. and S. Chen. Measuring Pro-Poor Growth[J]. Economic Letters, 2003, 78(1).

[7]Son, H. H. A Note on Pro-Poor Growth[J]. Economic Letters, 2004, 82(3).

[8] Foster. James. E. J. Greer and Thorbecke. A Case of Decomposable Poverty Measures [J]. Econome trica, 1984, 52.

[9] Sabina Alkire and Foster. Counting and Multidimensional Poverty Measurement[J]. Journal of Public Economics, 2011.

[10] Dollar, David & Kraay, Aart. Growth Is Good for the Poor [J]. Journal of Economic Growth, Springer, September. 2002, 7(3).

[11] Lundberg,M. and L. Squire. The Simultaneous Evolution of Growth and Inequality [J]. Economic Journal, 2003.

[12] Klasen,S. In Search of the Holy Grail: How to Achieve Pro-Poor Growth. in B. Tungodden, N. Stern and I. Kolstad (eds). Toward Pro-Poor Policies: Aid, Institutions, and Globalization [R]. Proceedings from the Annual World Bank Conference on Development Economics Europe Conference 2003, Washington D. C. 2003.

[13] Ernesto, M. P. Pro-poor Growth: What Is It and How Is It Important[R]. Asian Development Bank, Manila, Philippines, 2003.

[14] Kakwani. Nand Son. H. Pro-Poor Growth: The Asian Experience [Z]. UNU—WIDE Research Paper, 2006.

[15] Asian Development Bank. Fighting Poverty in Asia and the Pacific: The Poverty Reduction Strategy[R]. Asian Development Bank, Manila, Philippines, 1999.

[16] Thorbecke, E. Jung. H. S. Amultiplier Decomposition Method to Analyze Poverty Alleviation[J]. Journal of Development Economics, 1996(48).

[17] Ravallion,M. , Chen, Shaohua. China's (uneven) Progress Against Poverty[J]. Journal of Development Economics, 2007(82).

[18] Dar. G. , M. Ravallion. Growth and Redistribution Components of Changes in Poverty Measures: A Decomposition with Applications to Brazil and India in the 1980s[J]. Journal of Development Economics, 1992, 38(2).

[19] Montalvo,G. Jose and Martin Ravallion. The Pattern of Growth and Poverty Reduction in China[J]. Journal of Com-parative Economics, 2010(38).

[20] Fishman, A. , A. Simhon. The Division of Labor, Inequality and Growth[J].

Journal of Economic, 2002, 7(2).

[21]Persson, T. , G. Tabellini. Is Inequality Harmful to Growth[J]. The American Economic Review, 1994, 84 (3).

[22]Alesina,A. , D. Rodri. Distributive Politics and Economic Growth[J]. Quarterly Journal of Economics, 1994, 109(2).

[23]Benhabib,J. and A. Rustichini. Social Conflict and Growth [J]. Journal of Economic Growth, 1996, 1(1).

[24]Perotti. R. Income Distribution and Democracy: What the Data Say[J]. Journal of Economic Growth, 1996, 1(2).

[25]De La Croix,D. , M. Doepke, Inequality and Growth: Why Differential Fertility Matters[J]. The American Economic Review, 2004, 93(4).

[26]NORTH D. C. The Contribution of The New Institutional Economics to an Understanding of the Transition Problem[J]. Wider Annual Lectures, 1997(1).

# 后　记

　　该书的主体是我的博士论文《西南地区贫困测度与益贫式增长研究——以贵、桂、川、渝为例》，因为在博士论文答辩的时候，答辩专家认为实践案例的部分太少，有点"头重脚轻"，所以，我在整理书稿的时候又加入了最近五年的课题研究成果。具体主要包含贵州黔西南州脱贫攻坚课题"黔西南州加快农业产业结构调整推动产业扶贫研究"，贵州黔西南科技局软科学项目"黔西南新型城镇化与工业化、农业现代化协调发展研究"，贵州教育厅高校人文社科项目"贵州金融发展减贫效应研究"。该书是否要出版，开始我较为犹豫纠结，觉得论文写完了，课题做完了，职称评上了，可以将稿件放一边轻松一下，没必要出版，著书立说这种事感觉离我太远，但最终有三点理由还是说服了自己，觉得还是有必要出版。

　　一是益贫式的增长思想观点仍然还是适用于当前西部落后地区，虽然脱贫攻坚完成了，但巩固脱贫攻坚的任务依然很重，与东部发达地区的差距仍然还是当前国家面临的重要难题。而对于落后地区要想追赶发达地区，必须得有经济增长的速度作为保证，就好比一辆拉 5 吨的汽车与一辆拉 20 吨的汽车，在一天的时间内，拉 5 吨的汽车要想赶上拉 20 吨汽车总载货量，只有以超过拉 20 吨汽车的速度行驶，才能保证一天的载货量赶上拉 20 吨汽车载货量，也即"小步快跑"。道理与西南落后地区的发展思路是一样的，西南地区尤其像贵州这样的省份，经济总量少，要想缩小与东部沿海省份的差距，也只有提高经济增长速度才有希望，至于教育、文化、医疗、卫生等公共事业发展也必须在经济发展的基础上才能进一步实现发展。但是如果只在乎经济总量增速，不关注社会低收入群，这样的发展，区域内的收入差距可能会越拉越大，前期的脱贫工作可能会又再继续。因此在实现共同富裕背景的目标下，"益贫""增长"还是西部欠发达省份宏观上应该思考的，从这个角度看本书具有一定的价值意义。另外本书从经济史的角度，系统归纳梳理经济增长和收入分配发展脉络。通过数理推导益贫式增长测度方法，测度西南地区益贫式增长情况，结合实践案例分析益贫增长产业发展路径，具有理论价值和实践经验意义。

二是本书内容成果得到了相关单位和专家认可。首先，本书很荣幸得到了2018 年兴义民族师范学院博士基金项目"中国西南地区益贫式增长研究——基于金融的视角"立项资助，保障了我的经费来源。其次，本书收录了我公开发表的十余篇论文（核心期刊 3 篇），其中有 1 篇获得贵州省第十二届哲学社会科学成果奖三等奖，有 3 篇分别获得滇黔桂三省（区）社科联举办的"南盘江流域发展论坛"征文二等奖、三等奖、优秀奖，发表的文章都被一些权威期刊和国内著名大学的博士论文引用。关于黔西南益贫式增长的实践建议，有的观点也被当地政府采纳，这些成果奖励从书稿质量上给了我一定的信心。

三是结合自己多年的生活学习工作经验，对贫困地区经济增长作出思考。回想自己生活、求学、工作的历程常常感触良多。我出生在贵州黔西南州的一个布依族村寨，家里兄弟姐妹 8 个，我排行老八，到我懂事时，哥哥姐姐们都陆续结婚成家，父母也年过半百，为了减轻家庭劳动负担，童年时候放过牛、养过马、养过鸡、养过鸭，上初中后耕田种地等农活几乎样样都来得，也正因为这样，童年的求学可以说是"半工半读"，即使这样家里的生活还是很困难，早上上学没有早餐费之说，常常上到第二节课就"饥肠辘辘"，每年能买上一套新衣服，那都是幸运的了。在县城上高中后，辛苦操劳一生的母亲去世了，每周五放学回家为了省 1.5 元的车费要走 3 个小时的山路。上大学以后我替人发过传单，做个酒店的传菜员，做过大学辅导员老师的助手。读研后为了能养活自己不向家里要钱，我做过高中生家教，做过大学的助教，参加工作以后到贵州最贫穷的村寨调过研，目睹了农村贫困的种种惨象。我的家庭在村寨里不算是最贫困的，我实在没有学费和生活费还可以找哥哥姐姐接济一下，但我的中小学同学很多因为家里没钱，上完初中甚至有的还没上完，就外出打工就业承担家庭负担，有的早早就嫁为人妇，就算成绩很好，家里能负担的，也被家里逼迫上中师或中专，人生的命运早早地就被定格了。而我们这一代成长在 20 世纪八九十年代，1997 年香港回归，1999 年澳门回归，2001 年中国加入世贸组织，在纪念党的十一届三中全会召开 30 周年大会，国家主席胡锦涛曾说，从 1978 年到 2007 年，我国国内生产总值由 3645 亿元增长到 24.95 万亿元，年均实际增长 9.8%，等等。国家取得了一系列成就，但这一切又跟一个贫困地区的孩子有什么关系呢？这不曾让我想到老舍《茶馆》里的一句经典台词"我爱国，可谁爱我呀"。在我读博的时候，回想生活中的点点滴滴，联系国家经济增长取得的巨大成就，益贫增长概念给我了很大的启发，随即将其作为我的博士论文选题。现今出版《西南地区益贫式增长研究》既是对不要放弃做博士论文时初衷的警醒，也希望国家在快速发展过程中，引起更多的人继续关注社会底层人群。

虽然早年生活艰辛，但我是幸运的，2009 年我有幸进入华中师范大学读硕士研究生，2012 年硕士毕业，参加工作一年，2013 年又回来攻读博士，到 2016 年博士毕业。在桂子山上与花草树木、林荫小道、图书馆、食堂、宿舍相伴，成了桂子山上的一员。更有幸成为曹阳教授的硕士生和博士生，这是我在读研之前未曾有过的奢求。在此要特别感谢曹老师的知遇之恩，在跟随曹老师学习的六年中，他严谨的治学态度，渊博的知识，宽厚随和的为人，对学生父辈般的关爱，让我受益匪浅，是他将我带入了学术研究的殿堂，引导我对农村经济、农村贫困问题的思考和研究。书稿从选题到成稿，从结构到措辞，曹老师都给予了认真反复的指导和修改。此外，还要感谢华师经济与工商管理学院的邓宏乾教授、涂正革教授、胡继亮师兄、翟玉胜师兄、黎明师兄的教导和帮助，他们严谨求真的治学态度和积极处世行为都将成为我以后生活与学习的榜样。同时也要感谢贵州黔西南社科联秦廷华主席和韦显东科长，武汉大学出版社的编辑，给予我在课题研究和书稿出版上的支持和帮助。

最后，要感谢我的工作单位兴义民族师范学院，是学院各级领导和老师对我的照顾和帮助才有机会于 2013 年再次脱产回到华师攻读博士，并且在读博期间推荐我到共青团贵州省兴义市委挂职副书记锻炼。此外，还有我的家人，他们在生活上给予我无私的关爱和帮助才有我今天的成就，遥想 2000 年要不是大哥一再坚持让我读高中（父亲坚持让我读中师），可能也读不到今天的博士，成不了教授了。

钟君

2022 年 11 月